香港競爭力的
興衰與改造

林貢欽　著

謹以此書獻給亦師亦友的

吳敏生博士

摘　要

　　《香港競爭力的興衰與改造》一書，以香港競爭力為切入點，研究和探討了香港近二百年來特別是近五十年來，從英國殖民統治時期到中國收回主權成為特別行政區時期的政治、經濟和社會發展歷程。

　　本書第一章開宗明義表明，本書以波特的競爭力學說為理論研究的基礎。從「競爭力也是生產力」的競爭力定義出發，重溫了邁克爾‧波特博士所提出的五種競爭力和三種競爭戰略理論以及鑽石理論模型。

　　本書第二章回顧了香港競爭力的狀況。香港競爭力排名長期在世界上處於前列的地位，本書首次總結了香港競爭力的 12 個主要構成，並分析了香港競爭力特別是核心競爭力的形成和原因。

　　本書第三章揭示了香港核心競爭力從興盛到衰退的歷程，探討了香港競爭力遭遇到七個方面的嚴重挑戰，例如：創造財富能力的減弱、經濟政策左右搖擺、法治受到前所未有的破壞、公務員的廉潔受到質疑、「購物天堂」的隕落、媒體的監督力被削弱以及痞子文化開始流行等。

　　本書第四章是全書的重點，提出通過競爭力的改造再創香港輝煌的途徑。改造之首的是觀念改造。闡述了對香港資本主義的再認

識，對香港普世價值的再認識，對香港傳統觀念的再認識，對港澳兩個基本法的再認識。其次是民生改造。重中之重的是進行填海造地，取之於海，用之於民，徹底改變香港捧着金飯碗要飯吃的窘境，實現面朝大海，居屋幢幢的憧憬。其三是以現代服務經濟為重點的產業結構改造。全面提升科技創新服務能力，將傳統金融服務業改造成現代金融服務產業，將旅遊購物勝地改造成旅遊服務產業。其四是融入粵港澳大灣區興建的地緣經濟改造。充份認識粵港澳大灣區發展的特點與難點，建立粵港澳大灣區共同市場，實現地緣經濟的優勢互補。其五是進行政治體制改造。進行行政權、立法權、司法權、媒體第四權的改造，目的是讓香港市民過上好日子。其六是教育改造。改造從兩文三語到兩文兩語，從國民教育到公民教育，從殖民地文化教育到多元文化教育，目標是培養具有國際和國內雙重競爭力的人才。

總之，這是一本能夠較全面了解香港的深入淺出、可讀性強的參考書。

Abstract

This book, entitled *The Rise and Fall of Hong Kong's Competitiveness and its Revitalization*, has studied and explored, from the distinct perspective of competitiveness, Hong Kong's political, economic, and social development in the past two hundred years, and, in particular, over the recent fifty years, from the period of British colonial rule to that of China's Special Administrative Region after the resumption of Hong Kong's sovereignty.

The opening chapter proclaims Michael Porter's theory of competitive forces the book's theoretical underpinnings. Starting from the definition of competitive forces being per se productive forces, the book revisits Porter's theories of the five competitive forces and the three competitive strategies, as well as his Diamond Model.

Chapter 2 reviews the status of Hong Kong's competitiveness, the ranking of which has long been at the forefront of the world. The chapter summarizes, as never before, the 12 main components of such competitiveness, and also analyzes the formation, and its underlying causes, of Hong Kong's competitiveness, especially the core competitiveness.

The third chapter brings to light the devolving course of Hong Kong's core competitiveness from ascent to descent, and discusses the grave challenges its competitiveness has faced in the following 7 aspects: a weakening ability to create wealth, unsteady and vacillating economic policies, the unprecedented sabotage of the rule of law, civil servants' integrity under questioning, the fall of the "shoppers' paradise", a weakened oversight of the media, and the emerging vogue of ruffian culture.

Chapter 4, the last and the most important one of the book, proposes ways to re-create Hong Kong's erstwhile glory through the revitalization of its competitiveness.

First and foremost, ideas need to be revitalized. This entails a new understanding of Hong Kong's capitalism, of its universal values, of its traditional concepts, and of the two Basic Laws of Hong Kong and Macau.

The second is the revitalization of Hong Kongers'livelihood. For this, the top priority is to reclaim land from the sea for the construction of residential buildings. By doing so will be eradicated the current ironical plight Hong Kong has faced, where the City much resembles a panhandler begging for alms despite a gold bowl in hand. Upon completion, cascades upon cascades of dwelling houses overlooking the sea will be erected.

Thirdly, the industrial structure must be revitalized to focus on modern service economy. By comprehensively promoting the technological innovation and enhancing the service capacity, the traditional financial service sector will be reformed into a modern financial service industry, and the tourist shopping resort into a tourism service industry.

The fourth is the revitalization of the geo-economy that integrates Guangdong, Hong Kong, and Macao into the Greater Bay Area. A full understanding of the characteristics of, and difficulties with, the development of the Guangdong-Hong Kong-Macao Greater Bay Area will help establish a common market for the Area and help realize the complementary advantages of the geo-economy.

The fifth is to revitalize the political system, i.e., to reform the executive power, the legislative power, the judicial power, and the fourth power, or the media, with the purpose of enabling the Hong Kongers to live a better life.

Lastly, education must be revitalized. In order to cultivate talents with international as well as domestic competitiveness, biliteracy/ trilingualism must be transformed into biliteracy/bilingualism, national education into civic education, and colonial cultural education into multicultural education.

In sum, this is a readable reference book, profound and yet explained in simple terms. It helps a fuller understanding of Hong Kong.

目錄

第一章 競爭力的基本理論

第二章 香港競爭力的狀況

第三章 香港競爭力遇到的挑戰

序：甚麼是香港核心競爭優勢

　　《香港競爭力的興衰與改造》是林貢欽先生用了五年時間精心撰寫的專著，也是清華大學港澳研究中心的重點研究課題。這本書以香港競爭力為切入點，通過研究和探討香港政治經濟和社會發展的歷程，分析了香港核心競爭力到底是甚麼，是如何形成、又如何從興盛到衰退的，通過改造再創輝煌的途徑在哪裏。如果你要深入了解香港昔日輝煌和今日成就從哪裏來，目前在甚麼地方，前途路在何方，這是一本深入淺出的必讀參考書。

　　香港地區位於中國南部沿海、珠江口岸，陸地面積 1,100 平方公里，海域面積 1,900 平方公里，人口大約 740 萬，在中國屬於中等城市，在世界則屬於大城市，與紐約、倫敦並稱世界三大金融中心，也是世界重要的貿易、航空、航運中心和各種專業服務中心。自 1842 年開埠以來，香港一直在中國近現代史上扮演重要角色，充滿傳奇故事，成為研究華人社會現代化、研究原始與現代資本主義政治、經濟、法律、文化、社會管理等諸多內容的絕佳樣板。

　　麻雀雖小五臟俱全。香港一直具有特殊魅力和獨特競爭優勢，不僅在新中國成立前後發揮過不可替代的作用，還對

香港競爭力的
興衰與改造

中國改革開放 40 年作出巨大貢獻。時至今日，在粵港澳大灣區、「一帶一路」建設等國家重大發展戰略中，香港這一席之地，責任重大，使命光榮，作用無可替代。

170 多年來，香港從中國一個邊陲小漁村發展成為享譽世界的國際大都市，需要由兩翼來推動，就像雄鷹在空中翱翔要有兩個翅膀來平衡一樣。一是有強大的競爭力，追求經濟效益的最大化。700 多萬市民在各行各業努力打拼，發展香港的經濟實力，創造出巨大的社會財富，20 世紀 80 年代就成為「亞洲四小龍」之首，現在仍然是世界上舉足輕重的獨立經濟體，2018 年 GDP 全球排名第 35 位。二是有健全的法治保障，努力實現社會的公平正義，打造廉能政府。香港是中國唯一實行普通法的地方，與英美等發達國家有同樣法律制度、語境和語言，也是世界上政府最廉潔、社會最安全的大城市之一。

中國與世界打交道、社會主義與資本主義兩大社會制度的碰撞交流，香港一直是絕佳的平台，天時地利人和，各種元素齊備。近年來，中國內地經濟快速發展，香港 GDP 總量由 20 世紀 80 年代佔全國大約 18%，逐漸降為現在全國 GDP 的百分之二點多，越來越多內地城市超越香港是不爭事實，也是發展的必然。然而，香港對於中國和世界的重要性從來與地方大小、人口多少、GDP 總量無關，在相當長的一段歷史時期，香港的獨特優勢是任何內地或者外國城市難以替代的。例如，香港可以為中國內地進一步實行市場經濟改革、

推進全面依法治國和司法改革提供最真實可靠的經驗。法治是香港重要核心競爭力所在，更是香港的獨特優勢，其法治的精神、原則、制度、程序等，都為中國內地提供有益的借鑒。再如，粵港澳大灣區的建設發展，香港是中心城市之一，可以在金融、法律、財務、資訊、科技、教育等領域提供引領和幫助，使粵港澳大灣區的國際化程度與世界一流灣區的差距快速縮小，並在不遠的將來迎頭趕上。這是其他中心城市所不具備的特殊功能和強項。我常說香港是中國的例外，但不是中國之外。她不僅在中國國內是獨特的，作為一個國際大都會，她也為全世界與中國開展交流交往合作提供了絕佳平台，其地位、作用是任何一個外國城市所無法取代的，這也是其獨特競爭優勢之所在。「一國兩制」既是為了香港，為了全中國，也是為了全世界！

世界正在經歷百年未見之大變局，「一國兩制」下的香港如何在國家重大發展戰略中定好位，在實現民族偉大復興過程中，既鞏固自身獨特優勢，又為國家作出新的獨特貢獻，並繼續扮演好中西方交往交流超級聯絡人的角色，是擺在我們面前的重大課題。

通過閱讀本書，我希望香港同胞和各界人士能夠既了解香港所長，也了解香港所短，知己知彼，揚長補短；我也希望內地同胞和世界各地朋友能夠理解、珍惜香港的「一國兩制」，維護好憲法和基本法賦予香港獨特的國內國際地位，維護好香港穩定繁榮的大局，從而繼續發揮好香港多方面的

香港競爭力的
興衰與改造

作用，實現互利多贏。我堅信，「一國兩制」既是解決類似歷史遺留問題的最佳解決方案，也是香港回歸後保持長期繁榮穩定、不斷鞏固強化香港國內國際競爭力的最佳制度安排，也是維護各有關方面在港利益的最好制度保障，需要各方小心維護，不做損害乃至破壞「一國兩制」的事情。總之，「一國兩制」才是各相關方利益的最大公約數，是香港真正的核心競爭力之所在。

僅以這些文字和觀點作為林貢欽先生《香港競爭力的興衰與改造》一書之序言，與讀者共勉。

王振民 [1]

清華大學法學教授

2019 年 5 月

1　清華大學港澳研究中心主任、清華大學國家治理研究院院長，曾任香港中聯辦法律部部長、清華大學法學院院長。

自序：正確認識香港是研究香港的前提

　　如果説「認識香港是研究香港的前提」，應該不會引起太大的爭論。如果再説「正確認識香港是研究香港的前提」，就可能引起很大的爭論，有人會質疑：何為「正確認識」？如何「正確認識」？爭論將涉及「主觀」與「客觀」等認識論上的哲學問題，一定涉及到從時間和空間上正確認識香港，即如何評價對香港產生重大影響或形成歷史拐點的 1840 年的鴉片戰爭以及不平等條約導致香港被割讓、1949 年的中華人民共和國成立與香港的不回歸、1979 年的中國改革開放與香港的特殊貢獻和巨大作用、1997 年的中國收回香港主權以及實行「一國兩制」20 多年的成效、2014 年「佔領中環」以來香港社會運動的暴風驟雨以及香港社會治理和重新出發。正確認識香港，需要具有政治、經濟、法律、歷史、國際、文化、管理、科技、財務、統計等諸多方面的專業知識和經驗。

　　美國著名學者斯蒂夫·富勒在他的專著《社會認識論》中提出認識社會的觀點：我所説的社會認識論的研究領域的基本問題是：應當如何來組織探求知識的活動——假定在通常情況下，認識是由許多人所從事着的，每個人所從事的認識活動都是在多少被限定了的知識領域中進行的，而且，每

個人都具有差不多同樣不完全的認知能力，儘管可以不同程度地接近其他人的活動。

認識和了解一個人，可以從顏值到氣質，從言談舉止到待人接物，從聽其言到觀其行，從過去到現在，從家庭背景到學經歷……，儘管評價有所不同，結果是，價值觀相近的人的評價大致相同。同樣，要正確認識香港，不同的認識角度、價值取向、文化背景、社會經歷等，其認識的結果或評價可能大相徑庭，甚至一個人在不同時期都會有不同的認識和評價。如果這些不同的認識結果因緣際會用於香港管治和城市管理的具體實踐，大有可能南轅北轍，東施效顰。好在香港是一個自由開放的社會，希望能夠多元包容，海納百川，有容乃大。

對香港的初步認識

我對香港的認識最早始於上個世紀 80 年代初期。當時我是廈門大學經濟系的學生，在學習「世界經濟」這門課程中的一個篇章「香港經濟」。記得是陳可焜[2] 老師講授的。當時以香港、新加坡、南非等為案例，討論「殖民地經濟為何比非殖民地經濟更發達？」通過評價殖民地經濟的功過，得出

---

2 陳可焜（1928.9-2014.5）福州人。1950 年畢業於廈門大學經濟系。1952 年研究生畢業後留校，任廈門大學經濟系助教至教授。1979 年移居香港，任香港經濟導報編輯、總編輯。1998 年退休後任該報高級顧問。有譯作《資本論索引》和專著《香港經濟一瞥》、《香港經濟論叢》等。陳是《香港學》的宣導者。

的主要觀點是，殖民地宗主國在血與火的掠奪中帶來了資本主義文明，促進了殖民地經濟的發展。香港是一個經典的案例，香港經濟發展的歷史給我留下深刻的印象。

我第一次來到香港，是在上世紀 80 年代中期到香港中文大學進修「香港工商管理」課程，課餘被要求坐大巴、小巴等公共交通工具深入了解香港社會，因此幾乎跑遍了整個香港，從尖沙咀的半島酒店到九龍灣的安置區，從現代化的集裝箱碼頭到大角咀、觀塘的家庭手工業作坊，從淺水灣的別墅到深水埗的籠屋。香港本身具有的特別強烈的反差和對比，最先進的與最落後的，最豪華的與最簡陋的，最奢侈的與最貧窮的，耳濡目染，感同身受，震撼極大，使我對香港的資本主義制度，對港英政府的管治，對香港的多元文化，有了粗淺的認識。這一認識又與我在內地生活、教育和工作經歷產生潛移默化的對比和激烈的碰撞，使我對香港有了最初的感性認識，我隱約悟到財富是在殘酷競爭和剝削中創造出來的。

對香港的深入認識

從上世紀 90 年代到現在，我在香港生活了 20 多年。成為香港永久居民後，經歷甜酸苦辣，天上地下，人生百態，我對香港又有了深入的認識。我在香港從打工開始，解決溫飽；然後經商投資，實現初級的財務自由；從十多年前開始從事自己興趣的媒體時事評論與高校教學和研究。上鳳凰衛視的《時事辯論會》等節目做評論，在 BBC 中文網的《香港

觀察》和其他紙媒、網媒上發表對香港時政的評論，涉及香港的政治、經濟、社會、文化、政府管治等議題；在清華大學深圳研究生院、香港大學專業進修學院等高校和培訓機構擔任兼職教師，「香港競爭力分析」是我講授的主要課程。

與此同時，我還在香港出版了《未來特首要深思——董建華與何厚鏵施政管治之比較》、《強詞奪理——鳳凰衛視〈時事辯論會〉上的國事港事》、《衝突 vs. 和諧——中國社會發展的困惑》、《香港勝在有權力制衡》等專著，從不同的視角反映了我對香港的深入認識。

在對香港的深入認識中，我進一步悟出，香港具有優秀的創造財富的競爭力，不僅是香港人的吃苦耐勞、聰明才智，而且是有一個適合香港的制度，有一套行之有效的法律體系，有一個高效的進行社會管理的公務員隊伍，這些是英國人留下的寶貴遺產，特別是香港與中國和世界的政治經濟密不可分。同步雙贏，逆向自損。

對香港的重新認識

宋代禪宗大師青原行思提出參禪的三重境界：參禪之初，看山是山，看水是水；禪有悟時，看山不是山，看水不是水；禪中徹悟，看山仍然是山，看水仍然是水。

如果將「香港」一詞代入「山水」，可能使我對香港的重新認識有一個新的境界和深度。這是我正在做的事，是我研究香港競爭力寫下這本書的初衷。

我對香港的重新認識，在時間跨度上超過了 30 年；在空間經緯度上把香港放在世界政治經濟的大格局上重新認識，同時將香港置於中國的改革開放與和平發展以及中華民族偉大復興的大棋盤上重新認識。

我對香港從初步認識到深入認識再到重新認識，歷經 40 年，情有獨鍾，咬定青山；絕非無聊，而是出於內心追求自由、小康、獨立、不羈等價值觀的呼喚，尋找最後的精神家園。我出生在東北，成長與求學在福建，工作和生活在香港，曾遊歷世界數國，始終沒有找到故鄉的感覺，更沒有安身立命的期待，一直是旅居香江暫棲身。希望通過對香港的重新認識，觸發頓悟，改變自我。

對香港的重新認識可能出現以下形式：一是「心如止水，旁觀者清」；二是「不識廬山真面目，只緣身在此山中」；三是「盲人摸象」，「見仁見智」。

由於每一個人的經濟狀況、教育背景、生存環境以及利害關係的不同，形成了對香港這一客觀實體認識的主觀不同，即「一千個人眼中有一千個哈姆雷特」，這構成了認識香港的多元性、複雜性，也注定了認識香港的無限性。當然，這也為拙作如遭口誅筆伐留下了遁門。

毫無疑問，百多年來，香港是一個奇蹟。從中國東南沿海彈丸之地的小漁村，發展成為一個現代化的中西合璧的集旅遊、購物、美食、時尚、金融、財富、服務為一體的國際大都市。香港是英國人昔日的榮耀和今日的隱痛，又是中國

人過去的恥辱和今天的傲驕。對於定居在香港的中國人，不論是世代的老香港還是各種管道來港的新移民，不論是窮人、富人還是小資或中產，不論是把香港當作跳板的匆匆過客還是扎根經營生兒育女的新香港人，每一個人眼中都有一個不同的香港，每一個人在不同的處境和不同的心情時，也都有一個不同的香港。可以直白的表示訴求，抗爭、憤怒和衝撞；也可以默默的看着，悄悄的離開，帶走理想和財富，卻帶不走一片雲彩；還可以迎合某種勢力、價值和要求，掩蓋着真實的思想和抱負，苟且偷生，混吃混喝。擺在香港管治者面前的是為官之道的政治正確，唯上唯勢唯利唯法，還是集港人願景的最大公約數，滿足香港人過美好生活的願望，為香港人的安居樂業，生存福祉，努力辦成幾件好事實事正事。

正確認識香港是研究香港的前提；正確認識香港和研究香港，是為了使香港的社會管理能夠「前車之鑒，後事之師」，不走錯路，少走彎路，是為了香港的明天會更好。特別是拙作以城市競爭力作為主線，來認識和研究香港的過去和現在，憧憬香港的未來，是為了使香港更好的保持和增強國際競爭優勢。如果最終到了「兵無常勢，水無常形」的衰落頹勢地步，也使香港的競爭優勢盡可能的保持較長點時間，為香港競爭力的改造或重塑贏得時間。

是為自序。

林貢欽

2019 年於香港

前言：香港的古往今來

往古今來謂之宙，四方上下謂之宇。

——《淮南子·齊俗訓》

在闡述香港競爭力的興衰和改造之前，有必要先描述香港的古往今來。

香港的地理位置

香港位於中國東南沿海的珠江口以東，廣東省深圳市以南，三面環海（其中西面與澳門隔海相望），由香港島、九龍半島和新界以及 263 個島嶼組成。香港總面積有 2,755 平方公里，其中陸地 1,106 平方公里（香港島 81 平方公里、九龍 47 平方公里、新界及離島 978 平方公里），水域 1,649 平方公里。香港人口約 750 萬。

香港屬於沿海丘陵地形，山坡多平地少，最高點是海拔 957 米的大帽山。目前香港已開發土地約有 25%，被劃為郊野公園及生態保育區的土地約有 40%。香港有佔地 50 平方公里的被聯合國教科文組織評定的世界地質公園，包括西貢火山岩和新界東北沉積岩兩個園區，展現香港獨特的地形地貌。

九龍半島與香港島之間的維多利亞海，因為港闊水深，有利於船隻航行，成為世界三大天然良港之一。香港是從維多利亞海兩岸開始發展起來的，這是近百年來香港填海工程的成果，將原來狹窄的海岸經過填海造地擴張，使維港兩岸成為香港經濟最繁華地帶和政治文化中心。香港自 1887 年以來填海所得土地逾 68 平方公里。

香港簡史

西元前 214 年，香港被秦朝納入中原王朝的版圖，隸屬番禺縣管轄，從此香港便置於中央政權的管轄之下。隨着中原文明由北向南的遷徙和擴張，香港得以逐漸發展起來。

漢朝的香港隸屬南海郡博羅縣管轄。

東晉咸和六年（西元 331 年）香港隸屬東莞郡寶安縣管轄。

隋朝廢除了東莞郡，將所轄併入廣州府南海郡，寶安縣改為隸屬南海郡管轄，香港仍歸寶安縣管轄。

唐朝至德二年（西元 757 年），改寶安縣為東莞縣，香港仍隸屬東莞縣。

宋元時期，內地人口遷入香港，促進了香港經濟、社會、文化的發展。中國元朝時在屯門設立巡檢司，駐有軍隊，防止海盜入侵，拱衛廣州地區。

明朝萬曆年間，從東莞縣劃出部份地區成立新安縣，這是後來的香港。香港島自此由明神宗萬曆元年（西元 1573 年）起，到清朝道光二十一年（西元 1841 年）成為英國殖民地止，隸屬

廣州府新安縣。

清朝於 1662 年派兵駐守新界。當時由於廣州是清朝對外開放的唯一商埠，香港一直扮演着配角，因為香港在地理上與廣州唇齒相依，特別是香港具有成為東南亞地區優良港口的潛力。

在英國佔領香港前，香港島已有人煙，島上南部的赤柱、大潭篤和石排灣，東部的阿公岩、水井灣等有一些漁民居住，黃泥涌等處已形成一些小的村落。當時香港島上約有居民 3,000 多人。

第一次鴉片戰爭後的 1841 年 1 月 26 日，英國強佔香港島，清政府曾多次試圖用武力收復，道光皇帝曾為此發下多道諭旨，但清朝政府夙願難成，無法捍衛領土完整。

在 1842 年 8 月 29 日，清政府與英國簽訂《南京條約》（原名稱《江寧條約》），割讓香港島給英國。1860 年 10 月 24 日，清政府又與英國簽訂《北京條約》，割讓九龍半島界限街以南地區給英國。1898 年 6 月 9 日，英國強迫清政府簽訂《展拓香港界址專條》（俗稱「新界租約」），租借九龍半島界限街以北、深圳河以南的地區，以及 200 多個大小島嶼，租約期限 99 年（至 1997 年 6 月 30 日結束）。通過中英簽訂三個不平等條約，英國共佔有香港島、九龍和新界總面積達 1,092 平方公里的中國領土，也就是香港特別行政區現在的面積。

在第二次世界大戰期間，即 1941 年 12 月至 1945 年 8 月，香港被侵華日軍佔領了三年零八個月。

1997 年 7 月 1 日，歷經英國 156 年的殖民統治，香港主權回歸中國，成立香港特別行政區。

香港競爭力的
興衰與改造

香港社會現狀

經過百年的風風雨雨，香港成為全世界最重要的國際金融中心、服務貿易中心和航運中心，以經濟自由、稅制簡單、政府清廉、治安優良、法制完善為特色。香港在全球金融中心指數上長期名列世界第三大金融中心，香港連續 20 多年被美國傳統基金會評為全球最自由的經濟體。香港是全球社會最安全、人均壽命最長、市民生活較富裕、經濟較繁榮的國際大都會，有着購物天堂、美食天堂、動感之都、東方之珠等美譽。2012 年，《經濟學人》評選香港為「全球最宜居城市」。

香港的政治制度基本上沿襲了英國殖民地時期的管理體系，行政、立法、司法三權分立，互不隸屬，互相監督。《香港基本法》保證了「一國兩制」得到落實，司法獨立不會受到干預。同時，根據「港人治港、高度自治」的原則，除了外交和防務由國家負責外，特區政府在中央授權下管理其他的本地事務。香港特區政府可以香港的名義參與國際事務，包括世界貿易組織和奧林匹克運動會等。

香港經濟現狀

香港經濟的屬性是自由資本主義的經濟體系。長期以來，港英政府實行「自由放任」的經濟政策。諾貝爾經濟學獎得主密爾頓‧佛利民將香港視為「自由放任」經濟的典範。回歸前，港府調整經濟政策為「積極不干預」政策，回歸後特區政府在 2006

年 9 月宣佈香港實行的「積極不干預」政策不再適用，可是香港政府執行經濟政策的手法仍是讓市場力量主導，避免過多干預市場的自由發展。2015 年，時任香港特首梁振英提出，「積極不干預」政策在今日全球和地區的競爭環境下已過時，政府需要「適度有為」，發展經濟、改善民生。

自由港的香港在世界經濟中享有重要地位。英國人一佔領香港，就於 1841 年 6 月 7 日宣佈香港為商船可以自由進出的自由港，滿足英國人對中國進行鴉片輸入的交易需要。香港憑着優越的地理位置和天然的水深港闊的海港，迅速發展成為國際轉口貿易航運中心。在英國百多年殖民統治下，英國人花費大量精力將香港經營管理成為「日不落帝國」海外殖民地的典範，香港成為一隻「生金蛋的鵝」。

上世紀 40 年代，隨着第二次世界大戰和中國內戰的爆發，大量難民湧入香港，並帶來了技能和大量資金，這為香港的經濟發展儲備了充裕的生產要素，奠定了香港經濟起飛的基礎。

上世紀 50 年代，香港開始進入了經濟發展的黃金時期，並持續了將近 50 年。這一時期，中國內地因朝鮮戰爭而被聯合國禁運，香港的轉口貿易大受打擊。憑着中小企業家的勤奮拼搏和龐大廉價勞動人口的吃苦耐勞，香港經濟開始轉型，發展以輕工業和製造業為主，以加工出口為導向的製成品，例如紡織品、塑膠花、假髮、鐘錶、電子零件等。由於中國被禁運，香港又成為中國與世界各國進出口貿易和轉口貿易的唯一口岸，香港的作用尤為重要。

1960 年代至 1980 年代，香港以出口加工為主，促進了經濟起飛，成為亞洲四小龍之一。

1980 年初，中國內地實行改革開放，解放出大量的生產力，香港製造業開始北移。香港自由港的地位使轉口貿易大放異彩，與轉口貿易相關的國際金融等服務業快速成長，香港成功的轉型為國際金融中心。1987 年，香港人均 GDP（購買力平價）超過英國；1993 年，香港 GDP 更高達中國內地總量的四分之一。當接近香港回歸時，一些港人對香港前景感到悲觀，不少人才和資金離開香港。

香港 GDP 在中國 GDP 中的比重，從 1980 年的 15% 左右，到最高時的 1993 年的 27%，下降到 1997 年的 16%，再下降到 2017 年以後的 3% 以下。

香港回歸後的表現

香港自 1997 年回歸祖國後，經濟發展一波多折，陷入低成長時期。

1997 年底開始的亞洲金融危機，嚴重衝擊香港。國際資本大鱷狙擊香港金融市場，特區政府在中央政府的支持下，於 8 月 14 日決定投放龐大資金入市干預市場，雖惹來極大爭議，但完勝國際金融資本大鱷。亞洲金融危機造成香港全年經濟出現負增長，GDP 下降 5.1%。特區政府其後於 1999 年以盈富基金形式將入市干預所購入的股票逐步沽售。

1999 年到 2000 年，美國的科網從熱到冷，香港股市的互聯

網泡沫從瘋狂到破滅。香港經濟略有好轉又陷低迷。

2001 年美國經濟低迷不振拖累了世界經濟，美國的 911 事件打擊了全球旅遊業，更波及香港，香港當年 GDP 增長急跌至 0.1%。

2002 年香港才有稍微復甦勢頭，2003 年 3 月中爆發了 SARS（全稱為嚴重急性呼吸綜合症），4 月 2 日世界衛生組織發出旅遊警告，香港旅遊業受重創。香港政府動用百多億港元解困。經努力抗擊，香港終於在 6 月 23 日從疫區名單裏剔除。

2003 年起，中央政府對香港實行了一系列振興經濟的優惠政策。6 月 29 日，簽訂《內地與香港關於建立更緊密經貿關係的安排》（簡稱 CEPA），7 月 28 日，推出內地居民赴港個人遊計劃刺激香港的旅遊業。在同年的特首施政報告中，確立了金融、物流、旅遊和工商業支援服務為「香港四大經濟支柱產業」，並且加以大力發展。此後，香港經濟增長勢頭開始發力。

2006 年 12 月 28 日，香港恆生指數首次衝破 2 萬點，當日成交達 542 億元，2007 年 10 月 26 日更到達 3 萬點的歷史高位。2007 年香港經濟總體發展是較好的一年。香港各行各業普遍認為，香港在未來經濟發展中仍會受惠於中國內地經濟發展帶來的機遇。

2008 年全球金融海嘯爆發，香港長達 5 年的經濟復甦中止，股市、樓市暴跌，企業出現大幅裁員、減薪和結業。直至一兩年後香港經濟才出現復甦跡象。直到五六年後，香港經濟才進入穩定增長，2014 年香港經濟實質增長 2.5%，2015 年經濟增長為

2.4%。

2012 年，中國社會科學院發佈《中國城市競爭力報告》，公佈了兩岸四地294座城市的競爭力排行，香港連續十年排行榜首。該報告指出，香港的金融業及專業服務是中國城市中最優秀的，在貿易、法制及自由競爭中擁有明顯優勢。

與此同時，香港在中國城市競爭力研究會的中國城市競爭力排行榜中高居榜首。報告認為，香港擁有全世界最繁忙的貨運港口，還是國際上主要的黃金交易中心，其競爭力在國際間不斷上升。

與此同時，香港連續多年被瑞士洛桑國際管理發展學院評為全球競爭力第一的經濟體系。

目前，香港是世界第七大貿易實體。在全球集裝箱港排名上，香港目前排名仍在第五位。

香港國際機場是世界最繁忙的空港之一，全球超過百家航空公司在港運營，客運量在全球是第五位，貨運量多年在全球是首位。香港機場自 1998 年 7 月啟用以來，一直堅守「安全、營運效率、顧客服務及環境」四大原則，先後超過 60 次獲選為全球最佳機場。

香港是世界第十五大銀行中心。特別是從 2006 年以來中國內地公司爭先恐後到香港上市，2018 年香港集資總值（IPO）全球第一，全年集資額約達 3,000 億港元，超越紐約、倫敦。近年來，香港證券交易所陸續開通了「滬港通」、「深港通」、「債券通」，成為中國金融市場進一步開放的信號，使香港與內地金融市場的

聯繫更加密切。香港在全球多次金融風暴的衝擊中表現出的抗壓能力，維持了較高的人均收入、經濟增長及財政靈活性，使香港金融中心地位不斷鞏固和健康成長。

2018 年香港 GDP 為 3,648 億美元，比上年增長 3%，高於財政預算案的預測，也高於過往 10 年年均 2.8% 的增長率。2018 年人均 GDP 達 4.8958 萬美元。香港是全球服務業主導程度最高的經濟體，服務業佔 GDP90% 以上。[3]

香港競爭力改造提到議事日程

面對高新科技迅速發展以及全球一體化的進程，服務業主導的香港經濟更遭遇到激烈的競爭，開始轉型向可以提供高增值服務的經濟活動。同時，中國內地經濟進一步開放，為香港服務業帶來更大商機，帶動業務快速增長。然而，由於香港經濟社會自身的因素，香港缺乏進一步發展的強大動力，也就是說，香港的競爭力衰退或競爭乏力。

如何解決香港競爭力衰退或競爭乏力？本書將從 12 個方面研究和分析香港競爭力的過去和現狀並提出改造的方向，這是我第一次綜合和歸納到目前為止研究香港競爭力的主要方面：

1. 充份自由競爭的經濟制度；

2. 實行積極不干預的經濟政策；

3. 健全的法制和法治觀念；

3　本章節參閱香港貿易發展局：「經貿研究」，香港經貿概況，http://hong-kong-economy-research.hktdc.com/business-news/article/。

香港競爭力的
興衰與改造

4. 廉能的公務員隊伍；

5. 資訊的充份流通與對稱；

6. 亞太金融中心的貢獻；

7. 旅遊勝地，購物天堂；

8. 收支平衡的公共財政；

9. 勤奮努力動手能力強的市民；

10. 重視教育和職業培訓；

11. 背靠祖國，面向全球；

12. 多元並包的香港文化。

任何競爭力都是在與競爭對手的比較中形成的。任何競爭優勢都不是長久不變經久不衰的，都是相對的。逆水行舟不進則退。香港回歸後，雖然不時有政治爭拗抗爭，經濟起伏波動，但社會總體安定和平穩發展，人才和資本自由流動。20多年來，在與中國內地的北上深廣等一線城市和國際同類城市相比，香港的競爭力不斷下降，競爭優勢在不斷減弱。因此，促使我對香港競爭力進行深入研究，發現在20多年期間內香港的競爭力呈下降趨勢。

我試圖找到被競爭力下降掩蓋的長期困擾香港社會發展的深層次矛盾和問題，以及提出解決問題的思路和路徑。這一研究成果，可以對香港的東山再起，再創輝煌，或者百尺竿頭更進一步，起到承上啟下的點滴作用，可以對中國內地大中城市的社會發展特別是粵港澳大灣區的興建起到借鑒，也可以對世界上同類型經濟體和國家的經濟社會發展予以啟發。

第一章　競爭力的基本理論

競爭力就是生產力。

——邁克爾·波特

競爭力（Competitiveness）是管理學的重要概念。與之相關聯的有競爭優勢、綜合能力、創造力、角逐、比賽、競賽、較量等。

競爭力是管理學的核心內容。競爭力與管理學的目標方向一致，都是追求效率或利益最大化。競爭力研究是管理學研究的一個重要分支。

一、競爭力的定義

「競爭力就是生產力」（邁克爾·波特語）。競爭力是競爭者在競爭中顯示出來的與眾不同的生產能力。

評價競爭力，需要確定一個可以進行競爭力比較的群體，即具有可比性。以相應的時間或空間為條件，衡量目標對象在競爭群體中的表現而進行評價。測定和評價競爭力的是競爭對象「現在」中包含的「未來」，從定量分析到定性分析。

競爭力是一種相對指標，必須通過競爭行為才能表現出來，籠統的可以說競爭力是大或小、強或弱。但真正要準確測量出來

香港競爭力的
興衰與改造

又是比較困難的。

競爭力是自然、人類、社會生存和發展的內在能力，總體來說是物競天擇，優勝劣汰，適者生存。但不可否認國家意識、民族文化、族群特質、團隊合作和個人品質在競爭中的充份作用，以致後來居上、以智（質）取勝、反客為主、以弱勝強、以小贏大。

波特的國家競爭優勢理論認為，一國的貿易優勢並不像傳統的國際貿易理論宣稱的那樣簡單地決定於一國的自然資源、勞動力、利率、匯率，而是在很大程度上決定於一國的產業創新和升級的能力。由於當代的國際競爭更多地依賴於知識的創造和吸收，競爭優勢的形成和發展已經日益超出單個企業或行業的範圍，成為一個經濟體內部各種因素綜合作用的結果，一國的價值觀、文化、經濟結構和歷史都成為競爭優勢產生的來源。[4]

在正確的競爭理論指導下的競爭實踐，可以使國家、區域、城市、部門、企業、個人等競爭主體的競爭力得到充份的發揮，保持競爭優勢或者後來居上。

二、競爭力的縱向類別

（一）國家競爭力

國家生產力，即運用勞動力與資本等國家資源所得到的生產率的提高，並由此帶來國民生活水準的提高，以及企業不斷提升創造符合時代需求的生產能力。

4　百度百科：競爭優勢理論，https://baike.baidu.com/item。

「在國家層面上看，競爭力的唯一意義就是國家生產力。」（邁克爾‧波特）

國家競爭力指的是一個國家經濟能夠達到持續高增長率的能力，是國家在世界市場上比競爭對手生產出更多財富的能力。國家競爭力還指國家產業和科技創新升級的能力，即國家生產力水準獲得持續提高的能力。一個國家的競爭力除了在於國民經濟的總體評價，還要看一些獨具特色的新創產業或產業群。

國家競爭力的評估原則：

該年度內該國所有產業佔全球出口總量的百分比是否大於或等於該國佔全球貿易比重的平均值。這個數字也可視為該國各類產業是否具有國際競爭優勢的臨界點。

研究國家競爭力，耳熟能詳的是美國的軍事力量、高新科技創造能力、吸引全世界優秀人才的制度、美元的世界霸主地位、好萊塢的文化軟實力等；德國的工業製造能力以及工匠精神；日本的精益求精的品質管制能力和團隊合作精神；以色列的科技創新能力和以少勝多的生存能力，以及中國從中國市場向中國製造再向中國創造的轉變能力。

（二）區域競爭力

在一個國家範圍內，可能有若干個經濟區域，例如中國傳統的珠三角區域、長三角區域、環渤海灣區域。經濟區域往往是歷史形成的，有的還跨越省市自治區的行政範圍。當然，有的經濟區域是地緣政治或地緣經濟的產物，甚至跨越國界，例如中日韓

香港競爭力的
興衰與改造

東北亞經濟區域。

區域競爭力是能支持一個區域生存和發展的力量，即一個區域在發展中與其他區域相比較所具有的對生產要素和資源的開發、吸引、擁有、爭奪、控制和轉化的能力，是佔領和控制市場的能力，是優化資源配置的能力，總之，是區域為其自身發展對各種資源和市場的爭奪力。

近年來，促進粵港澳大灣區建設是將中國區域競爭力提高到國家發展戰略的高度和層次。粵港澳大灣區是由香港澳門兩個特別行政區和廣東省的廣州、深圳、珠海、佛山、中山、東莞、肇慶、江門、惠州等九個地級市組成的城市群（即 2+9），是國家建設世界級的城市群大灣區，與美國紐約灣區、三藩市灣區、日本東京灣區比肩的世界第四大灣區。

（三）城市競爭力

許多國內外學者對城市競爭力有諸多定義。

有的認為，具競爭力的城市將是企業和就業人士準備投資之地（Kitson, M and Tyler et al., 2004）；

有的認為，創造、維持和迎接國際競爭，以達成相對高收入、高度就業率的能力（Cellini, 2000）；

有的認為，城市競爭力是城市經由提供利於成長的條件，以支援企業進入市場的能力，例如基礎建設、人力資源、市場准入等（Mayerhof, 2005）；

有的認為，持續提升商務環境、技術基礎，提高政治、社

會及文化建設，以吸引和維護高成長、能創新、有營收的企業與高知識、具創意、富開創性的員工之能力；使企業和勞動者得以繼續創造高成長率、高生產力、高就業率、高薪資、高人均國內生產總額和低社會不公平性、低社會邊緣感（Simmie et al, 2006）。

評鑒城市競爭力的總體指標和範圍大致是：投資環境、政治及經濟穩定、生活品質及社會環境、全球化、人力資源、產業群聚、企業營運等。

城市競爭力的研究，加快了不同體量城市的經濟社會發展。北上廣深等中國特大城市的研究，中國省會城市的研究，中國二三線中小城市的研究，以及中國與世界上相似或友好城市的研究，使中國以城市為中心和龍頭的城市經濟蓬勃發展。

例如：根據中國社科院發佈的「2018年中國城市競爭力排名」顯示，綜合經濟競爭力指數排名前十的城市依次為：深圳、香港、上海、台北、廣州、天津、蘇州、北京、澳門、無錫，這些發達城市主要集中在長三角、珠三角、環渤海灣和港澳台地區，廣大中西部地區無一城市進入綜合經濟競爭力十強之列。變化最大的莫過於深圳取代香港躍居綜合經濟競爭力榜首。

（四）企業競爭力

企業競爭力是指在市場競爭條件下，企業通過自身能力獲取資源並加以利用，在為顧客創造價值的同時，實現自身價值增值的綜合能力。

香港競爭力的
興衰與改造

甚麼樣的企業具有競爭力，有一大堆的中外企業名字脫口而出，耳熟能詳：微軟、蘋果、可口可樂、華為、阿里巴巴、騰訊、京東……。企業競爭力是企業永續經營的核心，當然，也是企業利潤的來源。

（五）個人競爭力

個人競爭力是個人在社會上適應和生存的能力，是個人在社會中安身立命的能力，是個人創造和發展的能力。

個人競爭力也可理解為個人素質。個人素質好的優秀人才，表現為具有很強的個人競爭力。

西方諺語說「上帝為你關閉一扇門，必會為你開啟另一扇窗」，表達了上帝對每一個人的公平性。但不可否認，每一個人的先天優勢和後天努力是同等重要，但個人競爭力的表現方式有可能完全不一樣。

三、競爭力的橫向組成

（一）核心競爭力

核心競爭力是指眾多競爭力中起主導作用的競爭力。是競爭者賴以生存和發展的關鍵要素，它是有形的，也可能是無形的，有時難以測度，但可以評估。例如軍事、文化、宗教、傳統，甚至地域等。

核心競爭力是一個國家、地區、城市、企業或者參與競爭的個體能夠長期獲得競爭優勢的能力，是特有的、能夠經得起時

間和空間考驗的、具有延展性，並且是競爭對手難以模仿的能力。

可口可樂公司的核心競爭力是甚麼？是它的產品永遠保密的配方。蘋果公司的核心競爭力是甚麼？是它的創辦人喬布斯得天獨厚的天才創意。騰訊公司的核心競爭力是甚麼？是它對研發源源不斷的投入和對實體經濟的長期堅守。華為公司的核心競爭力是甚麼？是它擺脫資本的控制，靠強大的低成本的研發團隊保持的技術領先優勢和全員持股的企業激勵機制以及卓越的客戶服務水準。

（二）創新競爭力

競爭優勢是從最根本的創新、改善和改變而來。（邁克爾·波特）創新是一個國家、地區、城市、企業、個人的生存、發展的關鍵。例如，蘋果公司的系列產品，通過不斷創新取得的無與倫比的競爭力，引領時尚的電子產品風靡世界。

（三）品牌競爭力

某一品牌產品在市場競爭中超越其他同類產品的能力，是其他同類產品不易甚至是難以模仿的能力，是開拓並佔領市場以及獲得更大市場份額的能力。例如，可口可樂的品牌，在百多年的碳酸飲料市場上獨佔鰲頭。中國產品要反思：如何從中國製造到中國創造？

（四）品質競爭力

競爭主體以卓越品質贏得優勢的能力。例如，日本在先進的品質管制體系下生產的產品，具有很強的市場競爭力。

（五）服務競爭力

這是一個難以量化的綜合性指標。是所有被服務的消費者感受服務的體驗以及主觀評價，是企業在服務消費者方面相對於其他競爭對手的比較優勢。例如，新加坡航空和希爾頓酒店，依靠優質服務取得的競爭力。

（六）管理競爭力

「管理也是生產力」。通過新的管理理論和反覆的管理實踐，不斷提高管理技巧，對資源進行優化配置，使管理活動最終實現低成本高效率，少投入多產出的管理效果。政黨的執政能力體現在政府的管理能力。例如，香港機場、地鐵的管理能力是強的，管理能力加上優良的硬體，如虎添翼。中國內地出現的涉及食品安全、藥品安全、交通安全、建築安全等案例，都反映了管理競爭力有待加強的空間。

四、競爭力的表現形態

（一）硬競爭力

競爭力的硬性指標，可以從數量的實力上反映。例如，GDP的經濟總量、財政收入總量、人均 GDP 等。

（二）軟競爭力

體現在文化等方面的影響力。例如，法治、自由、廉潔、透明、良好管治等。

（三）巧競爭力

後發優勢，利用時間和空間，以小勝大，以弱勝強，跨越發展。

五、競爭力發展的不同階段

生產要素導向。例如，以土地成本、勞動力成本、時間成本等低為競爭力。

投資導向。例如，以資金、租金、利率和匯率等成本優惠作為競爭力。

創新導向。例如，以先進技術和管理模式為競爭力。

富裕導向。例如，以宜居、和諧、文化傳承等為競爭力。

六、競爭力研究的理論來源

（一）競爭力研究的理論最主要源自競爭戰略之父邁克爾·波特（Michael Porter）

邁克爾·波特是哈佛大學商學研究院著名教授，是當今世界上少數最有影響力的管理學家。他在 1983 年任美國總統列根的產業競爭委員會主席，創立了企業競爭戰略理論，在全世界範圍內引發關於競爭力的討論。他獲得過亞當·斯密獎、大衛·威爾

茲經濟學獎，獲得五次麥肯錫獎，擁有許多大學的名譽博士學位。目前他已出版了十四本著作，最有影響的是：《品牌間選擇、戰略及雙邊市場力量》(1976)、《競爭戰略》(1980)、《競爭優勢》(1985)、《國家競爭力》(1990) 等。其中，《競爭戰略》一書已經再版了 53 次，並被譯為 17 種文字；另一本著作《競爭優勢》，至今也已再版 32 次。

邁克爾‧波特博士獲得的崇高地位緣於他所提出的「五種競爭力」和「三種競爭戰略」理論，以及鑽石理論模型（Michael Porter diamond Model）。

五種競爭力：行業中現有對手之間的競爭和緊張狀態、來自市場中新生力量的威脅、替代的商品或服務、供應商的還價能力以及消費者的還價能力，這就是著名的「五力模型」。

三種競爭戰略：成本優勢戰略、差異化戰略和縫隙市場戰略。

鑽石理論模型又被稱為鑽石理論、菱形理論及國家競爭優勢理論。

鑽石模型是用於分析一個國家某一種產業在國際上具有較強競爭力的原因。

波特認為，決定一個國家某種產業具有競爭力的**四大因素**是：

1. 生產要素：包括天然資源、人力資源、資本資源、知識資源、基礎設施。

2. 需求條件：主要是本國市場的需求。

3. 相關產業的表現：這些產業和上游產業是否具有國際競爭力。

4. 企業的戰略、結構、競爭對手的表現。

波特認為，這四個要素具有雙向作用，形成鑽石體系 (如下圖)。

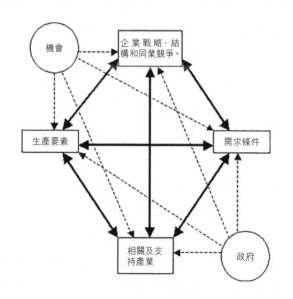

在以上四大要素之外還存在**兩大變數**：即政府與機會。機會是難以控制的，政府政策的影響是不可輕視的。

（二）競爭力研究的理論源自古今中外的傳統理論

1. 達爾文的進化論

物競天擇，適者生存，優勝劣汰。生物在生存競爭中適應力強的保存下來，適應力差的被淘汰。這是達爾文進化論的基本觀點。

2. 社會達爾文主義

在達爾文的進化論問世之後，赫伯特‧史賓賽（Herbert

Spencer，1820 年 4 月 27 日—1903 年 12 月 8 日，英國哲學家）提出了「社會達爾文主義」，將「適者生存」的觀點應用在社會學，尤其是教育及階級鬥爭。他認為社會可以與生物有機體相比較，社會與其成員的關係有如生物個體與其細胞的關係。

競爭力理論的淵源可以追溯到社會達爾文主義，或者說，受到社會達爾文主義的影響，就像現代管理學理論源自「泰羅制」和「福特制」等血汗工資制度，或受到血汗工資制度的影響。

（三）競爭力研究理論的養份是歷史的經驗

翻開人類文明史可以發現，許多偉大的文明古國消失了，例如，以法制文明規範社會生活方式的巴比倫文明，創建了哲學、法學、神話文學的古希臘文明，橫掃歐洲驍勇征戰而建立的古羅馬文明，建立了金字塔等諸多偉大奇蹟的古埃及文明，創造了佛教文化的古印度文明，橫掃歐亞、統一中國的草原帝國古蒙古文明，在墨西哥高原留下神秘蹤跡的瑪雅文明等。在歷史長河的文明競爭中，物競天擇，適者生存，優勝劣汰。

中華文明歷經五千年的風風雨雨，仍然璀璨，但並非一帆風順，數次遭受到滅頂之災，有內部矛盾的激化，有外部異族的入侵，都能轉危為安，甚至封建王朝覆沒，中華文明不滅，例如元朝和清朝。1840 年以後的中國近代史，外國頻繁入侵，戰火紛飛，殖民和割地，但中華文明的香火不絕。這些歷史經驗都為競爭力的理論研究提供了豐富的養份。

小結

「競爭力也是生產力」。競爭力是競爭者在競爭中顯示出來的與眾不同的生產能力。

競爭力的基本理論主要來源自邁克爾·波特博士所提出的**五種競爭力**和**三種競爭戰略**理論，以及鑽石理論模型（Michael Porter Diamond Model）。

第二章　香港競爭力的狀況

> 香港是全球最具競爭力的經濟體之一。
>
> ——洛桑國際管理發展學院《世界競爭力年報》

一、香港在世界競爭力中的排名

(一) 瑞士洛桑管理發展學院 (IMD) 的評價

瑞士國際管理發展學院發表 2019 年世界競爭力年報，香港排名維持全球第 2 位。按年報四個競爭力因素分析，香港在「政府效率」排名全球第 1；「營商效率」排名第 2；「經濟表現」排名第 10。受惠於政府在基建、創新科技、教育等範疇增加投資，香港在「基礎建設」的排名輕微上升至第 22 位。[5]

瑞士洛桑國際管理發展學院是歐洲最著名的商學院之一，自 1989 年以來，該機構每年都發佈《世界競爭力年度報告》，分析樣本有 61 個國家和地區。IMD 評價的指標是經濟績效、企業效率、政府效率、基礎設施四大類指標，並細分成 331 個指標。所發表的《世界競爭力年度報告》在國際上享有較高聲譽。

20 年來，洛桑國際管理發展學院對香港競爭力在世界主要國

5　香港特別行政區政府《新聞公報》，2019 年 5 月 29 日。

家或地區競爭力中的評價是：2018 年第 2 名，2017 年第 1 名，2016 年第 1 名，2015 年第 2 名，2014 年第 4 名，2013 年第 3 名，2012 年第 1 名，2011 年第 1 名，2010 年第 2 名，2009 年第 2 名，2008 年第 3 名，2007 年第 3 名，2006 年第 2 名，2005 年第 2 名，2004 年第 6 名，2003 年第 10 名，2002 年第 13 名，2001 年第 4 名，2000 年第 9 名，1999 年第 6 名，1998 年第 5 名，1997 年第 3 名。[6]

綜觀 20 年來瑞士洛桑國際管理發展學院對香港競爭力的評價，可以發現，香港競爭力在 1997-2004 年的八年裏，從 1997 年的第 3 位跌落至 2002 年的第 13 位，然後又回升到 2004 年的第 6 位，呈 U 形狀態，與香港當時遭遇的金融風暴呈正相關關係。還可以發現，香港競爭力在 2005-2018 年的 13 年裏，基本保持在世界的前三甲，這與國家對香港實施了一系列發展經濟的優惠政策也呈正相關關係，例如，內地居民到香港旅遊的「自由行」、CEPA（《內地與香港關於建立更緊密經貿關係的安排》的英文簡寫）、實行吸引優秀人才和專業人才赴港定居的專才計劃、優才計劃等。

IMD 評估的 331 項指標，當中有三分之二取自世界銀行、聯合國經濟合作及發展組織（OECD）、國際貨幣基金組織（IMF）等重要國際機構的實質指標和統計數字。

另外三分之一的指標來自意見調查的資料，可以用以評估一些有人留意到但又不易量化的競爭力，譬如考慮環境改善帶來的

6　根據 IMD 公佈資料整理。

香港競爭力的
興衰與改造

影響、民眾生活質素、政府管治方面的問題，此外也包括對民眾教育程度的評估。

這些因素之中，有些特別能夠顯示香港取得的好成績，並不只是把香港當成通往中國大陸的入口，而是認為香港受到中國的驚人經濟增長的帶動。

在評估競爭力的四大因素，即經濟表現、政府效率、商界效率和基礎設施中，香港都有非常出色的成績。

長期以來，香港在「政府效率」方面，在評估的經濟體中排名中均為第一，這是香港真正突出的地方，是香港的核心競爭力。

香港在「商界效率」中排名也大多是第一。

香港的「政府效率」和「商界效率」之間有完善的平衡。如果這兩項評分差距較大，則影響競爭力。例如巴西，商界活力十足，但表現受到掣肘，因為政府妨礙企業競爭，以致在巴西營商要很高成本，這是多數跨國公司的感覺。

香港在「基礎建設」的排名大多是第 20 名左右。這是香港的弱項，牽制了香港競爭力的提升。香港現有的基礎設施已經呈現老化，需要更新換代，或者香港有的基礎設施已經無法滿足龐大的社會需求，是削足適履，還是換鞋適履，香港內部還未達成共識，表現在大多數基建項目的工期延誤，造價超標。

個別細項排名中，香港在公共財政、國際投資、商業法規、金融、態度及價值觀、科技建設等 6 項均是全球最佳。

香港競爭力的弱項還有，香港的生活品質並不是特別好、工作的緊張程度和生活的壓力、環境污染、越來越嚴重的貧富差距、

49

以及沒完沒了的政治紛爭等。

世界競爭力排名的起起落落説明一點，在國際競爭中，各國的優勢對比就像是眾多的選手在參加一場沒有終點的馬拉松賽，要保持相對優勢，除了要有持久耐力，還要能保持本身的強項，並不斷設法提升、改進、創新、與時俱進，避免被其他競爭者所趕超。

（二）世界經濟論壇 (World Economic Forum) 排名

世界經濟論壇（即達沃斯論壇），會員約為 1,200 家企業，包括世界最大的千家企業。每年年會召集了來自 90 多個國家的 2,500 多名政界、商界、民間社會、科學界與媒體領導者，共同就全球議程中最息息相關的問題展開討論。世界經濟論壇稱自己致力於「改善世界狀況」。

世界經濟論壇每年發表全球競爭力報告，對香港競爭力在全球競爭力的排名是：2018 年第 7 位，2017 年第 6 位，2016 年第 9 位，2015 年第 7 位，2014 年第 7 位，2013 年第 7 位，2012 年第 9 位，2011 年第 11 位，2010 年第 11 位，2009 年第 11 位，2008 年第 11 位，2007 年第 12 位。[7]

觀察世界經濟論壇近十年的全球經濟競爭力報告，香港從 2008-2011 年的排行在第 11 位左右，上升到 2013-2018 年的排行在第 7 位左右。説明香港總體的競爭力是進步的，步入和穩定在

7　根據世界經濟論壇全球競爭力報告整理。

香港競爭力的
興衰與改造

世界前十。

全球競爭力報告的排名依據是全球競爭力指數（GCI），該報告把競爭力定義為決定某個國家或地區生產力水準的制度、政策和因素的集合。這個競爭力概念包括靜態和動態的組成部份。該報告將其歸納為 12 個組成部份：制度、基礎設施、宏觀經濟壞境、健康和基礎教育、高等教育和培訓、產品市場效率、勞工市場效率、金融市場發展、技術準備、市場規模、商務成熟度和創新度。

（三）日本智庫評價

日本知名智庫森紀念財團（Mori Memorial Foundation）自 2008 年開始，逐年對全球主要城市的競爭力開展全面的調研、分析與評價，並發佈「全球城市實力指數」（Global Power City Index，以下簡稱 GPCI）報告，展現和分析了世界各城市競爭力中的經濟、研發、文化交流、宜居及交通便利性等六大領域的 70 個具體指標，並於每年 10 月發佈。70 個具體指標分別由其收集的 59 個統計資料與 11 項問卷調查構成，進行綜合實力評估及排名。

該排名報告還考慮了五個不同類別的受訪者，包括經理、研究人員、藝術家、旅遊者和城市居民對每個城市的看法。

該項研究是在世界頂級城市專家的指導和參與下開展的：研究的最高顧問是當前世界最為知名的城市規劃學家之一、倫敦大學教授彼得・霍爾爵士（Peter Hall），當代全球化和城市社會學研究領軍人物、哥倫比亞大學教授薩斯基婭・薩森（Saskia Sassen）也是該項研究的委員會成員。因此 GPCI 報告具有較高的影響力和權威性，已成近年來全球範圍內頗具聲望的城市綜合實力排名榜。

GPCI 報告針對全世界主要城市的「吸引力」進行評價和排名，即這些城市在全球範圍內吸引創意策劃人才、引進創新服務企業的綜合能力，為城市建設規劃提供的外部評價與比較對標。GPCI 報告中對世界上主要城市的入選標準包括城市自身規劃的發展水準、對區域經濟社會的影響力，以及所屬國家的綜合實力和競爭力的提升等。

2008 年，GPCI 報告總共對世界範圍內的 30 多個主要城市進行了調研和評估，2009-2011 年研究對象增加到 35 個城市，2012-2013 年進一步增加到 40 個城市，2016 年則增加到 42 個城市。

GPCI 報告對香港的評價是：2017 年第 9 位，2016 年第 7 位，2015 年第 7 位，2014 年第 9 位，2013 年第 11 位，2012 年第 9 位，2011 年第 8 位，2010 年第 9 位，2009 年第 10 位，2008 年第 17 位。

香港的經濟環境和交通便捷程度名列前茅，但因居住成本太高和環境污染拖低排名，當中居住條件的評分甚至遜於北京和孟買。

（四）中國國家研究機構評價

中國社科院是國家重要的研究機構，其主辦的《中國城市競爭力報告》，自 2003 年起每年發佈一次，對全國 294 個地級以

上城市的綜合競爭力進行比較和排出位次。報告從國際視角來分析中國城市的總體戰略位置，即該城市的優勢、劣勢、機遇和挑戰，並提出這些中國城市的全球競爭策略。為有關省、直轄市、自治區和具體城市進行競爭力狀況分析，制定提升競爭力的發展戰略。

通過對 294 個城市綜合競爭力指數的分析後發現：過去十多年來，中國城市競爭力的基本格局是：總體間差距縮小，局部差距擴大。中國東南沿海的多數城市在保持領先的同時，內部差距縮小；內陸城市競爭力提升明顯，東北地區和中部地區城市兩極分化嚴重，中心城市快速崛起；大型城市發展仍佔主導，中小型城市競爭激烈；地級城市提升領先於更高行政級別的城市。

城市「綜合競爭力」評價指標體系包括經濟、社會、環境和文化四個系統，由綜合經濟競爭力、產業競爭力、商業貿易競爭力、財政金融競爭力、基礎設施競爭力、人力資本教育競爭力、社會體制競爭力、科技競爭力、環境資源區位競爭力和文化形象競爭力等 10 項一級指標、50 項二級指標綜合計算而成。

中國社科院公佈《中國城市競爭力藍皮書》，「城市綜合經濟競爭力」前 10 名城市中：2008 年至 2014 年香港都是第 1 位，2015 年至 2018 年香港居第 2 位，被深圳、上海等城市超越。

二、香港競爭力的主要構成

（一）充份自由競爭的經濟制度

香港實行充份自由競爭的經濟制度，即完全的市場經濟，是

香港競爭力產生和發展的淵源,是香港競爭力的主要構成。迄今為止,在香港已實行了百多年了。

不言而喻,這與香港是英國的殖民地密切相關。因為,市場經濟的鼻祖亞當·斯密(1723.6.5-1790.7.17)就是英國蘇格蘭出身的經濟學家,他所著的《國富論》成為世界上第一本闡述歐洲產業和商業發展歷史的著作。這本書開創出 18 世紀西方古典經濟學,提供了自由貿易、資本主義的理論基礎,成為英國工業革命的理論基礎。充份自由競爭的市場經濟,也成為英國所有海外殖民地奉為圭臬的經濟制度。

《國富論》的重點是對市場經濟即充份競爭的自由經濟的闡述。充份競爭的市場經濟表面看是各行其是雜亂無章,但實際上是由一隻「看不見的手」即價值規律所指引,引導直接或間接參與市場交換的生產者,生產出符合市場需求的產品的數量和種類。亞當·斯密從人的本性都是自私和貪婪的觀點出發,描述了自由市場的充份競爭將利用人的本性來降低價格,從而提供更多產品和服務的事實,得出進而造福整個社會的結論。這一論述和結論奠定了亞當·斯密成為自由主義經濟學鼻祖的地位。

亞當·斯密大力抨擊政府對經濟活動的管制,認為這些管制將會阻撓產業的擴展。亞當·斯密極力反對絕大多數的政府管制經濟活動的行為,例如反對各國之間設置的關稅,認為關稅最終將導致經濟活動的低效率,並導致商品價格的昂貴。今天我們又將亞當·斯密的理論稱之為「自由放任」的經濟學理論。

在亞當·斯密經濟理論主導下實行的經濟制度得到傳統和保守主義的支持。長期以來，美國傳統基金會和《華爾街日報》就營商自由及貿易自由等 10 個範疇，評估全球 179 個經濟體系的自由度。香港連續 20 多年被評為全球最自由的經濟體。在 10 個經濟自由度評估指標中，香港在貿易自由和金融自由上蟬聯榜首，在投資自由和產權保障以及營商自由方面名列前茅。傳統基金會稱讚香港具有促進和推動競爭力發展的管理制度，加上有獨立和透明的法律制度，可以促進來自世界各地的投資和貿易。同時，香港擁有高效率和高技能的勞動力，這是保持經濟蓬勃發展的基石。

根據世界貿易組織認定，2017 年香港是全球第七大商品輸出地，也是全球第十五大服務輸出地。香港是中國內地重要的轉口港。據香港政府統計，2017 年，58% 的轉口貨物原產地為內地，而 54% 則以內地為目的地。據中國海關內地統計，香港是中國內地繼美國和日本之後的第三大交易夥伴，2017 年佔全國貿易總額的 7%。

香港是亞太區重要的銀行和金融中心。根據全球金融中心指數，香港是世界第三大金融中心，僅次於倫敦及紐約。據國際結算銀行的調查，2016 年香港是亞洲第二大外匯交易市場和全球第四大外匯交易市場，平均每日成交額達 4,370 億美元。

截至 2018 年 12 月底，以市值計算，香港股票市場在亞洲排名第 3 位，全球排名第 5 位，上市公司數目達 2,315 家，總市值達 3.82 萬億美元。2014 年 11 月，「滬港通」推出，成立滬港股

票市場交易互聯互通機制。這是中國開放資本市場邁向雙向開放的重要一步。2016 年 12 月，「深港通」推出，其原則及設計大致與滬港通相似，為兩地股市互聯互通增添一條新管道，有利鞏固香港作為全球離岸人民幣業務樞紐的發展。2017 年 7 月，「債券通」推出，香港與內地債券市場互聯互通合作上線，以促進香港與內地債券市場共同發展。2019 年 1 月 2 日國際知名會計師事務所羅兵咸永道宣佈：香港重奪年度全球 IPO（Initial Public Offerings，首次公開募股）市場第一。

香港也是中國內地企業重要的離岸集資中心。截至 2017 年 12 月，在香港上市的內地企業有 1,051 家，其中包括 H 股、紅籌股及民營企業股，總市值約為 2.9 萬億美元，佔市場總值的 66%。自 1993 年，內地企業通過發行股票在香港集資超過 7,000 億美元。截至 2018 年 1 月，在中國內地註冊成立的金融機構中，共有 12 家持牌銀行和 7 家代表處在香港經營業務。

香港是國際商業、貿易及金融樞杻，各種服務業主導程度極高，2015 年增加值佔 GDP 的比重：貿易及物流業（22.3%）、金融服務業（17.6%）、專業及工商業支持服務業（12.3%）、旅遊業（5%），這成為香港經濟的四大傳統產業。

回歸後，香港特區政府認為，香港具有可進一步發展的六項產業是：文化及創意產業、醫療產業、教育產業、創新及科技產業、檢測及認證產業，以及環保產業。[8]

8　香港貿發局：「經貿研究」，http://research.hktdc.com/tc/。

香港競爭力的
興衰與改造

1. 充份自由競爭的市場經濟帶給香港經濟發展的優勢是：

高度自由和開放的市場經濟體系裏，可以培育靈敏的市場機制。市場的「無形之手」可以充份發揮優化資源配置、調節經濟的動能。在香港的經濟活動中，商家進出口貨物的品種和數量完全受國際市場供求關係的支配；廠家生產甚麼和生產多少，都由國際市場和本地市場行情來決定。

百多年來，香港 98% 的企業都是中小企業，在市場經濟優勝劣汰的生存原則下，具有高度的靈活性和適應性，在殘酷的市場競爭中求生存與發展。每年都有大批企業關門停業或轉營它業，同時又會有大批企業順應市場需求而成立，這就是香港市場的生態。每當遭受到國際政治風暴衝擊或是經濟週期性危機，香港自由經濟的市場機制都能夠發揮自我調節作用，體現出強大的生命力。香港的租金、人工、原輔材料價格等生產要素，在自由放任的經濟體制下具有很強的彈性，遇到危機迅速作出反應和調整，促使經濟快速走出谷底，再現繁榮。

2. 充份自由競爭的市場經濟帶給香港經濟發展的劣勢是：

自 20 世紀 70 年代起，香港的自由放任經濟因多元化而日趨複雜，出現許多重大變化，除英資獨大，美、日等外資紛紛做大，本地華資艱難崛起，香港充份自由競爭的市場出現了壟斷行業和壟斷行為。同時，香港經濟的國際化，外部影響日趨加劇。當市場機制缺乏協調和規劃時，各種弊端逐漸顯露。此時的香港市場需要政府的「有形之手」進行適當幫助、干預、調控或補救，然而香港政府的表現令人失望，不作為，放任自流。

充份自由競爭的市場經濟是香港經濟發展的基石。它有兩個支點：一是資本主義的市場經濟，而不是其他體制的市場經濟。二是充份的自由競爭，而不是政府干預、統制或壟斷。香港從過去的小漁村發展到今天的國際大都會，實行充份自由競爭的市場經濟，在很長的期間內始終如一，總體上不為權勢和利益集團所動，因此這成為香港的核心競爭力。

（二）實行積極不干預的經濟政策

　　在 20 世紀 70 年代中後期，港英政府重新審定了經濟政策，將其「自由放任」的內涵改變為「積極不干預」，即政府以積極的態度堅持依靠自由競爭的市場機制，求得香港經濟的穩定增長；當市場機制自動調節失靈、不能正常運轉並且可能影響到公眾利益時，要進行必要的直接或間接的政府行政干預。

　　積極不干預政策或積極不干預主義（positive non-interventionism），出自港英政府時期的財政司夏鼎基，他於 1980 年提出這一術語，用以概括當時的港英政府實行的「小政府、大市場」的經濟政策。

　　1980 年 12 月，夏鼎基在香港工業總會發表演說時清楚闡述了何謂「積極不干預政策」，他特別強調「積極」二字：

　　「但當我提到政府的經濟政策時，我是用『積極』來形容『不干預』的。也許我以往未曾清楚說明所謂『積極』的涵義。這其實是指：當政府遇到要求作出干預的建議時，不會純粹因為其性質而慣性認為建議不正確。剛好相反。一般而言，政府會因應當

前和將來可能會出現的形勢，權衡輕重，仔細考慮支持和反對採取干預行動的理據——在經濟的任何環節以及在需求或供應方面。然後，政府才作出積極的決定，分析利害所在。」[9]

很明顯，港府的經濟政策受到凱恩斯經濟思想的影響。約翰‧梅納德‧凱恩斯（John Maynard Keynes, 1883.6.5-1946.4.21），英國經濟學家。凱恩斯反對自18世紀亞當‧斯密以來尊重市場機制、反對人為干預的經濟學思想，主張政府應積極扮演經濟舵手的角色，透過財政與貨幣政策來對抗經濟衰退乃至於經濟蕭條。

凱恩斯的思想不僅是教科書裏的學說，也成為1920年至1930年世界經濟蕭條時的有效對策，以及構築起1950年至1960年許多資本主義社會繁榮期的政策思維，因而被誇為「資本主義的救星」、「戰後繁榮之父」等。

凱恩斯在1936年出版的《就業、利息和貨幣通論》（The General Theory of Employment, Interest, and Money），正式提出宏觀經濟學觀念。凱恩斯主張政府應運用財政政策與貨幣政策，以抵消短期經濟循環對於人民就業及所得所造成的負面影響。凱恩斯的理論針對大蕭條時期的長期與大量失業問題以及通貨緊縮問題，因為貨幣政策已無法刺激經濟復甦，凱恩斯認為要以擴大政府支出的財政政策來解決經濟大蕭條。但是凱恩斯的政策同時也會造成政府預算赤字，因此也成了質疑與爭議的焦點。凱恩斯

9　任志剛：〈政府並沒有乖離積極不干預政策〉，載於香港《信報財經新聞》，1998年8月24日。

認為，為了降低嚴重的失業問題，財政赤字是可以容忍的，等到經濟復甦了，生產、就業及所得自然會增加，也將增加政府的稅收，屆時財政赤字問題就會迎刃而解。凱恩斯不認同傳統經濟學的自由放任態度，主張政府對經濟蕭條的干預。

香港政府在施政管理中力圖在亞當·斯密和約翰·凱恩斯中間找一個平衡點。例如，香港政府對水、電、氣、地鐵、通訊、廣播、電視等公用事業和易出現壟斷的行業實行特許專營制度，在價格、利潤和服務品質等方面進行監督；而對出現壟斷的房地產市場，香港政府投資興建大量廉價公屋，平衡或抑制商品房的價格和房地產商的利潤，促進房地產商之間的競爭。

例如，在香港政府加強對金融行業監管。上世紀 60 年代以來，香港多次出現銀行危機、貨幣危機或股市危機。香港政府被迫出面進行出資救市、直接接管等行政干預。當然這種干預始終以堅持自由企業制度，堅持以自由經濟政策為基礎，保證了香港的自由經濟地位。

香港政府在經濟運行中，更多地表現在為市場的順暢運作和發展提供必要的條件，改善投資和營商環境，加強交通道路和通訊等基礎設施建設，提高教育、培訓、諮詢、服務品質和政府效率等措施。換言之，香港政府雖然加強了對經濟活動的行政干預，但較為溫和與適度，保持了香港引以自豪的自由經濟制度和由此帶來的自由寬鬆的營商環境。

長期以來，香港社會各界對港府「積極不干預」政策頗有爭議。一些學者視港府「積極不干預」政策為「香港奇蹟」，即香

港經濟發達的重要原因。另一些學者認為，「積極不干預」政策使香港的勞工法例寬鬆，是政府縱容資本家剝削工人的政策，加深了勞資對立。還有一些學者認為，港府實行的「積極不干預」政策已經名存實亡，香港的經濟政策是選擇性的干預，例如：1970年代的「居者有其屋」計劃和建設香港地下鐵路；1983年實施的港元與美元掛鈎的聯繫匯率制度；1987年股災時香港政府指令聯交所停市4天；1998年亞洲金融風暴中，香港特區政府在中央政府支持下動用近1,200億港元的外匯儲備入市干預外匯、股票和期貨市場，打擊了國際炒家，保住了香港的財富；在第一屆特區政府期間，動用香港政府財力投資數碼港和香港迪士尼樂園等項目。

2002年6月，時任香港特區政府工商及科技局長的唐英年認為，積極不干預政策是騙人的，抽稅、築路、興建公屋、工業邨等，均是干預，是任何政府都會做的。重要的是如何用公開公正的政策改善營商環境。

2006年9月11日，時任香港特首曾蔭權表示，特區政府並不奉行「積極不干預」政策，認為這是「很久以前」的事。

2007年9月7日，港府以每股155.4港元的平均價增持港交所股份至5.88%，時任財政司長曾俊華認為，特區政府增持港交所股份，顯示對港交所的支持，有助於香港國際金融中心地位的鞏固。

香港政府在對自由市場「積極干預」的同時，針對同行業的市場競爭，對立法進行「積極干預」。例如，港府自1990年代

開始討論引入競爭法。1997 年競爭政策諮詢委員會（COMPAG）成立，就競爭政策事宜向政府提供意見。在 2006 年至 2008 年間政府就競爭政策向公眾諮詢，2010 年 7 月《競爭條例草案》提交立法會首讀及二讀。2012 年 6 月 14 日香港立法會三讀通過《競爭條例草案》。

被香港《競爭條例》規管的「反競爭」行為有：操縱價格、串通投標、分配市場、設立銷售和生產限額、聯合抵制、不公平或歧視性的準則、濫用市場支配地位等。

第三任香港行政長官梁振英發表的首份施政報告於 2013 年 1 月 16 日在香港立法會發表，宗旨是「做實事，齊心為香港」，提出：「經濟要發展，政府就要『適度有為』。我認為在市場可以發揮優勢的時候，政府不應干預，只要提供公平競爭的平台。但當市場失效、未能發揮功能，政府一定要有所作為。過去半年，政府以政策具體說明了對『有所作為』的拿捏。當住宅供不應求，政府提出及落實『港人港地』，減少非港人買入本港住宅，優先滿足港人置業需求；推出買家印花稅；以及用行政手段停收內地雙非孕婦來港產子，都是政府『適度有為』的例子，也初步取得成效和受到社會認同。」[10]

香港特首的宣示，使香港政府對經濟社會管治的政策，從「自由放任」到「積極不干預」再到「適度有為」，這是與時俱進，增加了以特首為主的執政團隊的主觀能動性。然而，如何拿捏「適

---

10 《2013 年度香港行政長官施政報告》，https://zh.wikipedia.org/wiki/。

香港競爭力的
興衰與改造

度有為」，將成為萬人矚目，眾矢之的，這有可能加快香港經濟社會的新發展，也有可能成為香港經濟社會發展的最大的不確定因素。因為，何為適度，何是有為，如何評價，真是見仁見智，眾說紛紜。

無論如何，「積極不干預」政策，是百多年裏香港政府實行時間最長的經濟政策，維持香港經濟穩健發展也最久，理所當然的構成了香港的核心競爭力。

（三）健全的法制和法治觀念

法律制度和法治觀念是香港的核心競爭力。它不是從天上掉下來的，「羅馬不是一天建成」，是英國人從把香港擄為殖民地的那一天就開始的。香港這隻「會生金蛋的鵝」，在百多年裏，除了被日本人佔領的幾年外，英國人牢牢的抓在手裏。英國人認為，最好的管治手段和工具就是把香港納入英國的法律體系和法治觀念之中。做為政黨選舉酬庸的香港總督可以不斷更換，但是英國政府掌控香港事務的權力沒有絲毫放鬆和懈怠。

英國政府掌控香港事務權力的法源來自英女皇。1843 年 4 月 5 日，為了給英國政府對香港的統治提供指引，女皇維多利亞以皇家特權立法的形式頒佈了《英皇制誥》和《皇室訓令》，並於同年 6 月 26 日在香港總督府公佈，根據前者香港成為英國皇家殖民地，根據後者成立香港殖民地政府和定例局。英國國王對兩份文件都有絕對權力隨時更改，而最後的版本公佈於 1996 年 5 月 31 日，內容主要確立香港總督的職權、授權設立行政局與定

例局（後改為立法局），以及皇室對港督和政府的控制權等。

《英皇制誥》賦予香港總督很大權力，對行政、立法及司法機關都有控制權，例如港督兼任行政局和立法局主席，委任兩局除當然官守議員之外的全部議員，可以違背行政局的決定而行事，亦可以不批准立法局通過的條例草案，並且有法官和官員任命權，可以隨時中止任何法官、官員和議員的職務。因此，立法局被稱為港督的「橡皮圖章」和「舉手機器」。後來制誥的修訂對總督的權力加入一些限制，例如按察司的罷免必須通過英國樞密院批准，以維護法官在執行公義的過程中不會因為行政機關施壓而不能夠保持獨立及客觀，以及保持公眾對法院的信心。

《英皇制誥》為香港立法機關提供了權力來源的依據，授權港督經諮詢立法局後制定香港法律和法例。立法局制定的法律不能超越《英皇制誥》所授予的許可權，不能與制誥有所抵觸，否則一律會被法院宣佈無效。[11]

1997 年 7 月 1 日，中國正式收回香港主權，結束了長達 156 年的英國殖民統治，香港回歸成為中國的一個特別行政區。根據 1984 年中英雙方簽署的《中英聯合聲明》，1997 年回歸後的香港除了國防和外交以外，享有高度的自主權。《香港基本法》規定，香港在回歸中國後的 50 年內，享有獨立的政治、經濟、司法及生活，並可繼續以「中國香港」的名義參與國際事務，以及與其他國家簽訂協定。

---

11 維基百科：《英皇制誥》，https://zh.wikipedia.org/zh。

香港競爭力的
興衰與改造

回歸前，香港的立法、司法和行政三權獨立互相監督的政治架構，是英女皇的授權，是為了最有效的維護英女皇的利益。回歸後，香港主權移交中國，由於《香港基本法》規定：「全國人民代表大會授權香港特別行政區依照本法的規定實行高度自治，享有行政管理權、立法權、獨立的司法權和終審權。」因此，香港的立法、司法和行政三權是屬於全國人民代表大會的授權，即全國人民代表大會是香港立法、司法和行政三權的權力來源。

回歸後，香港行政部門對立法部門的制衡權力加大，即行政主導，例如根據《香港基本法》第 74 條，立法會議員在提出涉及政府政策的議案時，須先得到行政長官的書面同意。

回歸後，香港的司法部門相對較為獨立，並具有以下特點：

1. 香港的法律制度是沿襲自殖民地時期的宗主國英國。回歸後，《香港基本法》開始實施，這是香港作為特別行政區法律制度的憲制性文件。香港目前實行的法律有：

（1）衡平法；

（2）普通法；

（3）《香港特別行政區基本法》；

（4）《香港特別行政區基本法》附件三載列的中華人民共和國全國性法律；

（5）香港特區立法機關制定的成文法律；

（6）與國防、外交及其他在香港特別行政區自治範圍以外的事務有關的中華人民共和國全國性法律，可以由香港特區公佈或自行立法，在香港施行。

2. 十二條全國性法律適用於香港：

(1)《關於中華人民共和國國都、紀年、國歌、國旗的決議》；

(2)《關於中華人民共和國國慶日的決議》；

(3)《中華人民共和國政府關於領海的聲明》；

(4)《中華人民共和國國籍法》；

(5)《中華人民共和國外交特權與豁免條例》；

(6)《中華人民共和國國旗法》；

(7)《中華人民共和國領事特權與豁免條例》；

(8)《中華人民共和國國徽法》；

(9)《中華人民共和國領海及毗連區法》；

(10)《中華人民共和國香港特別行政區駐軍法》；

(11)《中華人民共和國專屬經濟區和大陸架法》；

(12)《中華人民共和國外國中央銀行財產司法強制措施豁免法》。

3. 香港的法院由九個部門組成：

(1) 終審法院；

(2) 高等法院（分為上訴法庭及原訟法庭）；

(3) 區域法院（包括家事法庭）；

(4) 土地審裁處；

(5) 裁判法院（包括少年法庭）；

(6) 死因裁判法庭；

(7) 勞資審裁處；

(8) 小額錢債審裁處；

（9）淫褻物品審裁處。

4. 香港特別行政區立法會，為香港特別行政區的立法機關。現有 70 個議席，每屆任期 4 年。2020 年起，立法會議員將全部由直選產生。

香港的立法權。香港特別行政區的立法權是由全國人民代表大會授予的。除國家主權範疇的國防、外交以及其他屬於中央政府管轄的事務外，香港有權在不違反《香港基本法》的前提下，就香港自治範圍內的一切事務自行制定、修改和廢除法律。全國人大對香港的立法權實行必要的監督和一定的限制。這種監督和限制表現在：第一，香港立法機關制定的法律，不需要經過全國人大常委會的批准，但要向全國人大常委會履行備案的手續；第二，全國人大常委會在徵詢香港特別行政區基本法委員會後，如認為香港立法機關制定的任何法律不符合基本法關於中央管理的事務的條款及中央和香港關係的條款，可將有關法律發回，但不作修改。經全國人大常委會發回的法律立即失效。[12]

5. 一個國家下的兩種法律體系。

香港與內地分別屬於不同的法律體系，香港是資本主義法制中的普通法體系，而內地則屬於社會主義法制中的大陸法體系。1997 年香港主權回歸後，《香港基本法》成為香港特別行政區法律制度裏的憲制性文件。根據「一國兩制」的原則，香港的法律制度繼續沿用原有的普通法體系，回歸前適用於香港的法律，以

12　《香港基本法》第 17 條。

成文法形式的香港《法例編匯》在回歸後通行。因此，香港實行的法律制度與中國內地實行的法律制度，源殊派異，截然不同，「一國兩制」在香港法制上顯現出特別重要的特殊性。

此外，回歸前港英政府沿襲了清朝的《大清律例》的某些條例（例如香港新界的「丁屋」條款）和傳統習俗構成的習慣法以及香港法律或香港法院對其內容所作的解釋，也構成是香港法律的重要組成部份，成為香港法律制度的一大特色。

「遵循先例」是香港法律的重要原則。法官在審理案件作出的判決，不僅要考慮到先例，即之前其他法官在已判決案件中對與此相關案件判決時所適用的原則，而且還要受到已有判例的約束，接受遵循先例確定的原則。

香港法律秉承普通法的傳統注重程序正義的原則。即法律制定出一套清晰明確可操作性強的程序，凡按此程序審理得出的判決，必須認定為公正判決。中國內地法律長期更注重實體公正的原則，關注的是要得到公正的結果，程序正義的彈性往往較大，一般擺在實體公正的後面。這反映出不同法系在認識論上的差別。

在法律語言方面，香港同時使用中文和英文判定法律。兩種語言的版本具有同等的效力，但一般以英文為主。

香港設有終審法院，被賦予終審權。回歸前，香港司法制度的一個重要特點是香港法院的終審權在英國樞密院司法委員會。

6. 香港法治的重要體現：

（1）**對法律的尊重**。《香港基本法》和香港現有的法律，是

香港維護「一國兩制」的法律保障，是香港「五十年不變」的承諾和香港經濟社會發展的定海神針。這是香港「左中右」一切政治派別的人士都心知肚明的道理。尊重和服從法律，是百多年來在港英政府統治下的香港人的共識和養成。

(2) **司法獨立**。香港各級法院審訊不受行政和立法機關干預，享有獨立的審判權和終審權。《基本法》第 2 條保留了香港殖民地時期的三權分立制度，行政權（香港政府）、立法權（立法會）和司法權（各級法庭）三權獨立運作，互相制衡。法律一經制定，解釋法律和按照法律判決的權力則完全屬於司法機關，政府和立法會不能再作干預。

香港法治最重要的基石是司法獨立（Judicial Independence; the Independence of the Judiciary）。司法獨立是三權分立、互相制衡的資本主義國家學說的重要政治原則、政治制度和統治模式。司法獨立，即司法權與行政權和立法權分立，是實行法治的基本要素和制度安排，包括機構獨立、預算獨立、權力獨立、法官獨立等多個層次。

香港的司法獨立受到基本法的保障。《香港基本法》第 19 條規定：「香港特別行政區享有獨立的司法權和終審權。」不言而喻，司法獨立，仍然是香港回歸 20 多年來的國際競爭優勢。

(3) **法律面前人人平等**。根據《香港基本法》第 25 條和《香港人權法案條例》，所有市民皆受到法律保護及約束，任何人犯法皆會依法處理並受到懲處。任何人都有提出訴訟或進行抗辯的權利，這種權利不會因經濟理由而被剝奪。有經濟困難的

市民，只要有提出訴訟或抗辯的充份理據，便可向法律援助署申請法律援助。香港設有「當值律師服務」、「免費法律諮詢計劃」以及「電話法律諮詢計劃」，為市民提供多項免費的法律諮詢服務。

（4）**法官的委任**。《香港基本法》第 88 條規定，法官的產生須由本地法官、法律界及其他界別的知名人士所組成的獨立委員會推薦。法官一旦獲得委任，其任期保障是終身制，直至退休為止。行政和立法部門不能輕易地解除法官職務或減少薪酬。立法機關不得質疑法官已判決的案件。法官在執行職務時，享有廣泛的保障，不會因法官身份在審案時所作行為而負上民事責任。《香港基本法》第 85 條更規定，法官進行的審判將不受法律追究，令法官不須擔心外界的壓力，可以自主地作出判決。

（5）**人權的保障**。《香港基本法》清晰訂明，香港居民的人身自由、政治、經濟、文化教育等權利和自由受到保障。香港司法制度中設有司法覆核的機制。《香港基本法》第 26、27 條規定保障的權利和自由包括：人身自由，在法律面前一律平等，言論、新聞、出版的自由，通訊、遷徙、宗教及婚姻自由，結社、集會、遊行、示威、組織和參加工會及罷工的權利和自由，選舉權、被選舉權、接受教育及享受社會福利的權利。其他適用於香港的國際人權公約，《香港基本法》第 39 條規定：「《公民權利和政治權力國際公約》、《經濟、社會與文化權利的國際公約》和國際勞工公約適用於香港的有關規定繼續有效，通過香港特別行政區的法律予以實施。」

（6）**由專業精英組成的法律業界**。法律業界是香港中產階級的重要構成，也是香港法治的重要支柱。截至 2019 年 2 月，香港有執業大律師 1,494 人，其中執業資深大律師 103 人；香港有律師行 917 所，執業律師 9,854 人；香港有外地律師行 85 所，包括內地律師行 27 所，註冊外地律師 1,622 人，其中來自美國 595 人、英格蘭 338 人、中國內地 228 人。

（7）**公平、公開的審訊及上訴權利**。（a）公平的審訊：任何人若被刑事檢控，均可透過一個獨立於政府部門的司法機關進行仲裁，並獲得公平審訊的權利。（b）無罪推定：所有被告被法庭判罪以前，法律上都是清白和無罪的。控方必須舉出足夠證據以證明被告「有罪」，而不是被告提出證據來證明自己「無罪」。

（c）陪審團制度：陪審團一般由七名普通市民組成，在審理嚴重的刑事訴訟，和法官一同審理，以客觀的標準判斷事實，確保被告獲得公平的裁決。（d）上訴的權利：香港司法制度設有上訴機制，避免因法庭誤判而令市民蒙冤。如訴訟任何一方不服上訴庭的判決，可以申請向較高級別的法庭提出上訴。

（8）**司法覆核**。司法覆核的重點是維護「程序公義」，意指在執法或法庭審訊過程中，有否出現不適當或遺漏之處，程序不妥當或不符合規定以致審判的結果可能出現不公平。違憲審查是指任何法律皆不得與《香港基本法》相違背。

（9）**法律具有透明度，任何人都可以明白和引用**。法律的內容必須公開及具透明度。法律也須清楚易明，讓人們易於確定自己的行為是否犯法。香港所有成文法律都上載於互聯網，市民可隨

時瀏覽及查詢，確保公眾對司法制度的知情權。任何法律改動，政府會在《憲報》公佈；香港所有法例必須在《香港憲報》公佈後才具有法律效力。

香港回歸時，國際輿論對香港法制和法治發展憂心忡忡。1995 年，美國《財富》雜誌發表封面文章預言「香港已死」，到了 2007 年，《財富》雜誌又發表文章〈哎喲，香港根本死不了〉，開頭第一句即道歉：「啊，我們錯了！」「自 1997 年 7 月 1 日的移交過去了 10 年，香港遠沒有死，並且不會死。」

維護香港法制尊嚴和促進香港法治發展，可以通過世界正義工程的法治指數（Rule of Law Index）略見一斑。世界正義工程於 2006 年創立，每年通過量化評估工具，審視政府權力的制衡、政府開放度、秩序與治安、基本權利、消除貪污、監管執法、民事司法及刑事司法等 8 項因素，評估和公佈各個國家或地區實踐法治的程度。近幾年，香港的整體法治水準在 113 個國家和司法地區中的排名是：2017 年第 16 位，2016 年第 16 位，2015 年的第 15 位，2014 年第 16 位。[13] 這些指標表示：香港法制和法治發展的狀況屬於良好。

香港特區政府對香港法制狀況的評價很有信心。香港律政司司長鄭若驊於 2018 年 4 月 29 日在北京會見傳媒時說：「香港在過去 20 年，在世界銀行的調查中，我們的法治指數由前 70 名，躍升至前 15 名，這已經有 20 年。而同樣重要的是，香港的司法

---

13 世界正義工程—法治指數，https://www.police.gov.hk/info/doc/WJP_ Order_&_Security_c.pdf。

獨立在亞洲排名第一。」**14**

香港經過回歸 20 多年的風雨洗禮，雖然法治發展步履維艱，但法制體系仍大致完好無缺，運轉正常。

香港的法律制度和法治觀念，從英國發軔，通過百年統治，滲透到香港的裏裏外外，方方面面，建立起香港的管治秩序，樹立起港人的法治觀念，規範着港人的言談舉止，成為香港政府進行社會管治的有效工具，成為香港經濟發展的護身符，成為香港競爭力中的核心競爭力。

（四）廉能的公務員隊伍

廉能即清廉能幹的公務員隊伍，是香港競爭力的主要構成。香港的公務員是與特區政府訂有僱傭關係的僱員，至於外判僱用的僱員，則不算是香港的公務員。按《香港基本法》，在「一國兩制」下，香港的公務員與中國內地政府公務員並無官僚體制的從屬關係。

1. 政府效率是由公務員體現出來的

在世界競爭力評比中，香港在「政府效率」方面的排名長居第一，這是由香港廉潔高效的公務員隊伍體現出來的。這是香港的核心競爭力。

2018 年年中，香港人口數約是 745.1 萬人，同期香港公務員人數是 17.1335 萬人，香港公務員是香港人口總數的 2.3%。

14　香港特別行政區政府新聞公報：「律政司司長北京會見傳媒談話全文」，https://www.info.gov.hk/。

香港公務員實際人數最多的 12 個部門實際人數 [15]
（計至 2018 年 6 月 30 日）

部門	實際人數	(%)
香港警務處	33,537	(19.6)
消防處	10,527	(6.1)
食物環境衛生署	10,219	(6.0)
康樂及文化事務署	9,191	(5.4)
房屋署	8,849	(5.2)
入境事務處	8,085	(4.7)
懲教署	6,587	(3.8)
香港海關	6,438	(3.8)
衛生署	6,097	(3.6)
社會福利署	5,862	(3.4)
教育局	5,198	(3.0)
郵政署	5,081	(3.0)
其他部門	55,664	(32.5)
總數	171,335	(100.0)

2. 廉政制度建設是香港公務員廉潔奉公的制度保證

香港的廉政制度是建立在法制基礎上的。回歸前，香港法例中訂有《廉政公署條例》、《防止賄賂條例》、《非法及舞弊行為條例》等。為了保證清廉公正，香港公務員特別受到《防止賄

---

15 香港公務員事務局「公務員人事資料統計數字」。不包括法官及司法人員、廉政公署人員和香港駐外地經濟貿易辦事處在當地聘請的人員。

香港競爭力的
興衰與改造

賂條例》第 3、4 及 10 條所監管。例如：第 3 條明示：政府公務員如無行政長官之一般或特別許可，不得索取或接受任何利益；毋須證明涉嫌人有貪污動機，亦可入罪。第 4 條明示：任何公職人員索取或接受利益，作為執行職務的誘因或報酬，即屬違法；任何人士向公職人員提供上述利益，亦屬違法。第 10 條明示：公務員享有的生活水準或擁有、支配的財富若與其公職收入不相稱，即屬違法。這些條例制訂的非常細緻和具體，簡單明瞭。

香港是商業社會，商業活動十分頻密。為防止官商勾結，制訂了防止私營企業非公務人員貪污治罪的法律，例如《防止賄賂條例》第 9 條：（1）任何代理人無合法許可權或合理辯解，索取或接受任何利益，作為他作出以下行為的誘因或報酬，或由於他作出以下行為而索取或接受任何利益，即屬犯罪。（2）任何人無合法許可權或合理辯解，向任何代理人提供任何利益，作為該代理人作出以下行為的誘因或報酬，或由於該代理人作出以下行為而向他提供任何利益，即屬犯罪。[16] 這些法例的制訂，樹立了香港社會的正面風氣，大大減少和降低了商業社會的交易成本。

回歸後，《香港基本法》肯定了香港廉政公署的作用和作為，用法律條文的形式加以固化。例如第 57 條規定：香港特別行政區設立廉政公署，獨立工作，對行政長官負責。再如第 48 條規

16　電子版香港法例：第 201 章《防止賄賂條例》第 9 條，代理人的貪污交易，https://www.elegislation.gov.hk/。

定：廉政官員是主要官員之一，由中央人民政府任命。這些都是香港廉政制度建設的法律依據。

香港廉政公署在廉政制度建設上取得長足進步，使香港成為世界上貪污少、效率高的地方之一，其成功的經驗是：

（1）執法、預防和教育三管齊下，使有權力的人不想貪、不能貪、不敢貪。

（2）通過鼓勵市民舉報，嚴厲執法，辦理大案要案，阻嚇貪官。

（3）建立一支具有電腦專家、會計師、律師等專業人士在內的辦案團隊。

（4）建立內部獨立的監管制度，保證自身的廉潔和自律。

廉政公署的成立和廉政制度建設，促使香港公務員的效率和廉潔度較高。透明國際的「清廉指數」，透過多項資料將各國專家和商界人士對公營領域廉潔程度的觀感編製成一個綜合指數。1995 年首次在全球公佈「清廉指數」，香港一直保持在全球最廉潔的 20 個經濟體內。據「2017 年清廉指數」，香港的廉潔程度在全球 180 個國家和地區中排名第 13 位。[17]

世界銀行「2018 年世界管治指標」，反映了世界上逾 200 個經濟體的綜合和個別管治指標，涵蓋六個管治領域，即「話語權和問責性」、「政治穩定和消除暴力」、「監管品質」、「政府效能」、「法治」以及「控制貪污」。根據 2018 年公佈的指標，

17　維基百科：貪污感知指數，2017 年清廉指數，https://zh.wikipedia.org/wiki/。

香港競爭力的
興衰與改造

香港在「控制貪污」領域於 209 個經濟體中名列第 17 位，屬亞洲區第二高。[18]

香港的廉政制度建設是從權力不受制約者開始的。多年前，在香港被視為警隊「明日之星」的一位分區指揮官，在處理一間食肆酒牌時，沒有申報就收受 4,000 元折扣和洋酒饋贈，被裁定「公職人員行為失當」罪成，判刑一年，即時收押。法官在對他判刑時狠批知法犯法，令警隊蒙羞。同時不接納立功求情，認為他不是免費為社會服務。這個案件在很多地方來說稀鬆平常不算個事，但在香港是觸犯了「公職人員行為失當」的罪行，要受到法律的制裁。

香港廉政建設的特點是：舉報貪污，上不封頂，下不保底，一查到底。透明國際（Transparency International）認為：香港廉政公署是全世界最早成立的反貪機構之一，被公認為成功典範，多國政府相繼以其為借鏡，成立反貪機構。

很久以前，香港飽受貪污問題的困擾，1974 年廉政公署成立，通過執法、預防及教育「三管齊下」的策略打擊貪污，令香港蛻變為廉潔之都。香港社會風氣由貪變廉並能保持下去，這是一筆值得認真汲取的寶貴財富。中國內地可以借鑒香港廉政的經驗。

廉潔高效的公務員是香港競爭力的執行者。再好的社會體制、經濟制度、政府政策都要用執行力來落實和體現。在精英執

18 2017 年世界管治指標，https://www.icac.org.hk/。

政和高薪養廉的公務員選拔、培養、提升、獎懲等機制下，香港公務員的廉潔高效舉世公認。在國際上各種競爭力評價體系的嚴格多方面的考察裏，香港公務員都名列前茅。香港公務員的廉潔高效構成了香港的競爭力。這一競爭力是香港社會的驕傲。

（五）資訊的充份流通與對稱

傳媒是資訊的載體。資訊充份流通與對稱是言論自由的表現。根據《香港基本法》，香港享有充份的言論自由。在資訊發達、資訊充份流通與對稱的新聞自由和開放的環境裏，香港中、英文及其他語言的傳媒事業蓬勃發展。資訊充份流通與對稱是香港競爭力發展的必要條件。在「地球是平的」年代，在地球村裏，利用現代科技手段和工具，快捷收集和掌握海量資訊，進行大數據分析，由表及裏，去偽存真，進行正確的判斷和決策。

香港媒體的發達和自由，形成強大的第四權，對行政、立法、司法、官員、公共事務等進行有效的監督。

1. 傳統的香港媒體

截至 2019 年 11 月 30 日，香港有 82 份日報和 531 份期刊（當中包括多份電子報章），還有兩家本地免費電視節目服務持牌機構（2013 年又批出兩家免費電視牌照）、三家本地收費電視節目服務持牌機構、12 家非本地電視節目服務持牌機構、一家政府電台，以及兩家商營電台。

報章。香港註冊報章有 53 份中文日報、12 份英文日報（包括一份以失明人士點字印製的報章）、13 份中英文雙語日報和 4

份日語報章。中文報章中，有 46 份以報道香港和世界新聞為主。

香港是一些亞太區報業的業務基地，例如《讀賣新聞》衛星版和多份商業貿易雜誌。《金融時報》、《亞洲華爾街日報》、《今日美國》國際版、《國際先驅論壇報》和《日本經濟新聞》也在香港刊印。

香港一家英文報社與香港盲人輔導會合作，每日出版一份以失明人士點字印製的報章。一份英文日報和四份中英文雙語日報，亦通過互聯網發行網上版。

雜誌刊物。香港是一些亞太區刊物的業務基地，例如《時代》等多份商業貿易雜誌。本地主要有《壹週刊》、《東週刊》等，內容包括香港時事、娛樂新聞和專欄等。以娛樂為主的雜誌出版相當蓬勃，如《明報周刊》、《東方新地》等。

電視廣播。香港的電視廣播發展蓬勃，為本地觀眾和聽眾提供多元化的服務。香港觀眾可收看本地和海外逾 800 條以多種語言廣播的免費的地面和衛星電視頻道或收費電視頻道。香港也是亞太區的廣播樞紐，12 個持牌機構通過衛星為亞太區的觀眾提供逾 220 條電視頻道。隨着地面電視廣播機構逐步採用數碼廣播，政府正着手更新現行的規管制度，以配合市場引進嶄新科技。

電台廣播。香港設有三家商營電台和多個網絡電台。公營廣播電台方面，香港政府自 1928 年 6 月 28 日起開始營辦香港電台，現時為本地聽眾提供 7 條電台頻道，另有共 6 條電台頻道分別由兩間商營電台營運。

網絡電視。香港的網絡電視多於 YouTube 頻道播放，部份設

有直播服務。這裏所指的是擁有類似於電視台形式製作的網台，最早期的網上電視約在 2008 年出現。在香港主要的網絡電視包括香港電視、香港製造網絡電視等。

網絡電台。由於大氣電波使用甚廣但容量有限，政府只容許某些擁有被發牌的機構利用大氣電波進行廣播。因此，香港有不少網民紛紛建立自己的網上電台，最早的網上電台約於 2000 年出現。在香港主要的網絡電台包括香港網絡廣播電台、D100、MyRadio、Our Radio、毛記電視、龍耳電視、謎米香港等。

國外媒體。香港電訊業科技發達，加上國際社會對香港事務十分關注，因此吸引了不少國際通訊社、行銷全球的報章和海外廣播公司，在香港設立亞太區總部或辦事處；多份區域刊物亦在香港印刷和發行。

政府網頁。目前，香港政府各部門均設有中英文網頁，並就特別活動或項目設立專題網頁。香港政府一站通（http://www.gov.hk）是香港特區政府的主網頁，所有政府網頁均可由該主網頁接達。[19]

2. 與媒體有關的政府管理機構

特區政府新聞處。新聞處是特區政府的公關顧問，負責政府的新聞、出版和宣傳工作。新聞處還是政府與傳媒的橋樑，通過媒體提高市民對政府的政策、決定和工作的認識。政府新聞處設有四個科，分別是本地公共關係科、香港以外地區公共關係科、

19　本章節參閱資料來源：維基百科，香港傳媒，https://zh.wikipedia.org/wiki/。

香港競爭力的
興衰與改造

宣傳及推廣科和行政科。

香港政府新聞網（http://www.news.gov.hk）是政府新聞處製作的電子報。這個多媒體網站可以迅速全面的向香港市民提供政府消息、觀點及資訊，增加了政府的透明度。

政府資訊中心。提供各類資訊，包括全日 24 小時即時新聞、諮詢文件及其他專題資料，方便香港市民了解最新的發展情況和取得重要的資訊。市民也可通過網站，使用各部門和機構一系列的電子化服務，包括遞交報稅表、預約申請智能身份證、繳交政府收費、購買政府刊物等。

通訊事務管理局。政府通訊事務管理局是香港通訊業及廣播業的法定規管機構，它由 3 名官方人士及社會各界的 9 名非官方人士組成。通訊局的主要職責是確保電訊服務、電視和電台的節目及廣告服務、以及通訊技術服務達到標準。為此，通訊事務管理局定期進行電訊、電視及電台的諮詢和討論，搜集公眾意見和回饋。通訊事務管理局還負責制定各持牌機構必須遵守的服務守則，並執行《廣播條例》中有關競爭的條文。同時，通訊事務管理局就聲音廣播牌照及本地免費或收費電視節目服務牌照的申請和續牌事宜，向行政長官及行政會議提供建議。政府制定廣播政策的目標是促進競爭，增加節目的選擇，創新廣播服務，從而鞏固香港作為區內廣播樞紐的地位。[20]

資訊充份流通與對稱，包含了幾個層次：首先，資訊的快捷，

20　維基百科：香港傳媒，https://zh.wikipedia.org/wiki/。

即「第一時間」。這是競爭力的第一要求，沒有在「第一時間」，甚至要逾越過層層資訊「防火牆」，才能收到相關資訊，就已經輸在起跑線上了。第二，資訊如果流通的不充份或者不對稱，收集資訊的資料分析將無法進行，將使競爭者產生錯覺和發生誤判。

由於香港是自由港，實行完全自由競爭的市場經濟，資訊充份流通與對稱，往往先佔商機，形成香港的競爭優勢。這也是許多內地城市特別是一些一流城市將在一個較長時期內可望不可及的。這更是內地許多高新科技園區、自由貿易區、創業園區，以及從國外引入內地的大學、醫院、科研機構等，在一個較長時期內難以逾越的鴻溝。

（六）亞太金融中心的貢獻

國際金融中心，指以金融服務業為中心的全球城市。這個全球城市必須擁有跨國公司和國際大銀行的總部設立，要有活躍的外匯、股票、期貨、證券等金融產品交易市場，並擁有至少一個證券交易所。此外，還需要有完善的法律制度和資本投資環境，並有着健全的交通運輸、人才教育等硬體建設與體系制度。2018 年 3 月 26 日，第 23 期「全球金融中心指數」（Global Financial Centers Index, GFCI）報告發佈，倫敦、紐約、中國香港位列全球金融中心前三。香港 GFCI 評分大幅上升了 37分，已遠遠超過了新加坡，同時，與排名第二的紐約評分差距僅12 分。

國際金融中心是建立在多種資源的綜合優勢上的，是在資本的供給與需求推動下形成和鞏固的。根據歷史經驗和研究成果，這些條件如下：（1）強大繁榮的經濟基礎；（2）安定和平的政治環境；（3）高效健全的金融制度；（4）分佈集中的金融機構；（5）鼓勵扶持的政策取向；（6）低廉合理的稅費成本；（7）完備齊全的基礎設施。「全球金融中心指數」報告顯示，倫敦、紐約、香港、新加坡和東京是全球五大金融中心。

如果說香港的進出口和轉口貿易以及服務貿易是香港經濟的骨骼和肌肉，那麼，香港的金融體系就是香港經濟的血液。香港金融中心是為香港自由貿易港的成長而產生和發展的，二者相輔相成互為生存發展的因果和條件。

香港屬外向型經濟，倚重與世界各地的貿易。在 2017 年，香港經濟以實質 GDP 計算，較 2016 年增長了 3.8%，香港的商品貿易總額在 2017 年達港幣 82,329 億元（相等於 GDP 的 309%），其中進口和出口商品總值分別達港幣 43,570 億元和 38,759 億元，分別相等於 GDP 的 164% 及 146%。2017 年，香港為全球第七大商品貿易經濟體系。

服務業是香港經濟至關重要的一環。2016 年香港服務業佔 GDP 的 92%。2017 年受僱於服務業的人數佔本地就業總數的 88%。香港的服務貿易總額在 2017 年達港幣 14,119 億元，相等於 GDP 的 53%。2017 年香港成為全球第十七大商業服務貿易經濟體系，分別是第十五大服務輸出地區及第十八大服務輸入地區。

香港亞太金融中心地位表現在：

1. 全球金融中心

全球排名第三，僅次於倫敦和紐約，亞洲則第一[21]。香港是全球銀行中心。全球第十二大銀行中心和第六大外匯市場。

2. 香港是證券及衍生工具市場

截至 2017 年底，香港股票市場的市值約 34 萬億元，在全球排行第 7 位，在亞洲排行第 3 位。香港證券交易市場新股上市總值在 2006 年超過紐約，在全球的排名由連續多年的第 3 位上升為第 2 位，僅次於倫敦。從 2009 年起香港交易所連續 5 年成為全球新股集資金額最多的交易所。自 2007 年起香港交易所證券化衍生產品成交量全球為冠。香港是亞洲首個提供納斯達克股票買賣的地方，2000 年 5 月有 7 支美國納斯達克股份在香港掛牌及交易買賣。近年來，香港證券交易所陸續開通了「滬港通」、「深港通」、「債券通」，不斷擴大香港金融市場的總體規模，成為中國金融市場進一步開放的一大信號，使香港與內地金融市場的聯繫更加密切。

3. 資產管理中心

獲香港證監會發牌或由證監會註冊在香港從事資產管理業務的公司 513 家。香港還是亞洲基金管理樞紐。全球排名第一。截至 2016 年底，香港基金管理業務合計資產達港幣 182,930 億元（約23,450 億美元），較 2015 年增長 5.2%。

21　英國金融智庫 Z/Yen 和中國（深圳）綜合開發研究院，「2017 全球金融中心指數排名」。

香港競爭力的
興衰與改造

4. 全球離岸人民幣業務中心

截至 2017 年底，香港的人民幣存款總額 6,184 億元人民幣，2017 年全球超過七成的離岸人民幣支付交易是經由香港處理。

5. 國際銀行及支付中心

根據國際結算銀行發表的截至 2017 年底的季度報告，香港是全球第六大及亞洲第二大銀行中心。

6. 非常活躍的保險市場

截至 2018 年底，香港有 159 家獲授權保險公司，其中有 71 家來自內地或海外司法管轄區。在全球二十大保險公司中，有 14 家獲權在香港直接或通過所屬集團的公司經營保險業務。18 家專業再保險公司包括全球大部份頂尖的再保險公司。

香港亞太金融中心的地位，對香港經濟的發展，對國家在全球經濟中的地位和發展，起到獨特的不可替代的作用。香港金融服務業是從輔助香港第一產業、第二產業的發展而成長起來的反客為主的第三產業。

香港亞太金融中心的核心競爭優勢將較長時期得以保持，至少有三個重要的難以跨越的門檻：一、香港是中國唯一實行普通法的地區，與世界上所有重要的金融市場和金融機構有着通用的法律體系、法律語言和法律條文，並且無障礙的快速連接。二、香港金融市場與世界上最大的市場——中國市場有着最密切最近的聯繫，隨着香港第一、二產業的式微，「柳暗花明又一村」，內地廣大的實體經濟成為香港金融服務業取之不盡用之不竭的客

源。三、中國為了國家金融安全，將在較長時期實行金融市場的管制，國家禁止外幣在境內流通，人民幣在國際上不能自由兌換流通難以成為真正的國際貨幣。香港金融市場是中國金融市場的一個安全閥。

（七）收支平衡的公共財政

公共財政即政府財政，指政府的收入和支出。是政府實現經濟目標、提供公共產品與服務的主要途徑之一。公共財政之外，政府實現經濟政策目標的其他途徑包括貨幣政策、貿易政策、法律法規等。

公共財政作為對市場的調節和補充：市場本身並不能有效地解決某些經濟、環境或社會穩定與公正的問題。公共財政的特點是：以政府徵稅與立法的權力為基礎，具有某種程度上的強制性。公共財政的本質和內容是：一種由政府主導的對資源、財富、社會福利的分配關係。公共財政的實現途徑：預算、稅收、債務融資、審計等。

《香港基本法》有3條法律條文與香港公共財政有關，這是106條清楚界定中央政府與特區政府的財政關係，即特區政府財政獨立的條文；107條審慎理財、量入為出的條文，即「香港特別行區政府的財政預算以量入為出為原則，力求收支平衡，避免赤字，並與本地生產總值的增長率相適應。」以及108條低稅政策條文。

香港特區政府成立以來，始終保持低稅率及簡單稅制，奉行

審慎理財的原則，嚴格履行憲制規定。本地法律中的《公共財政條例》貫徹了這些憲制規定，制定了一套嚴格控制和管理公共財政的制度，清楚界定了立法與行政機關各自的許可權和職能。根據香港《公共財政條例》，財政司長每年會向立法會提交財年收支預算，預算以中期預測為基礎，以確保充份顧及本港經濟的較長遠趨勢。

香港的財政年度由每年 4 月 1 日起至翌年 3 月 31 日止。政府各部門的開支不可超越預算內所列明的金額，並且只能用於立法會所批准的用途。如果某部門在該財年內有需要修改開支預算以動用更多款項，必須取得立法會或獲受權部門的批准。

目前，香港政府的財政狀況是：2017/18 年度政府收入為 6,124 億元，開支為 4,744 億，錄得 1,380 億元盈餘。截至 2018 年 3 月底，歷年財政儲備結餘為 10,920 億元，另外房屋儲備金則達 788 億元。

過去的 30 年，香港的財政狀況只出現過 6 年財赤，當中以 2000 年至 2003 年亞洲金融風暴與「非典」後的情況最為慘烈，連續錄得四年財赤。

香港政府一直堅持低稅率的政策，以鼓勵貿易和生產。利得稅稅率為 16.5%，薪俸稅稅率為 15%。根據聯合國發展經濟學研究世界學院的報告，香港是全世界人均最富有的地區，每人平均擁有 20 萬美元。

回歸後，香港財政也不是一帆風順，風平浪靜。1997 年的亞洲金融風暴形成，1998 年 8 月初，國際炒家對香港發動了新一輪

的進攻，恒生指數一度跌至 6,600 多點。在中央財政力挺香港下，特區政府予以回擊，香港金管局動用外匯基金入市，吸納國際炒家拋售的港幣，將匯率穩定在 7.75 港元兌換一美元的水準上。經過近一個月的苦鬥，擊退金融大鱷，使國際炒家損失慘重，無法實現把香港作為「超級提款機」的企圖，守護住了香港人的財富。

從總體上看，回歸以來香港特區政府的財政狀況是良好的。特別是遵守《香港基本法》的要求，收支平衡，量入為出，基本避免了財政赤字。可以說，香港特區政府不僅是中國而且是世界上都很富裕的地方政府。當然，這與中央財政不向香港徵繳一元稅收，關鍵時刻又能成為香港財政的堅實靠山關係極大。這對中國任何一個地方政府來說，都羨慕不已。當然，這肯定是香港的核心競爭力。

（八）旅遊勝地，購物天堂

香港是一個旅遊資源匱乏的城市，沒有名勝古蹟、河流大川，沒有聯合國認定的自然遺產、文化遺產和複合遺產。然而香港把自己打造成為一個國際大都市，到香港的訪客絡繹不絕。據香港旅遊發展局年報：2018 年訪港旅客是 6,515 萬人次，年增 11.4%。中國內地訪客突破 5,000 萬人次，年增 14.8%；中國內地訪客佔全部訪港旅客的 78%。

目前約 170 個國家的國民可以無須簽證進入香港境內旅遊 7 至 180 天。旅遊業對香港經濟的貢獻重大，是香港傳統四大支柱產業之一。根據政府推算，旅遊業的直接經濟貢獻佔本地生產總

值的 5%，就業人口約 27 萬。旅遊業的產業鏈延伸較長，直接帶動了觀光景點、旅遊酒店、交通及娛樂等行業，間接影響到零售、飲食、物流運輸、廣告出版及基建等各方面。根據世界旅遊業理事會推算，旅遊業對香港 GDP 的間接貢獻比例高達 16.8%，就業人口為 56 萬，佔總勞動人口的 14.7%。

香港旅遊事務署是香港政府專責旅遊事務的部門，於 1999 年 5 月成立，負責統籌協調和管理特區政府內部各項發展旅遊產業的工作，及時提供旅遊政策支持，推動香港旅遊業的發展。

香港旅遊發展局於 2001 年 4 月 1 日成立，是由香港政府資助的旅遊推廣機構，其使命是盡量擴大旅遊業對香港社會及經濟的貢獻，並且致力鞏固香港作為世界級旅遊點的地位。

世界上任何國家的城市，都把旅遊業作為城市經濟發展的重要無煙產業。滿足旅遊者休閒、娛樂、度假、探親訪友、商務、訪問、健康醫療、宗教等旅遊目的，帶動所在城市「吃、住、行、遊、購、娛」等方面的旅遊服務業發展，增加就業，創造外匯收入。

長期以來，香港精心籌劃和招徠吸引海內外遊客的有「購物天堂」、「美食天堂」、「亞洲四小龍」、「東方之珠」、「金融中心」、「展覽之都」等，精心打造了「海洋公園」、「迪士尼樂園」、「天壇大佛」、「太平山夜景」、「星光大道」、「蘭桂坊酒吧」等人工景觀，以及「書展」、「珠寶展」、「動漫展」、「美食展」等國際級博覽會。可謂處心積慮、挖空心思，創意非凡，強力推動了香港旅遊業的發展。

為了進一步打磨塑造香港的旅遊品牌，特區政府與時俱進，於 2008 年成立非物質文化遺產諮詢委員會（非遺諮委會），督導全港非物質文化遺產普查的工作，於 2014 年 6 月公佈香港首份非物質文化遺產清單。將口頭傳統的表現形式和表演藝術、社會實踐和民間儀式及傳統節慶活動、甚至自然界和宇宙的知識、加上傳統手工藝製作等 480 個項目納入列表。

香港康樂及文化事務署於 2017 年 8 月 14 日公佈首份「香港非物質文化遺產代表作名錄」，涵蓋共 20 個項目，為政府提供參考依據，就保護香港非物質文化遺產（非遺），在分配資源和採取保護措施時訂立緩急先後次序。

目前香港已建立了保育有形與無形文化遺產的體系，但兩個系統有着不一樣的發展歷程。香港文物保育系統可以說已趨成熟，而非遺保育還在初始階段，缺乏實在的保育方案。古物古蹟辦事處的工作是保護有形的文物，而「非物質」的便由非物質文化遺產辦事處負責保育。現時文物與非遺保育分別由兩個獨立的部門負責。

香港旅遊業的發展，曾經歷過寒冬。回歸後較嚴重的影響有：

1. SARS（急性呼吸系統綜合症）的影響

2002 年，旅遊業表現強勁，訪港旅客達 1,657 萬人次，較 2001 年高出 20.7%。由於受到 SARS 的突如其來的打擊，訪港旅客人數自 2003 年 3 月中起大幅下跌。在 4 月至 6 月，訪港旅客人次僅 165 萬，較 2002 年同期下跌 57.9%。

2.「驅蝗」的影響

少數香港本地市民批評來自內地港澳個人遊的旅客造成香港街道擁擠，推高物價。示威者藉「驅蝗」行動不禮貌的趕走遊客。

3.「佔中」運動的影響

佔領中環運動是部份香港市民為爭取普選而於 2011 年初發起的群眾運動，最終演變成 2014 年 9 月的「雨傘革命」並持續 79 日。不僅嚴重影響到香港普通市民的日常工作和生活，還沉重打擊了香港的旅遊業。

根據香港入境處資料顯示，2016 年 2 月，香港的訪港旅客同比下跌 20.5%，至 429.57 萬人次，其中來自內地的旅客更是大跌 26%，至 336.77 萬人次，平均每天訪港旅客只有 11.6 萬人次。

瘟疫來襲和政治運動，直接影響到遊客訪港的意願，這也是任何旅遊城市的大忌。既然旅遊產業是香港競爭力的重要組成部份，影響訪客「到此一遊」意願的行為都破壞了香港的競爭力。

香港旅遊觀光產業不僅是滿足了市民就業，搞活零售百貨、飲食服務等相關產業的需要，而且成為香港的國際名片，構成了香港的競爭力。

（九）勤奮努力動手能力強的市民

1. 香港人口的主要構成

目前香港有 750 萬人左右，其中 94% 為華人。上世紀 50 年代至 80 年代，從中國大陸移居到香港的有 250 萬人，他們大多數是以下幾個階段來港的：

第一階段是中國內戰爆發初期（1946-1947 年）。為逃避戰

亂，香港人口從 1945 年的 60 萬人猛增到 1947 年的 175 萬人。

第二階段是中共建政初期（1949-1950 年）。國民黨內戰失敗，躲避追殺的中上層民眾和散兵游勇，蜂擁而至，香港人口增長率 186%。

第三階段是內地三年困難時期（1960-1962 年）。內地經濟困難，為了活命，大批廣東省農村人口逃入香港。

第四階段是內地「文革」期間（1966-1976 年）。內地居民因政治、經濟等原因逃亡香港。

從上世紀 50 年代至 80 年代這 30 年間，移民到香港的人大致有兩種，一種是非法偷渡者。人往高處走。只要到達香港市區，連續住滿 7 年，就可取得香港永久居民身份，香港成為毗鄰的廣東沿海居民的嚮往之地。這些偷渡者大部份都說粵語，很快融入香港社會，成為香港中下層市民社會的主體。另一種為合法移民。他們多數來自新馬泰、台灣、東南亞以及福建、江浙滬，大多說福建、江浙、廣東方言，有些人儘管在香港住了十幾年甚至一輩子，鄉音難改，有自己的社交圈子，與香港主流社會保持一定的距離。

在 1950-1980 年代，製造業是香港經濟的主要支柱。由於香港土地狹小，不適宜重工業發展，輕工業製造業是最大行業，早期的塑膠花、紡織製衣以至後期機械輔助製造的電子產品、玩具、鐘錶等；工業產品行銷世界各地。這些產業最大的特點是勞動密集型。從中國內地戰亂、動亂、飢餓、清洗中聚集在香港的中國人，吃苦耐勞，使香港勞動力市場上的人力資源豐沛，價錢低廉，

具有很強的競爭優勢，使香港在亞洲四小龍的經濟騰飛中成為佼佼者。

當香港經濟從 1990 年代向進出口和轉口貿易、船務、旅遊、酒店、飲食、零售等服務行業轉型時，仍然保持着很強的競爭優勢，因為這些行業的特點依然是勞動密集型。如果 30 年為一代人，香港上世紀 50-80 年代的這一代人的最大特點是，吃苦耐勞，努力工作，靠自己勤勞的雙手和聰明才智打拼，養家餬口，進入小康。當然，這個時代也出現了像李嘉誠等一批成功的創業者實業家。

2. 新移民的來源

根據香港政府統計處 2018 年 8 月 14 日發表的統計數字顯示，2018 年年中的香港人口為 7,448,900 人。與 2017 年年中人口比較增加 57,200 人，增長率為 0.8%。

2017 年年中至 2018 年年中的人口自然增長為 7,600 人，其中出生人數為 55,000 人，死亡人數為 47,300 人。在同期內，淨遷移人數為 49,600 人，其中 41,000 人為單程證持有人的移入，8,500 人為其他香港居民的淨移入。

這些數字可以分析出香港人口結構中的幾個資訊：

（1）**人口自然增長率下降**。香港的人口增長率為 0.8%，但人口自然增長率僅為 0.1%，而同期中國內地的人口自然增長率是 0.53%，表示香港新生人口明顯減少的趨勢。

（2）**持單程證來港的新移民減少**。持單程證來港名額是每天 150 人，一年名額是 54,750 人，實際上來港 41,000 人，僅用掉

配額的 75%，表明通過照顧家庭、夫妻團聚，投親靠友等意願移民香港的人數銳減，也表明香港的體力勞動人口仍然處於緊張狀態。

(3) **其他新移民來港人數增加。**近年來香港政府積極採取優惠政策，推出了一系列吸引人才計劃，吸引專業人才和優秀人才以及企業家來港定居，取得不小成果。

3. 香港特區政府推出許多吸引人才來港定居的計劃

特區政府於 2008 年 5 月推出「非本地畢業生留港和回港就業安排」，吸引非本地畢業生留港和回港工作，藉以提升香港的人力資源的素質和競爭力。2018 年共有 10,150 名非本地畢業生獲批准留港和回港工作。

特區政府於自 2003 年 7 月實行「輸入內地人才計劃」後，成功吸引來自不同行業的內地專業人才來香港工作。主要行業有「藝術及文化」、「學術研究及教育」和「金融服務」等。2018 年共批准 13,768 宗申請。

特區政府 2006 年 6 月實施了「優秀人才入境計劃」，吸引高技術人才或優秀人才來港定居，藉以提升香港的競爭力。這些世界各地的優秀人才來港定居前無須先獲得本地僱主的聘任。2018 年共有 555 名申請人獲分配名額。

香港政府為更積極招攬及挽留外來人才、專才及企業家，以擴大香港的人才庫，從 2015 年 5 月起推行一系列優惠措施，放寬根據各入境計劃來港人才的逗留安排。至 2018 年年底，已有 3,502 名頂尖人才受惠。

香港競爭力的
興衰與改造

特區政府在 2018 年 6 月 25 日推出「科技人才入境計劃」，
目的是通過快速處理，讓合資格科技公司或機構申請輸入非本地
科技人才到香港從事科技研發工作。截至 2018 年年底，共收到
29 宗相關的工作簽證或進入許可申請，其中 24 宗已獲批准。[22]

所有的競爭力，例如國家競爭力，區域競爭力，企業競爭力
等，最終都要靠優秀人才來實現。人才不是一個人、一群人，而
是一個區域的人才，一個國家的人才，所以，不同年代來到香港
的市民，創造了香港巨大的財富和「亞洲四小龍」的奇蹟。香港
人以自己勤奮努力和動手能力強等特質創造了香港不可或缺的競
爭優勢，實至名歸。

（十）重視學校教育和職業培訓

重視學校教育和職業培訓，從根本是提高人的素質，為香港
的經濟起飛提供豐沛的素質較佳的人力資源。

在回歸前，香港政府對教育管理是積極作為的。1965 年，港
英政府首次發表倡議免費及強迫教育的《教育政策白皮書》：「任
何教育政策的最終目標，必須能為每一學生提供其所能吸收的最
佳教育，而其費用是家長與社會所能承擔者」，這一政策奠定了
香港普通教育的免費和強迫的兩大性質。[23]

1971 年香港開始在所有政府及資助小學推行六年免費教育。
1978 年 9 月起，香港政府提供足夠學位給予所有小學學生，使他

22　《入境事務處 2018 年工作回顧》，https://www.info.gov.hk/。
23　維基百科：香港教育，https://zh.wikipedia.org/wiki/。

們在官立及資助類別學校升讀三年免費初中課程。1980年香港學生接受免費教育至15歲，其權利獲法律保障，即改為9年免費及強迫教育。香港回歸後的2007年，香港特首曾蔭權在《施政報告》中宣佈正式落實新制12年和舊制13年的免費教育。

1. 學校教育

香港的學校教育在世界上享有很高的聲譽，孕育多位諾貝爾獎、菲立茲獎以及沃爾夫獎等學術界最高成就獎得主。例如：

諾貝爾物理學獎。崔琦（香港培正中學、金文泰中學校友）；高錕（聖若瑟書院校友，香港中文大學電子系創系主任、前香港中文大學校長）。

菲立茲獎（被譽為「數學界的諾貝爾獎」）。丘成桐（香港培正中學、香港中文大學校友，香港中文大學數學系講座教授）。

沃爾夫數學獎。丘成桐（香港培正中學、香港中文大學校友，香港中文大學數學系講座教授）。

沃爾夫化學獎。鄧青雲（元朗公立中學、英皇書院校友，香港科技大學高等研究院教授）。

（1）**學前教育**。香港的學前教育可分為幼兒園和幼稚園兩種。兩者都是私人經營，有商業形式運作，也有非牟利團體舉辦。後者通常由宗教團體或社會服務機構籌辦。

香港幼兒園的服務對象是未適合進入幼稚園的幼童，為家長提供託兒服務；而幼稚園的服務對象是3至6歲的幼童，讓他們在學校環境裏學習群體相處，接受基本的學前教育。香港的幼稚園由教育局管理，幼兒園則由社會福利署管理。目前有不少幼兒

園兼營幼稚園業務,使6歲以下幼童也可以在幼稚園內接受教育。

(2) **12年免費教育**。香港一共有 587 間小學和 506 間中學,大體分為本地學校和國際學校兩種學校。本地學校又分為官立學校、津貼學校、直資學校和私立學校四種不同類型的學校。官立學校由政府教育局開辦和管理,經費來自政府,教職員是公務員,無宗教背景,這種類型的學校只佔全部中小學的 6%。津貼學校又是資助學校,這類學校佔全部中小學的 80% 以上,宗教團體、商會、宗親會是主辦方,政府提供部份資金補助,學校日常運作由辦學團體負責。天主教香港教區、聖公會以及循道衛理聯合教會是三個最大的辦學團體,其中天主教香港教區是香港最大的辦學團體,擁有 110 間小學和 87 間中學。直資學校也是接受政府部份資助,但允許學校收取學費和自主招生。私立學校完全由辦學團體出資經營。[24]

香港的小學一年級學生在 9 月必須年滿五歲八個月,安排為期六年的免費小學教育、三年的免費初中課程(中一至中三)教育以及三年的免費高中課程(中四至中六)教育。也就是說,除了私立或直資學校外,在官立或政府資助學校進行為期 12 年的小學及中學教育,不需要繳付學費。

(3) **專上教育**。專上教育即高等教育。香港的大學是通過香港法例而成立的法定機構,大學根據條例擁有頒授大學學位的權力,同時在甄選學生,聘用教員及訂立聘用條件等方面,都具有

24　香港特區政府教育局 2018 年統計資料。

自主權，確保大學的學術自由。大學在校董會組成及管理架構上，都受到其所屬條例的規管。香港大學的校監，在港英政府時期皆由香港總督兼任，在香港回歸後由香港特首兼任，大學的校董會或校委會主席都需要由行政長官委任。

香港的專上教育於 20 世紀初正式起步。1908 年，第十四任港督盧吉宣佈籌建香港第一所大學，《1911 年大學條例》（University Ordinance 1911）通過後，香港大學於 1911 年 3 月正式成立，大學開辦時設有文學院、工學院及醫學院。

香港政府於 1961 年同意設立香港第二所大學，當時各自獨立辦學的崇基學院、新亞書院及聯合書院合併成為一所新大學，香港中文大學於 1963 年 10 月正式成立。

香港專上教育是香港中學教育之後的教育階段，除了學位課程外，也包括副學士及高級文憑等課程。以往這個階段的教育主要由公立高等院校所提供。2000 年後，多所私立大專院校先後成立，當中也有院校獲得大學名稱。目前，香港共有 21 所可頒授學位的高等教育院校。

香港目前有 8 所政府教資會資助成立的大學，在 2018/19 學年，提供 15,000 個第一年學士學位課程的招生名額，以及 5,000 個高年級學士學位課程的招生名額。這 8 所大學是：香港城市大學、香港浸會大學、嶺南大學、香港中文大學、香港教育大學、香港理工大學、香港科技大學、香港大學。

香港擁有亞太區多間最佳教學及學術研究成就的大學。根據國際高等教育評鑒機構 Quacquarelli Symonds（QS）2018 年世界

香港競爭力的
興衰與改造

大學排名，8 所教資會資助大學當中，其中 5 所（港大、科大、中大、城大及理大）均排名於世界前百名內。

香港部份大學的國際排名[25]

院校	2010/11	2011/12	2012/13	2013/14	2014/15	2015/16	2016/17	2017/18
香港大學	23	22	23	26	28	30	27	26
香港科技大學	40	40	33	34	40	28	36	30
香港中文大學	42	37	40	39	46	51	44	46
香港城市大學	129	110	95	104	108	57	55	49
香港理工大學	166	177	159	161	162	116	111	95
香港浸會大學	342	243	271	288	318	281	278	299
嶺南大學	不適用	不適用	不適用	551-600	601-650	601-650	601-650	551-600

近年來，香港進入世界大學排名百名內的有：香港大學、香港科技大學、香港中文大學、香港城市大學、香港理工大學等，而同期中國內地進入世界大學排名百名內的有：清華大學、北京大學、浙江大學、復旦大學、上海交通大學、中國科學技術大學等。

香港還有一些政府認可的專上學院。這是指根據香港法例第

25　資料來源：《QS 世界大學排名》。

320 章《專上學院條例》註冊的專上學院。根據該條例註冊的專上學院，在行政長官會同行政會議事先認許下，可頒授學士或以上程度之學位，並在其註冊名稱中使用「大學」、「學院」的詞語。香港樹仁大學於 2006 年 12 月 19 日獲准名為大學。珠海學院、恆生管理學院、明愛專上學院（原明愛徐誠斌學院）、東華學院、明德學院、香港能仁專上學院、港專學院、宏恩基督教學院、耀中幼教學院等獲准名為學院。

還有一些獨特模式成立的專上學院。例如：自資營運模式的法定大學：依據香港法例第 1145 章《香港公開大學條例》成立的香港公開大學。再如：依據香港法例第 1135 章《香港演藝學院條例》成立的受公帑資助的香港演藝學院。

香港還有一些學校，根據香港法例第 279 章《教育條例》成立，最高可頒授已通過香港學術及職業資歷評審局評審的副學位（如副學士及高級文憑）資歷，這些學校是：香港專業進修學校、香港科技專上書院、明愛白英奇專業學校、明愛社區書院、香港藝術學院、薩凡納藝術設計（香港）大學有限公司、耀中社區書院、青年會專業書院等。

長期以來，香港的基礎教育被批評為過份強調背誦（即「填鴨式教育」），使學生在瞬息萬變的資訊社會中較難把握社會的需求和變化，從而使香港的就業人才缺乏競爭力。香港課程發展議會在 2002 年發表《基礎教育課程指引》，明確香港基礎教育的目的是提高學生的反思能力，使他們學有所長。

香港教統局希望透過改革課程，從根本上改善學生素質。教

香港競爭力的
興衰與改造

育局制定的政策強調小學生要有「學會學習」的能力，為此，政府在課程指引內提出了「十種共通能力」及「四個關鍵項目」。「十種共通能力」是：道德教育、協作能力、溝通能力、創造力、批判性思考能力、運用資訊科技能力、運算能力、解決問題能力、自我管理能力和研習能力；「四個關鍵科目」是：德育及公民教育、從閱讀中學習、專題研習和運用資訊科技進行互動學習。

多年以來，香港教育改革的討論重點主要集中在香港中學的教學語言政策、中小學結龍計劃、殺校政策、引進副學士制度、大學學士課程由三年制改為四年制、中學改為六年制、通識教育成為必修科目，以及將香港中學會考與香港高級程度會考合併成香港中學文憑考試。[26]

2. 職業培訓教育

從港英政府於 1932 年創立初級工業學校起，香港職業教育至今已有 80 多年的歷史。社會的需求是，香港製造業自 1950 年代末期急速發展導致技術勞工的嚴重短缺。政府於 1965 年及 1973 年先後成立行業培訓諮詢委員會和香港訓練局，研究加強青少年職業教育的各項措施。1982 年成立職業訓練局，專責發展職業教育和訓練。根據《職業訓練局條例》，推動香港的職業教育。職訓局是常設的法定機構，具有行政權力及政府的財政資助。1986-1987 年度成立三家新的工業學院。職訓局八家工業學院 16 個課程的全日制學生人數，因而在十年內增加超逾三倍，由 1982

26　維基百科：香港教育，https://zh.wikipedia.org/wiki/。

年的 3,700 人增至 1992 年的 12,000 人。

1990 年代，由於製造業陸續由香港遷移至內地，香港經濟出現結構性轉型，改由服務行業為主導，職訓局將培訓重點由製造業轉向服務業，同時把課程內容由工藝層面提升至技術及高級技術層面。1993 年，職訓局成立兩家科技學院，接辦以往由香港理工學院和城市理工學院開設的高級文憑課程及高級證書課程。1999 年，職訓局更將所有工業學院和科技學院合併，成立香港專業教育學院，職訓局提供的職業教育自此擴展至專上程度。

2000 年以後，為配合香港在 21 世紀發展知識型經濟，職訓局加強推動專上教育及專業進修，這帶動香港的職業教育經歷第三階段的擴展，期間的重大發展包括：

（1）2003 年成立才晉高等教育學院，為不同程度的學生提供終身學習及補充教育的升學途徑。該學院與多所本地及海外大學合作，為高級文憑畢業生提供學士學位銜接課程；

（2）2003 年成立高峰進修學院，為在職人士提供在職培訓；

（3）2012 年成立香港高等科技教育學院，為本地學生提供以專業為本的學士學位課程；

（4）繼 2000 年成立中華廚藝學院後，建造國際廚藝學院的校舍於 2016 年落成。該等學院提供系統性培訓，促進國際化廚藝行業在香港的發展。

目前，職訓局轄下共有 13 個機構成員，其中包括才晉高等教育學院、高峰進修學院、香港高等科技教育學院、香港專業教育學院、中華廚藝學院及國際廚藝學院。這些機構不僅為中三至

香港競爭力的
興衰與改造

中六程度的離校生提供職業教育，還開辦專上課程，方便其畢業生升讀。透過這些機構，職訓局每年可提供 250,000 個教育及培訓學額，其中 24% 是針對學生的職前教育學額，而 76% 則為在職培訓學額。

2013-2014 年度，共有 46,500 名學生修讀職訓局開辦的全日制職業教育課程，約佔全港高中至大專程度全日制學生總數的一成。此外，職訓局於同年亦為在職人士提供 190,200 個在職培訓學額。[27]

再來看香港另一個負責職業教育培訓機構的情況。如果職業訓練局主要是僱員上崗前培訓，那麼，僱員再培訓局主要是僱員進行崗位上的再培訓，提高僱員對崗位技能的熟練程度。而香港僱員再培訓局就提供具有事業前景的課程，增強學員的技能及就業能力以符合各行各業的需要。該局提供超過 800 項課程，涵蓋金融財務、保險、地產、商業、物流、資訊及通訊科技、酒店、旅遊、零售、飲食、美容、物業管理及保安、中醫保健、健康護理、社會服務、教育康體、影藝文化、設計等約 30 個行業。

職訓局、建造業議會、製衣業訓練局及僱員再培訓局是目前參與職業教育和訓練的四個法定機構。

職業培訓教育離不開專業機構的拓展。香港人力資源管理學會於 1977 年成立，這是香港最具代表性的人力資源管理專業團體，目前會員數目超過 5,300 名，其中公司會員 600 家。學會以

27　朱家威：立法會秘書處資訊服務部資料研究組，《香港職業教育發展的回顧》，2015 年 8 月 13 日。

提升人力資源管理的專業水準為使命，以建立專業會籍制度，為企業創富增值，擔當業界的意見領袖，提供專業優質的會員服務等發展策略。學會是亞洲太平洋人力資源管理協會會員，是全球最重要的人力資源組織。學會增強與不同地區人力資源專業團體合作，促進更高層次的交流，讓會員受惠。

僱員的培訓再培訓，其目的都是為了提高香港人力資源的總體素質。有效的人力資源管理是確保企業成功不可或缺的一環。無論在公營機構、私營企業或是外資企業，人力資源管理的最新理念與實務都應是管理層首要學習的知識。

香港人力資源管理學會制定香港「人力資源專業標準」，包括：

(1) **知識**。人力資源專業人員所需要具備及運用的知識，並釐訂人力資源知識體系。

(2) **經驗**。依據人力資源職位及職責，認可人力資源從業人員的實務經驗。規劃了人力資源專業人員在運作及策略層面需要負責的工作範疇。

(3) **能力**。人力資源專業人員於工作上需要展現的崗位勝任力。

香港時任特首梁振英在 2013 年 7 月 4 日主持了香港特區經濟發展委員會第二次會議，聽取了四個工作小組（航運業，會展及旅遊業，製造、高新科技及文化創意產業，專業服務業）的工作進展報告，對人力資源問題提出看法：香港是一個沒有資源的地方，更要重視人才培養。香港的工作人口將在 2018 年到達頂

香港競爭力的
興衰與改造

峰，如果人力資源發展得不好，會遭遇瓶頸，制約經濟發展，因此人力資源是香港未來發展的重要因素。

3. 繼續教育

繼續教育是在上世紀 30 年代從美國發軔並發展起來的一個新的教育工程，稱之為 CEE（Continuing Education Engineering）。

繼續教育（further education）的定義：是指已經完成正規教育，已參加工作並作為成人所接受的各種各樣的教育，也稱之為成人教育。這是對各種類型的專業技術人員進行知識技術更新補充和拓展，以及提高能力的一種高層次的追加教育。

繼續教育的含義是：

第一，繼續教育是一種成人學歷教育和非學歷教育；

第二，受教育者在學歷上和專業技術上已達到了一定的層次和水準；

第三，繼續教育的內容是新知識、新技術、新理論、新方法、新資訊、新技能；

第四，學習的目的是為了更新補充知識，擴大視野、改善知識結構、提高創新能力，以適應科技發展、社會進步和本職工作的需要。[28]

香港政府鼓勵香港市民參加繼續教育，設立持續進修基金，為有志進修的成年人提供金錢資助。合資格的申請人可就多於一

28　李朝昕：〈繼續教育培訓的影響因素分析與對策探討〉，《市場論壇》，2012 年 6 月 15 日。

個可獲發還款項課程申領發還款項。申請人完成可獲發還款項課程後，可獲發還有關課程費用的 80% 或上限 10,000 港元（以數額較小者為準）。

學習能力是競爭力的原動力。教育水準決定競爭力水準。長期以來，香港政府重視學校教育和職業培訓，精英教育和平民教育相向並行。香港政府鼓勵社會和私人捐資助學，政府按社會捐款 1：1 的比例配套追加教育撥款。通過不懈努力，學校教育和職業培訓雙管齊下，香港市民的總體教育水準不斷提高，職業技能不斷提升，在大中華地區也是名列前茅。在此基礎上，香港的競爭力能夠長期保持在較高的水準上。

（十一）背靠祖國　面向全球

《內地與香港關於建立更緊密經貿關係安排》（簡稱：安排或 CEPA），是內地與香港簽定的內容最全面、開放幅度最大的自由貿易協定，也是香港以自身名義參與的唯一的自由貿易協定。事實上，CEPA 已成為世界第二大經濟體與世界最自由經濟體系之間雙邊貿易的基石。

CEPA 最早在 2003 年 6 月簽署，其後每年簽定補充協議，推出進一步的開放措施。除少數違禁物品外，目前所有原產香港的貨物可按零關稅進入內地。同時，香港的服務提供者在內地 48 個服務領域設立業務可享優惠待遇。此外，CEPA 就貿易投資便利化以及內地與香港專業人員資格互認達成多項協議。

其後雙方於 2004 年至 2013 年間共簽署 10 份補充協議，擴

大市場開放及進一步便利貿易和投資，以促進兩地經貿合作。

香港特區政府於 2013 年 9 月 2 日在紀念 CEPA 十週年發佈的新聞公報中總結：在 CEPA 下共有 403 項服務貿易開放措施；香港根據 CEPA 向超過 2,700 家服務供應商發出了證明書；批准 CEPA 下的「原產地證書」近 10 萬張；截至 2012 年 6 月，4,400 多名香港居民根據 CEPA 到內地設立了個體工商戶；所有符合 CEPA「產地來源標準」的香港產品都能以零關稅進入內地；根據 CEPA 以零關稅輸入內地的商品總值超過 524 億港元；CEPA 為企業節省了超過 36 億元人民幣關稅；「個人遊」計劃涵蓋 49 個內地城市，截至 2013 年 6 月底，到香港「個人遊」的內地居民超過 1.14 億人次。

內地與香港於 2015 年 11 月，在 CEPA 框架下簽署《服務貿易協定》（《協定》），將基本實現服務貿易自由化的地域範圍由廣東省擴展至內地全境。《協議》由 2016 年 6 月 1 日起實施。

內地與香港於 2017 年 6 月 28 日，在 CEPA 框架下簽署《經濟技術合作協定》，促進兩地貿易投資便利化，全面提升雙方經濟技術交流與合作的水準。《經濟技術合作協定》由簽署日即時開始實施。

內地與香港於 2017 年 6 月 28 日，在《內地與香港關於建立更緊密經貿關係的安排》框架下簽署《投資協定》，以逐步減少或取消雙方之間投資實質上所有歧視性措施，保護雙方投資者權益，推動雙方逐步實現投資自由化、便利化。《投資協定》由 2018 年 1 月 1 日起實施。

內地與香港自 2003 年簽署 CEPA 後，至今已在 CEPA 框架下簽署共 10 份補充協定和 4 份子協定，包括新簽訂的《投資協議》和《經濟技術合作協定》。國家「十三五」規劃提出要加大內地對香港開放的力度，推動 CEPA 升級。兩份新協定令 CEPA 成為一份更全面的現代化自由貿易協定，涵蓋貨物貿易、服務貿易、投資以及經濟技術合作四個重要支柱。

可以說，CEPA 是國家在香港經濟最困難時候的雪中送炭，也是國家對「一國兩制」的錦上添花。香港這個 1,000 多平方公里陸地面積，750 多萬人口，資源貧乏，連淡水都要從內地輸入的自由港，卻有着 960 萬平方公里 14 億人口的世界第二大經濟體的祖國為靠山為腹地，還不要向國家財政繳一港元的稅，這是世界上許多同類型經濟體可望不可求的，也是內地省市羨慕不已的。背靠祖國，面向全球，是香港最大的競爭優勢。

（十二）多元並包的香港文化

世界上對文化的定義據說有 160 多種，有狹義與廣義之分。狹義文化泛指文學藝術、民風民俗、風土人情等。廣義文化涉及政治架構、經濟模式、法律制度、社會組織、宗教流派等。文化沒有好壞、貴賤之分，只有適應不適應、接受不接受之說，還有不同文化是否能夠多元共存，相容並包。

香港人口的 94% 是華人，中華文化是主體。在過去百多年間，香港曾經是英國殖民地，因此受到西方文化的影響，釀造成華洋融合的獨特文化。從 19 世紀的自由港到 21 世紀的國際大都

會，世界各地的文化都刺激和影響香港的文化。

文化衝突對抗一定不是競爭力之福，文化相容並包才能形成競爭之合力。

1. 中華文化

中華文化是香港文化的根基。中華文明或華夏文明，是世界上最古老的文明之一，也是世界上持續時間最長的文明。中華文明歷史源遠流長，若從黃帝時代算起，已有五千多年了。儒釋道構成了中華文化的主流和傳統。

中國地域遼闊，經過幾千年的發展，各地文化逐漸帶有鮮明的地方特色，並且構成中華文化的共性。嶺南文化是香港繼承的中華文化的根源。

香港開埠前，華南地區內的文化中心是廣州。圍頭人、客家人和水上人已聚居於今天的香港境內，是香港原居民，形成香港早期農村社會的族群。他們的母語分別是圍頭話、客家話和水上話。其後香港成為英國殖民地，雖受到西方文化的影響和改造，但華人社會中大部份中華傳統文化及價值觀仍頑強的保留下來。

1949 年中國大陸政權易手，大量內地難民來港避難，影響了原本以廣東文化為主的香港文化。華南地區的文化中心亦從廣州轉移到香港，其粵語文化至今仍對華南、東南亞以至世界各地的粵語社群產生了主導性的影響。例如：以粵語流行歌曲為主的香港流行音樂影響大中華地區，培育出眾多國際知名歌星。以粵語為主的香港電影一度雄霸東南亞，培育出李小龍和成龍等國際知名影星，更被譽為「東方荷里活」。以粵菜為代表的香港飲食文

109

化被譽為「美食天堂」，當中以茶餐廳和大牌檔為地道飲食文化的代表。

當然，在婚喪喜慶中保留最多的是傳統的中華文化，例如迎親接親，張燈結綵，旗袍馬褂，鳳冠霞帔……。

隨着上世紀 70 年代香港人的身份獲得普遍認同，同時還建立起一套面向本地市場的市民文化或通俗文化，如電影、電視、歌曲、漫畫等，衍生出一個新生的「香港文化」體系。以迎合公眾口味以通俗文化為特徵的香港文化逐漸普及起來，嚴肅的文學藝術和創作慢慢被忽視，漸漸趨於平淡。

香港本土文化的代表眾多，例如：粵語、粵菜、粵劇、大牌檔、茶餐廳、茶文化、太平清醮、飄色巡遊、盂蘭勝會、打小人……

香港還可以找到一些中國內地早已消失的傳統文化和制度，例如，香港新界的「丁屋」。香港殖民地時期的一項土地政策。原居民中的男性後人（即「丁」）獲准興建房屋，在認可範圍內建造一座最高三層（上限 27 呎 / 8.22 米高），每層面積不超過 700 平方呎的丁屋，無需向政府繳付地價。很多年前，一香港立法會議員追求男女平等，企圖改變「丁屋」政策，受到傳統文化的堅決阻擊，無功而返。

2. 殖民地文化

殖民地文化是香港文化的歷史烙印。從 1841 年英國佔領香港島算起，到 1997 年香港回歸中國，英國統治香港長達 156 年。在此期間，英國文化對香港的政治、經濟乃至港人的日常生活，

發生了暴風驟雨般或潛移默化的重大影響，我們稱之為香港的殖民地文化。

香港的殖民地文化烙印，最深刻的要數英國皇室的烙印，因為英國政府掌控香港事務的權力來源來自英女皇。英國女皇維多利亞以皇家特權立法的形式頒發《英皇制誥》及《皇室訓令》，據此香港成為英國皇家殖民地並成立香港殖民地政府和定例局（即立法局）。應驗了中國傳統的一句老話：「普天之下莫非王土，率土之濱莫非王臣。」只是王是英國女皇，土是香港殖民地，臣是效忠於英女皇的港督和香港各級官員。香港至今仍保留着大量英女皇及皇室遺蹟，例如：維多利亞港、皇后像廣場、伊利沙伯醫院、伊利沙伯體育館、伊利沙伯中學、皇仁書院、英皇道、皇后大道東、域多利皇后街、公主道、太子道等，還有許多以歷任香港總督、高官命名的街道，例如：羅便臣道、麥當勞道、軒尼詩道、彌敦道等，還有許多以英國地名命名的街道，例如：倫敦里、劍橋道、牛津道、蘭開夏道等。這些殖民地的歷史烙印在香港回歸中國後都完整的保留下來了。雖然針對去留有過爭論，主張去者認為：去殖民地文化，去歷史恥辱；主張留者認為：尊重歷史，保留文化遺產，有利旅遊觀光。

當然，香港回歸後還是去掉了許多殖民地的痕跡。例如：根據《基本法》對香港法律進行了適應化。在香港回歸當天，臨時立法會通過《香港回歸條例》，規定對香港原有法律要作符合基本法的詮釋。這包括在任何法律條文出現的對英女皇、皇室、官方、英國政府或大臣等類似名稱、詞語或詞句提述，須解釋為對

111

中華人民共和國中央人民政府或其他主管機關，或對香港特別行政區政府的提述；對樞密院的提述須解釋為對香港終審法院的提述；對香港總督的提述須解釋為對香港特別行政區行政長官的提述；凡名稱中包含皇家一詞的政府機構須理解為猶如皇家一詞已被刪去，及提述香港特別行政區的相應政府機構。

例如：香港各類政府機構的名稱發生了改變，英國皇室標誌被取消，英國人的各種畫像、指示等被撤除。例如「皇家香港警察」更名為「香港警察」，皇冠等標誌被撤除。

2000 年 5 月，解放軍駐港部隊根據《駐港部隊部份軍營更改名稱》的規定，對充滿殖民地色彩的八處軍營名稱進行了修改。例如：威爾斯親王軍營改為中環軍營，威爾斯親王大廈改為中國人民解放軍駐香港部隊大廈，皇后軍營改為正義道軍營，般咸閣軍營改為西區軍營。[29]

可是，一些殖民地時期形成或養成的生活方式，不是一紙公文就能改變的，例如：英國人留下來的右軚車、賽馬、六合彩、下午茶、足球、木球、划艇、高爾夫球、遊艇等，還真是改變不了，成了不可或缺的愛好和習慣。還有一項由英國引入的文化，各種名目繁多的會所，其中最具代表性是 1846 年成立的香港會，以及 20 世紀初才出現的由華人組成的華商會和各種鄉村俱樂部、遊艇會，這種物以類聚，人以群分的聯誼組織，似乎是香港人進入上流社會的身份象徵。

29　電子版香港法例：《香港回歸條例》，https://www.elegislation.gov.hk。

香港競爭力的
興衰與改造

香港現存不少具有一定歷史的建築物，例如寺廟、教堂、祠堂、圍村村屋和一些政府建築，多數建於二次世界大戰之前，保留了殖民地時代的西方建築風格，中西合璧，成為香港獨特的殖民地建築。

3. 精英文化

精英文化是香港文化的奇葩。西方社會評論家列維斯認為，精英文化以受教育程度或文化素質較高的少數知識分子或文化人為受眾，旨在表達他們的審美趣味、價值判斷和社會責任的文化。

對於香港來説，精英文化是陽春白雪，曲高和寡。不僅體現在「受教育程度或文化素質較高」，和「審美趣味、價值判斷和社會責任」，而且表現為專業和職業的層次較高，賺錢能力、社會地位和物質享受的水準較高。精英文化造就了香港廣大的中產階級，例如工商界領袖、醫生、律師、會計師、測量師、職業經理等。精英文化從精英教育開始，「萬般皆下品，惟有讀書高」。從小到大上名校、勤讀書、會考試、能動手、成名人，這是中產階級的必由之路。

在殖民地文化統治下造就的香港精英，在精神層面上很難與中國傳統文化薰陶的「武死戰文死諫」的士大夫情節一脈相承，很難承擔起社會教化的使命，但卻發揮着價值導向的功能。香港社會裏兩頭小中間大的中產階級是精英文化的產物，是大英帝國和英女皇忠實的奴僕，是社會穩定的中堅，是中下層平民百姓改變身份、進入上流社會的榜樣。

殖民統治者需要的是少說多做、動手能力強的實幹家。香港可以培養出高錕、崔琦這樣的諾貝爾獎得主，可以造就出李嘉誠、李兆基等一大批優秀的企業家、資本家。然而，香港的精英文化培養不出英國式的貴族精英，產生不出以拯救天下蒼生為己任的政治家、思想家，因為在香港殖民地文化澆灌的香港土壤裏，生長不出貴族血統的 DNA。

　　近年來，香港的精英文化有朝着平民文化和痞子文化方向沉淪的跡象。正如著名哲學家葉朗教授說的話：「垃圾看多了，就不能接受經典了。」精英文化與平民文化是兩種完全不同的社會文化生態，經久薰陶出不同的社會族群。一個社會裏，人們因價值觀、需求與偏好等產生不同的選擇。精英文化通過精英教育，培養出少數精英分子，追求止於至善，講究效率最佳，引領社會風氣和時尚。一個社會培養和吸收的各路精英越多，社會進步越快，競爭力就越強，實力也就越大。當然，精英文化和其他文化一樣，也有其自身難以克服的缺陷，例如：在追求社會效率的同時，往往忽視了社會公平。在社會管治中，容易忽略了社會責任和中下層平民的感受。在事關香港經濟社會發展等重大決策上，注重樹木，不見森林，注重技術，忽略道統。精英文化的副產品往往與抑鬱症、幸福指數偏低等心理疾病有關。

4. 法治文化

　　法治文化是香港文化的共識。法治文化樹立起法律的權威，法制深入人心，成為香港社會的核心價值。最高法院、地方法庭、法官、律師等法律人受到社會的普遍尊重和崇敬，相比較下，政

府官員更多的是公僕、平等、投訴。

香港的法治文化是英國統治者帶來的，其初心是依靠法律制度，強化殖民統治，教化民心。經過 156 年血與火的統治，香港被鍛造成為一個成熟的法治社會。「法律面前人人平等」，「法律制度公開公平公正」，「政府權力為法律所限制」，「三權分立、司法獨立」等法治原則，港人從小入腦入心，朗朗上口。

香港在 2016 年的堅尼系數是 0.539，比內地 2017 年的 0.468 高；香港是世界上富豪最多的地方。但香港人較少仇富，只恨為富不仁、強取豪奪、官商勾結。

香港的犯罪率較低、市民安全感較強。原因之一是香港從法制層面上照顧到弱勢群體的最低需求，例如最低生活保障的綜援制度，公屋、居屋的住房制度（在香港 1/3 人住公屋，1/6 人住居屋），免費醫療制度等，雖然仍不盡如人意。

5. 商業文化

商業文化是香港文化的精髓。香港是個自由港，是通商經商的產物；商業活動使香港從一個小漁村發展成為國際大都會，商業文化應用而生。報紙、廣播、電視、藝術、體育、出版、電影、戲劇等充斥着商業元素，一切向錢看。如果沒有商業的介入，任何文化寸步難行。

「私有財產神聖不可侵犯」、「人為財死，鳥為食亡」、「天下熙熙，皆為利來；天下攘攘，皆為利往」，這是香港商業文化的經典信條和座右銘。因此，商之初性本惡。香港商業文化在道德層面上有其罪惡的一面。

與此同時，在香港法治文化的薰陶下，香港商業文化注入了契約精神，形成了商業信用的價值觀和商業範式。香港法律保證了買賣自願，公平交易，貨真價實，童叟無欺。亞當·斯密認為人的本性都是自私而貪婪的，市場競爭利用人的本性來降低價格，從而提供更多產品和服務，進而造福整個社會。從國際貿易和投資的視角，香港的商業文化對投資者拓展大中華市場（特別是中國市場）如虎添翼，似神助攻。因此，香港的商業文化為社會創造就業、增加財富和繁榮經濟等作出貢獻，在對社會福祉上有其行善的一面。

　　在上世紀 90 年代初期以及 21 世紀初期，跨國投資公司拓展中國業務，往往在香港建立分支機構。香港優越的地理位置、國際化和外向性的歷史背景以及自由的金融環境，使跨國投資公司的分支機構可以充份利用香港的中西方文化和金融市場的便利，近距離地了解中國和投資中國。

　　在香港經營的國際金融機構為數甚多。在全球排名 100 位以內的銀行中，有 70 多家在港營業。截至 2018 年 7 月為止，香港共有 154 家持牌銀行、18 家有限制牌照銀行和 17 家接受存款公司，同時還有 47 家外資銀行在香港設立辦事處。

　　根據香港投資推廣署及政府統計處發表的「2018 年有香港境外母公司的駐港公司按年統計調查」結果顯示，母公司在海外及中國內地的駐港公司數目由去年 8,225 間增加至今年 8,754間。2018 年的統計調查結果顯示，該 8,754 間公司包括 1,530間地區總部、2,425 間地區辦事處及 4,799 間當地辦事處。這些

香港競爭力的
興衰與改造

海外及內地公司的總就業人數達 48.5 萬人，而 2017 年則為 44.3 萬人。

按行業分類而言，進出口貿易、批發及零售業居首位，共有 3,950 間公司，其次是金融及銀行業，共有 1,806 間，第三位為專業、商用及教育服務業，共有 1,262 間。

這些數字凸顯香港在亞洲區的策略性地理優勢，實為公司管理全球或亞洲區業務的理想地點。毫無疑義，香港的商業文化與世界各國的商業文化相容相通，相得益彰。香港成為對世界最大市場的前進出發地和支援保障地。

6. 多元文化

多元文化是香港文化的特徵。多元文化是經濟全球化的產物和必然；多元文化是一種「求同存異」。

1995 年，聯合國教科文組織在澳洲召開「全球文化多樣性大會」。該組織提交給大會的報告對「多元文化」做了以下描述：多元文化包含各族群平等享有「文化認同權、社會公平權以及經濟受益需求」。

美國研究移民問題的學者斯特芬‧卡斯特（Stephen Castles）和馬克‧米勒（Mark J. Miller）提出，「多元文化主義」至少應包含以下四個基本點：第一、外來移民有權成為移入國的公民；第二、給予外來移民族群以平等的權益是政府義不容辭的職責；第三、具有不同文化特性的族群或個人有權要求得到尊重；第四、主流社會應當根據外來移民族群的特殊文化需求修訂相關政策。總之，「多元文化」決不僅局限於「文化」，而是囊括了

給予各民族政治、經濟、社會、文化的平等權等多重內涵。[30]

　　國外學者對多元文化的定義僅局限於不同民族在相同地方生存發展的文化融合，而香港展現的是，同一民族在同一地方生存發展時對不同文化即多元文化的相容並包。

　　新、舊、快、慢、中、西、土、洋等多元的文化元素在香港並存。世界上許多宗教文明滙集在香港，基督教、天主教、猶太教、伊斯蘭教、錫克教、儒教、佛教、道教等，相互尊重，和睦相處，極少發生宗教糾紛和衝突。

　　香港有中國傳統文化的價值取向，例如：仁義禮智信、溫良恭儉讓、忠孝節勇和；又有西方文化的普世價值，例如：自由、平等、公平、民主、法制。這些文化價值由香港人自主取捨，可始終如一，可複合變換，沒有強制。多元文化的交流碰撞，開拓激發了香港人的創意靈感和發散思維，促進了香港創意創新產業的發展，促進了科學技術的研發和社會經濟的發展。

　　香港因其在中國母體上被割裂成為殖民地的歷史背景和全球自由港的地位，構成了中西薈萃、融會貫通、多元文化的面貌。香港的兩言三語，即官方語文是中文和英文，官方語言是英語、廣東話和普通話。香港所有的官方標誌均以英文和繁體中文標識，大部份商店的招牌也同時兼具中英文。大部份香港人以廣東話為母語，但能以普通話作一般日常溝通，酒店服務員、售貨員等大多能説普通話。由於香港是一個國際化程度很高的城市，英

<hr />

30　李明歡：〈「多元文化」論爭世紀回眸〉，《社會學研究》，2001年第三期101頁。

香港競爭力的
興衰與改造

語是最重要的社交語言，被廣泛使用。在所有專業領域，例如在法律、金融、工程、商業等，英文幾乎是唯一的文書文字。

香港特區政府是多元文化的宣導者和支持者。特區政府的文化政策包含了四大元素：即尊重創作及表達自由，提供讓更多人參與的機會，鼓勵多元及均衡發展，提供有利的環境及條件。特區政府的多元文化政策具有五個核心範疇，即藝術政策、文物政策、教育政策、語文政策、宗教政策。香港政府還為多元文化發展制定了長遠目標，即「以人為本」、「多元發展」、「尊重表達自由、保護知識版權」、「全方位推動」、「建立夥伴關係」和「民間主導」。

總之，香港文化體現在中華文化、殖民地文化、精英文化、法治文化、商業文化、多元文化等諸多文化上，這些文化在香港這塊土地上，不是外人評說的「文化沙漠」，而是各種文化長期和睦相處，相互尊重，取長補短，共生共榮，促進了香港社會的健康發展，成為香港經濟發展的核心競爭力。

小結

香港競爭力主要表現在 12 個方面：

1. 充份自由競爭的經濟制度；
2. 實行積極不干預的經濟政策；
3. 健全的法制和法治觀念；
4. 廉能的公務員隊伍；
5. 資訊的充份流通與對稱；

6. 亞太金融中心的貢獻；

7. 收支平衡的公共財政；

8. 旅遊勝地，購物天堂；

9. 勤奮努力動手能力強的市民；

10. 重視教育和職業培訓；

11. 背靠祖國，面向全球；

12. 多元並包的香港文化。

第三章　香港競爭力遇到的挑戰

兵無常勢，水無常形，能因敵變化而取勝者，謂之神。

——《孫子兵法·虛實篇》

世間一切事物都在有形或無形、主動或被動的改變中。競爭力也是一樣，在一定條件下，競爭劣勢可以轉換成競爭優勢；同樣，競爭優勢也可能蛻變為競爭劣勢。毫無疑義，在當今這個充滿激烈競爭的世界和年代，特別是近 20 多年來，香港所有的競爭優勢都受到前所未有的挑戰，香港競爭力減弱的趨勢早已出現。有的挑戰來自外部，有的挑戰來自內部。香港現有競爭優勢中有的是一般競爭力，很容易被競爭者取代或超越；有的屬於核心競爭力，不容易或難以被競爭者取代和超越。香港要先弄清楚自己的競爭力在哪些方面遇到了挑戰，才能與時俱進有的放矢的重新佈局去迎接挑戰。

一、世界變平了

2007 年，一部暢銷書《世界是平的：一部 21 世紀簡史》（*The World Is Flat: A Brief History of the Twenty-first Century*）問世，這是由湯瑪斯·弗里德曼（Thomas L. Friedman《紐約時報》專

欄作家，獲三次普立茲獎）所撰寫的暢銷書。書中分析了 21 世紀初期全球化的過程，認為「全球化不只是一種現象，也不只是一種短暫的趨勢。它是一種取代冷戰體系的國際體系。全球化是資本、技術和資訊超越國界的結合，這種結合創造了一個單一的全球市場，在某種程度上也可以說是一個全球村，世界正被抹平」。全球化的趨勢是不可阻擋的。

湯瑪斯‧弗里德曼在書中第 6 章闡述：「世界是平的」時代需要的競爭力。未來許多新冒出來的工作機會，需要運用到合作、協調、集成、解釋、槓桿操作的能力。此外，當地語系化、個性化，自然不容易被淘汰。

書中第 7 章提出：「世界是平的」時代需要的教育理念。今天你懂的，可能明天就沒用。重要的不再是一技之長，而是學習力。也必須教小孩學會喜歡人，因為人際交互將會更重要。

書中在第 9 章給國家、企業、父母的良心建議是：沒有終身僱傭了，只有「終身受僱力」。政府應該讓窮人小孩念得起大學。企業應幫助員工學習新技能。父母必須沒收電玩、iPod，關掉電視機，叫小孩去用功。

書中在第 12 章提醒人們：對許多人來說，世界一點都不平。傳染病、恐怖主義、中國對石油的飢渴，都是讓世界不平的因素。

作者在書中第 13 章預測：本土文化走向全球。全球化不再等於美國化，拜新平台之賜，漢語、印度語、阿拉伯語都可以發展出全球性的報紙、廣播、電視頻道。「播客」更是本土文化走向全球的利器。

繼《世界是平的》一書之後,湯瑪斯‧弗里德曼又推出力作《世界又熱又平又擠》,書中闡釋當今世界發展的五大趨勢:(1)能源與資源的供需失衡;(2)石油生產國的壟斷性經營;(3)(碳排放增量導致)地球氣候變暖;(4)能源日益匱乏(石油、煤炭不可再生);(5)(人口爆炸性增長、無節制開發和環境污染導致)生物多樣性消失。

作者認為必須跳出傳統的國家發展模式,以創新觀念和科技發展,在全球掀起新的綠色能源革命,以市場導向和政府干預來力推綠色能源的開發和應用,這才是可持續發展道路,才是人類與地球和平共處的保障,才是未來世界上每個國家發展的機遇和制高點。綠色能源,前景廣闊,財富無限。

湯瑪斯‧弗里德曼提出世界變平了的趨勢,和其他研究世界發展大趨勢的學者都告訴我們,傳統的經濟發展模式正在改變,適合這一發展模式的競爭力也將要改造,否則面臨的是優勢不再或被淘汰,國家如此,企業如此,香港也如此。

世界變平了的客觀態勢,對國際化程度較高的香港影響巨大且深遠。中國改革開放 40 年來最大的外在助力來自香港,大量國外的資金、技術、人才、管理、商品等通過香港進入中國內地,中國內地的貨物源源不斷的通過香港流往世界各地。隨着中國改革開放的深入和推進並且加入 WTO,加速實現國際化進程,內地海陸空口岸的興建和崛起可以直接對外交流,中國成為世界第二大經濟體,香港是中國對外唯一口岸的歷史成為過去,香港的經濟體制和格局正在被打破、重組或重建,以適應世界地緣經濟

和地緣政治以及中國經濟變化的新格局。這意味着香港競爭力面臨着需要進行重大改造。其實這一改造早已悄然開始,只不過還未成大氣候。這是大勢所趨,不可逆轉,不以個人的意志所轉移,否則將被歷史潮流所拋棄。

香港無力改變世界和中國經濟政治的大格局,但香港有能力且必須為適應世界和中國的一切改變而作出相應的改變。善變快變是香港的生存之道。這是香港競爭力改造的外部動力和要求。當然,這也是本書研究香港競爭力改造的另一個重點。

二、香港變窮了

窮與富,歷來是相對的、比較的概念。說香港變窮了,這是一個不可思議的說法,香港至今都還是世界上富豪最多的地方。可是香港確實變窮了,即香港創造財富的競爭力日趨下降了,香港人均創造財富的競爭力與鄰居比較落後了。

競爭力就是生產力。生產力即人類創造財富的能力。人類創造財富的能力一般用國內生產總值(GDP)和國民生產總值(GNP)來量化表示,這是目前國際上通行的用來衡量一個國家或地區宏觀經濟發展水準的統計學指標。香港競爭力下降表現在香港的生產力水準下降,體現在香港創造財富的能力下降,具體反映在香港在可比範圍內的 GDP 和 GNP 的增長速度下降。

(一)香港與自己比較

香港回歸後 20 年的經濟發展速度大大落後於回歸前 20 年的

平均水準。

官方 2014 年 6 月 10 日發表《「一國兩制」在香港特別行政區的實踐》的白皮書認為，回歸後香港特別行政區各項事業取得全面進步，經濟保持平穩發展，整體經濟保持增長。1997 年至 2013 年，香港本地生產總值年均實質增長 3.4%，人均本地生產總值按美元累計增長 39.3%。

然而，另一組資料即香港回歸前後 GDP 年均增長幅度與官方的觀點相左。

1978-2017 年香港 GDP 年增速（%）[31]

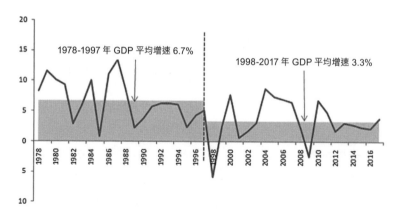

根據世界銀行統計資料整理的圖表顯示，「1978-2017 年香港 GDP 年增速%」中，1978 至 1997 年的 20 年間，香港 GDP

---

31 根據世界銀行統計資料整理。

年均增長 6.7%，1998 至 2017 年的 20 年間，香港 GDP 年均增長只有 3.3%，增速下降超過一半。可以說，香港回歸後 20 年的經濟發展速度大大落後於回歸前 20 年的水準。

還有一組資料顯示香港回歸前後 GDP 人均增長幅度也與官方的觀點相左。

1978–2017 年香港人均 GDP 年增速（%）[32]

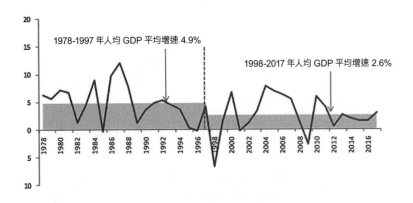

根據世界銀行統計資料整理的圖表顯示，「1978-2018 年香港人均 GDP 年增速 %」中，1978 至 1997 年的 20 年間，香港人均 GDP 年均增長 4.9%，1998 至 2017 年的 20 年間，香港人均 GDP 年均增長只有 2.6%，增速下降近半。可以說，香港回歸後 20 年的人均 GDP 增幅大大落後於回歸前 20 年的水準。

結論是，香港回歸後比較回歸前，經濟發展緩慢且下降，輝

32　根據世界銀行統計資料整理。

香港競爭力的
興衰與改造

煌不再。

（二）香港與新加坡比較

香港經濟總量領先於新加坡至少 30 年，但在 2011 年被新加坡超越，以後互有領先。但是在人均 GDP 上，新加坡長期領先香港。

香港與新加坡是最具有可比性的兩個經濟體，兩地一直是不言而喻心照不宣的競爭對手。兩地都是華人為主的社會，都曾是英國殖民地，都是實行資本主義制度，都是向全世界開放的以城市經濟為主體的自由港。兩地面積相仿，香港 1,104 平方公里，新加坡 719 平方公里；兩地人口數量相差不多，香港 750 萬人，新加坡 564 萬人。

1980-2017 年香港與新加坡 GDP 比較（十億美元）[33]

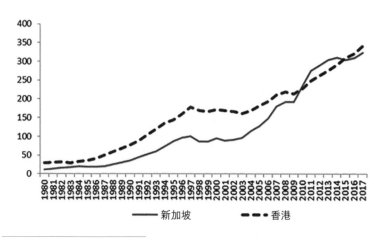

───────────────

33　根據世界銀行資料整理。

根據世界銀行資料整理的圖表顯示，從 1980 年到 2010 年的 30 年裏，香港 GDP 總量都超過新加坡，然而從 2011 年起，新加坡 GDP 總量超過了香港，2016 年香港 GDP 總量又超越新加坡，形成激烈競爭態勢。

來自世界銀行的資料還顯示：1997 年新加坡 GDP 為 1,001 億美元，香港為 1,773 億美元，港是新的 1.77 倍；2012 年新加坡 GDP 為 2,869 億美元，香港為 2,626 億美元，港是新的 91.5%；2018 年新加坡 GDP 為 3,610 億美元，香港為 3,648 億美元，港是新的 1.01 倍。在 GDP 總量指標上，2011 年之前，香港長期領先新加坡，2011 年之後，香港與新加坡競爭激烈。

然而，在國際貨幣基金組織（IMF）公佈的 2018 年各國人均 GDP（國內生產毛額）資料中，新加坡人均 GDP 為 9.8 萬美元，名列第 4，香港人均 GDP 為 6.45 萬美元，排名第 10。在人均 GDP 指標上，香港落後新加坡，望塵莫及。

資料表明，香港經濟總量領先於新加坡至少 30 年後，於 2011 年被新加坡超越，2016 年香港又超越了新加坡，2018 年兩地幾乎成平手，形成互有領先的競爭格局。結論是，在今後的歲月裏，香港與新加坡在經濟發展總量上形成互有領先、犬牙交錯、激烈競爭的態勢。但是在人均 GDP 比較上，新加坡早已完勝香港，因為新加坡人口只是香港的 75%。

香港競爭力的
興衰與改造

（三）香港與周邊國家、地區和城市比較

1. 香港與「亞洲四小龍」比較，人均 GDP 增長居於老二

1960 至 2014 年間四亞洲小龍人均 GDP 增長比較 [34]

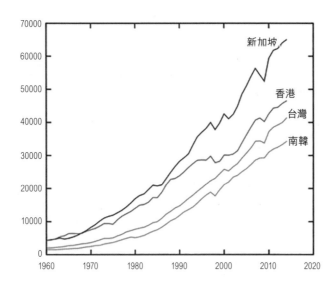

毫無疑義，亞洲四小龍的人均 GDP 增長幅度，新加坡一枝獨秀，從上世紀 60 年代與香港、韓國、中國台灣相差無幾，經過 50 多年的風雨兼程，逐漸拉開距離，遙遙領先，香港並沒有縮小差距，居於老二。

34　維基百科：Data for "Real GDP at Constant National Prices" and "Population" from Economic Research at the Federal Reserve Bank of St. Louis.

2. 港澳人均 GDP 比較，香港被超越

香港與澳門 1982-2012 年 GDP 總量和人均比較 [35]

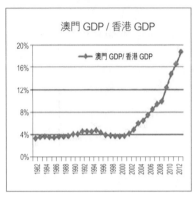

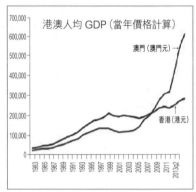

　　如圖所示，1982 年至 2002 年，澳門 GDP 總量長期佔香港的 5% 左右，人均 GDP 也低於香港。因為澳門經濟和產業基本上是香港的延伸，澳門遊客也大部份來自香港，香港人比澳門人有錢。然而，2002 年澳門開放賭權，吸收外資，大舉建設，從 2008 年開始澳門發生了根本性的轉變，澳門人比香港人有錢了。2010 年，澳門人均 GDP 已達到 52,650 美元，香港人均 GDP 是 31,915 美元，香港是澳門的 60%。2018 年，澳門人均 GDP 已達到 92,609 美元，香港人均 GDP 是 48,700 美元，香港是澳門的 52%。澳門徹底改變了經濟發展緩慢的趨勢，人均 GDP 大幅超過香港，進入世界前三的位置。香港人比澳門人有錢的觀念被徹底顛覆。

35　資料來源：中國銀行。

香港競爭力的
興衰與改造

(四）香港與全國比較

香港經濟在中國經濟中的比重從 1993 年最高時的 27% 下降
到 1997 年（回歸時）的 16% 再下降到 2017 年（回歸後 20 年）
的 3% 以下。

1980-2017 年香港 GDP 在中國 GDP 中比重[36]

根據彭博資料整理的《1980-2017 年香港 GDP 在中國 GDP
中的比重》顯示，30 多年來，香港 GDP 總量在中國 GDP 中的
比重，從 1980 年的 15% 左右，到最高時的 1993 年的 27%，到
1997 年的 16%，下降的 2017 年以後的 3% 以下。

嚴峻的歷史現實是，香港是中國內地經濟體制改革和對外開
放的強大外部推手和橋樑甚至是參照物，雖然賺了點轉口貿易的
小錢，卻沒有享受到中國改革開放的巨大紅利。

36　根據彭博資料整理。

結論是，回歸以來，香港沒有搭上中國經濟高速發展的快車，獨慢其身。

（五）香港與國內其他城市比較

越來越多內地城市的經濟發展超越香港。

中國社科院 2018 年 6 月 23 日在北京發佈《中國城市競爭力第 16 次報告》顯示，2017 年中國城市綜合經濟競爭力排名中，深圳、香港、上海位居前三位。深圳於 2014 年首次超越香港排名第一，在此前的中國城市競爭力排名中，香港連續 12 年在綜合經濟競爭力排名第一。

研究認為，近 10 年香港經濟增速緩慢，反觀內地經濟高速增長，使香港與內地城市的差距愈來愈小；同時，香港對內地城市經濟的影響力也隨之下降，國際地位開始受到來自內地城市的強力挑戰。

結論是，香港的經濟規模落後於北京、上海、廣州、深圳等內地城市，香港經濟在中國經濟中的比重日趨下降，越來越多的中國內地城市經濟發展超越香港。

通過圖表和資料分析，香港競爭力下降，表明在香港生產力水準下降和香港創造財富的能力下降。二者關聯密切，互為因果。

（六）香港的生活成本與其他城市比較

香港是全球生活費最貴的城市，又是家庭收入中位數最低的城市。

英國經濟學人智庫（Economist Intelligence Unit）公佈 2019年全球生活成本調查報告，香港、巴黎、新加坡共同成為全球生活費最貴城市，其中香港家庭的收入中位數卻是最低。

經濟學人智庫最新「全球生活費調查」（Worldwide Cost of Living Survey），調查了全球 133 個國家城市，對比共同都有販售的物品，像是麵包、交通費、房租等生活必需品價格，得出排名。

調查報告指出，全球第 1 至 10 名生活費最高的城市依序為：新加坡、巴黎、香港（並列第 1）、瑞士蘇黎世（第 4）、瑞士日內瓦、日本大阪（並列第 5）、韓國首爾、丹麥哥本哈根、美國紐約（並列第 7）、以色列特拉維夫、洛杉磯（並列第 10）。

調查以美國紐約為 100 點基點，得出結論為新加坡、巴黎、香港的生活費平均比紐約貴 7%。

根據巴黎市政府統計，巴黎的 2018 年家庭年收入中位數為38,833 歐元（約為 345,613 港元）；根據新加坡政府統計，新加坡的 2018 年平均家庭年收入為 111,516 新加坡幣（約為 646,792港元）；根據香港政府統計，香港的 2018 年平均家庭年收入則是 336,000 港元。[37]

這說明，在香港這個全球生活費用最高但家庭收入中位數最低的城市，要實現安居樂業談何容易，不提升香港的城市競爭力、企業競爭力、個人競爭力，香港和香港人將難以生存，遑論發展。

---

37 英國經濟學人智庫公佈 2019 年全球生活消費最貴排行榜，https://onetimeshk.com/7323.html。

通過以上不同角度的比較，發現香港相對變窮了。香港成為一個居危思危的城市，雖然表面看起來仍是一個繁華發達的現代化的國際大都市。

三、香港要斯密還是凱恩斯或是馬克思？

當今世界上的許多資本主義國家，有信奉亞當·斯密為代表的完全自由競爭的資本主義經濟制度和實行「自由放任」的經濟政策，也有中意約翰·凱恩斯為代表的不完全自由競爭的資本主義經濟制度和實行「加強政府干預和管治」的經濟政策。前者用價值規律調整經濟，達到帕累托最優，後者用政府加強管治干預經濟，達到政府的主觀預期。二者各有千秋，各有利弊。

資本主義發軔階段，靠斯密的完全自由競爭的市場經濟戰勝了封建地主領主統治下的小農經濟，使社會財富極大的增長；上個世紀 20 年代以後，凱恩斯的政府干預，挽救了生產過剩造成的資本主義的經濟危機，這成為近百年來，各資本主義國家喜歡用和慣用的政府行為，特別是當經濟出現困難的時候，以至於成為一種經濟制度。難能可貴的是，香港殖民地政府長期奉行「自由放任」的政府管治經濟的政策，不論經濟繁榮還是危機，直到回歸前調整為「積極不干預」的經濟政策。

是要約翰·凱恩斯還是亞當·斯密？是要政府主導干預市場的凱恩斯主義，還是回歸遵循市場經濟規律的斯密傳統？如果要斯密，香港政府近年採用的政府加強管制經濟的措施就是錯誤的。因為從斯密的觀點來看，大量的需求，擴大了市場，價值規

律創造了供給，降低了交易成本，對當地經濟作出貢獻。如果要凱恩斯，香港政府近年採取的「限購」、「拒簽」等管制措施都是正確的。因為從凱恩斯的角度來講，大量的需求可能對本地經濟造成負面影響，需要用貿易保護主義來限制。

凱恩斯和斯密，一個是用政府「這隻看得見的手」限制需求以適應供給，另一個是用市場價值規律「這隻看不見的手」擴大供給來滿足需求。「這兩隻手」分別能夠在不同時期的特定條件下維護資本主義的不斷發展。然而，如果在同一時期的一般條件下混合使用，就可能會造成價格信號失真或市場混亂，從而造成市場的判斷失誤和決策錯誤。香港目前的許多狀況就是如此。

香港連續 20 多年被美國傳統基金會評為全球最自由的經濟體，這是香港的競爭優勢。香港長期實行的是「自由放任」的經濟政策，回歸前後調整為「積極不干預」的經濟政策，現在政府公開實行的是「適度有為」的經濟政策，但在世人眼裏實行的已是「積極干預」的經濟政策。看來，在不久的將來，香港這個全球最自由的經濟體將會出現變化。

香港要在凱恩斯和斯密二者之間做出選擇，不要到了積重難返之時去被迫接受馬克思的社會主義計劃經濟制度。當然，那可能是天上掉餡餅——飛來「豔福」，可能讓香港成為內地的一個二流城市。因為，香港回歸前的祖國實行的是馬克思的社會主義的計劃經濟制度，實行的是政府指令的經濟政策，雖然目前公開的提法是實行新時代有中國特色的社會主義經濟制度。國家在改革開放 30 年裏，引入了資本主義市場經濟的「自由放任」元素，

135

迅速成長為世界第二大經濟體。香港回歸後實行「一國兩制」，保證了香港實行資本主義制度五十年不變。然而，香港的高度自治權已經變成了與中央的全面管治權並舉並行。（香港《基本法》第 2 條表明，全國人民代表大會授權香港特別行政區依照《基本法》的規定實行高度自治。國務院於 2014 年 6 月發表的《「一國兩制」在香港特別行政區的實踐》白皮書指出：「中央擁有對香港特別行政區的全面管治權。」）高度自治權與全面管治權，從表面上看，兩個權力是平等並行同等重要，似乎可以齊驅並駕，相行不悖，但行使權力的兩個行政權力主體是不平等的，一個是擁有全面管治權的中央政府，一個是被授予高度自治權的地方政府，二者的權力交集只能是零和遊戲。在這種權力遊戲中，香港政府曾經實行放任自由的、積極不干預的經濟政策，和正在實行適度有為的經濟政策，勢必聽命於中央政府主導的政府干預的經濟政策。也就是說，香港政府的高度自治權勢必讓位給或者服從於中央政府的全面管治權。這是因為，在權力不對等和權力不受監督制約時，位低權輕者向位高權重者傾斜和臣服。這是不言而喻的。回歸前，港英政府的管治權力臣服於在倫敦的英國政府和至高無上的英國女皇。回歸後，香港特區政府的管治權力豈能與中央政府平起平坐，井水不犯河水？

鑒於此，香港不能反對中央政府的全面管治權覆蓋香港政府的高度自治權，因為不自量力，無力反對。要解決中央政府全面管治權與香港特區政府高度自治權的矛盾，只能主張權責利的一致性，即中央政府通過特區政府擔負起香港 750 多萬市民的福祉，

而香港特區政府只是承擔執行者的責任。因為，特區政府的各級官員都是港英政府體制內精心培養起來的執行力很強的人才，服從上司，按部就班，按章辦事，他們不是創新型思考型開拓型甚至反叛型的人才。

所以，香港特區政府及其各級官員，無法在經濟制度和政府管治上進行選擇和決策，他們無法與時俱進的修正或選擇適合香港經濟社會發展的道路，例如香港要斯密還是凱恩斯或是馬克思，或是其他？他們只能延續着舊有體制的慣性走下去，他們會在每一項具體的決策特別是經濟決策上按部就班，精益求精，正確無比，但是在香港的制度層面，總體經濟政策選擇上，聽任中央政府全面管治的指令，隨波逐流。做對了，皆大歡喜；出了錯，相互推諉。不作為，慢作為，懶政怠政，將成為常態。

有一個經典案例。香港回歸後，特區政府針對「奶粉脫銷現象嚴重」作出的最愚蠢的行政決定是頒佈「限奶令」，即特區政府規定，從 2013 年 3 月 1 日起，離境人士攜帶奶粉數量每人不得超過兩罐，違例者一經定罪，可被罰款 50 萬元及監禁兩年。同年 4 月，對何時解除「限奶令」，時任特首表示沒有時間表。時至今日，港府不改初衷。

「限奶令」宣告了香港自由港的不自由，破壞了香港充份自由競爭的市場經濟制度和拋棄了實行已久的「自由放任」、「積極不干預」的經濟政策，把勵志「適度有為」的經濟政策變成粗魯干預經濟的政府行為。

「限奶令」之所以是香港歷史上最糟糕的行政干預，其要害

是損人不利己。香港旅遊經濟受到重挫，雖然「限奶令」不是唯一成因；然而，「限奶令」成為港府關閉了「購物天堂」大門的標誌，表明香港不歡迎你。

香港是自由港，食品中除了食米作為唯一一種儲備商品外，幾乎沒有出口限制。港府長期奉行完全市場經濟原則，面對「奶粉脫銷現象嚴重」的危機，理應靠價值規律這隻「看不見的手」來調節和引導。目前世界上奶粉等乳製品並不是緊缺商品，更不是戰略儲備物資，完全可以按照國際貿易中的比較利益原則，為香港創造奶粉轉口貿易或發展物流業的商機。鑒於短期內香港市面上奶粉因需求增加價格上漲，可以實行對香港出生嬰兒的奶粉補貼，或要求供應商對港嬰的奶粉保證供應。既然香港老人有「長者津貼」，為何不能設立港嬰「奶粉錢」？批發零售業、旅遊業等相關產業得到進一步發展，政府稅收將進一步增加，勢必超過為港嬰支付的「奶粉錢」，這更是為香港的未來投資。

目前，深圳自貿區的前海港貨中心已經開業，周大福、莎莎、華潤萬家等港企進駐，內地居民不再需要為買幾罐奶粉、幾瓶化妝品、幾件金飾而捨近求遠，進一步減少赴港旅遊購物的衝動。

「限奶令」是一個試金石，測試出時任香港特首和主要官員維護「一國兩制」中香港資本主義市場經濟制度十分不得力，沒有政務官的擔當，只是事務官的水準，用行政干預來解決市場問題，把經濟問題當政治問題處理。所以，今後導遊介紹香港的時候將會說：香港是「不完全的」自由港，實行的是「不完全自由的」市場經濟。

香港百多年來競爭力中的資本主義制度優勢，實行「自由放任」、「積極不干預」的經濟政策優勢，如果讓位給中央政府連同特區政府的行政干預，其結果有四：一是國家好，香港好。搭上中國經濟高速發展的順風車，帶動香港經濟的全面發展。二是國家好，香港不好。香港回歸 20 年的經濟發展是一個證明。內地在全力拼經濟，香港在政治上爭拗，反內地遊客，爭真普選，宣揚港獨，無心尋找經濟發展的新增長點。三是國家不好，香港好。回到港英政府統治時期，中國在搞政治掛帥，階級鬥爭為綱，文化大革命，經濟一塌糊塗。香港是中國對外唯一的進出口岸，大發轉口貿易之財。四是國家不好，香港不好。百年來，好像只有抗日戰爭時期。國難當頭，唇亡齒寒，百業凋敝，百姓流離失所。如果香港實行起了馬克思的經濟政策，即社會主義的計劃經濟，可能是斯密、凱恩斯等資本主義經濟政策玩不轉或被拋棄的時候，香港將淪為中國的三流城市。

如果香港競爭力中的制度優勢和經濟政策優勢在香港競爭力構成中變得不重要了，試問，沒有了資本主義傳統的這兩個競爭優勢，香港還是香港嗎？

香港面臨着在斯密、凱恩斯或是馬克思所代表的經濟思想以及由此產生的經濟政策之間進行選擇。無論如何，有選擇是一種文明的象徵。但願香港最終能做出正確的選擇。

四、法治受到前所未有的挑戰

千里之堤毀於蟻穴。英國人用了 156 年在香港建立起來的法

律制度和法治觀念，在香港回歸後受到前所未有的挑戰。如不能堅守住法制的底線，香港競爭力的基石將動搖。

（一） 回歸後，破壞香港法治的事件層出不窮

1.「佔領中環」，挑戰法制

「佔領中環」是 2014 年 9 月 28 日起在香港發動的一場爭取一人一票「真普選」的政治運動。運動於 2013 年初開始醞釀，港大一法學教授投稿報端，鼓動市民及民間領袖以事先張揚的形式進行違法、非暴力的佔領中環行動，目標直指 2017 年的特首普選。「佔領中環」運動的發起者和支持者，提出以「公民抗命」的行為來主張真普選的政治要求，採取突襲佔領和癱瘓香港金融區中環金鐘等地交通要道的方式，來爭取符合《公民權利和政治權利國際公約》，能夠公平實踐行政官和立法會一人一票的普選。活動受非理性行為影響，逐漸演變成「雨傘革命」，導致暴力衝突，嚴重影響香港經濟和市民日常生活。「佔領中環」行動持續了 79 天，在 12 月 15 日以銅鑼灣佔領區及添馬艦立法會示威區被警察清場而結束。

「佔中」運動的起因是針對香港特首在 2017 年實行的「普選」。這是 2007 年第十屆全國人大常委會第 31 次會議通過的決定。這一決定提出「普選」的辦法是，「組成一個有廣泛代表性的提名委員會。提名委員會可參照《香港基本法》附件一有關選舉委員會的現行規定組成。提名委員會須按照民主程序提名產生若干名行政長官候選人，由香港特別行政區全體合資格選民普選

產生行政長官人選，報中央人民政府任命。」

特首候選人的准入門檻引發了香港社會關於真假普選的爭議，觸發了部份市民不惜以「公民抗命」的行為「佔領中環」，不惜以阻路、衝撞警方等觸犯法律的行為來表達政治要求。

「公民抗命」的實質是以違法的行為來主張要求。然而，公民是法制的產物，二者互為依存。公民一旦以違法來要求權利，要麼，公民被法律制裁；要麼，法制被公民摧毀。這是「公民抗命」的代價。一些法律人把這一代價輕描淡寫為：「你留案底，是你的 medal（榮譽）。」我以為這是教唆犯法的行徑。

長期以來，香港市民的經濟理性大於政治熱情。當然，這以當政者施政不出現重大失誤為前提，還以沒有別有用心者製造事端或煽動民粹主義為前提。

假設「佔領中環」的目的達到了，這是以犧牲法制而獲取的政治成果，最終將無法用法制鞏固之，因為後人為爭取權利可以群起效尤。它的代價將是，失去香港的繁榮穩定，甚至失去香港對於國家在國際上的重要作用。

2019 年 4 月 9 日，9 名參與 2014 年佔領中環行動的人士，包括 3 名發起人，被控串謀作出公眾妨擾、煽惑他人作出公眾妨擾等共 6 項控罪，被裁定部份控罪罪成。4 月 24 日 9 名佔中人士最高被判 16 個月監禁，其餘刑期由社會服務令 8 個月不等。法官宣讀裁決時強調，公民抗命雖是香港認可的概念，但並非抗辯的理由。若有人相信在佔領行動後，政府會在一夜之間作出讓步，推出三人屬意的普選方案，是天真的想法，三人用了錯誤尺度去

衡量社會分裂的程度是否合乎比例，有關行動亦嚴重到超越《基本法》對和平集會的保障。

資深大律師的香港行政會議成員湯家驊認為：今次裁決對表達言論行動劃下界線，即言論自由不能凌駕一切。當言論自由損害到他人權利，或者危害國家安全或社會安寧時，已經不是一種自由，所以法官今次界定了今次的行為超越了言論自由的範圍，是得到合理的法律制裁。

紛擾香港 5 年之久的佔領中環運動最終落幕。遍體鱗傷的香港法制進入療傷期。

2. 法治不彰，暴亂不止

2016 年 2 月 8 日大年初一晚，香港普羅大眾正沉浸在傳統的新春佳節的放假中。然而，突如其來的旺角街頭暴亂，使祥和的節日氣氛戛然而止，空氣凝固充滿了暴戾，「嚴懲暴徒」的聲討聲替代了「恭喜發財」的拜年聲。

據香港媒體報道，當日深夜在旺角因無牌小販擺攤事件演變成騷亂。眾多蒙面人帶備盾牌、眼罩、木棍及頭盔等裝備，與防暴警察爆發推撞。他們不時衝擊警方防線，不斷拋出玻璃樽、花盆、垃圾桶及木棍等物品，警方多次發出警告，並持盾牌推進，又施放胡椒噴霧。有警察遭推撞及鐵枝毆打，也有蒙面人被警棍打倒。

電視和網絡視頻傳來了畫面：幾個勢單力薄的警察，被一夥蒙面人追打得節節敗退；數處火光，磚塊橫飛；一警察跌倒在地，棍棒、磚頭和垃圾桶接踵而來；一警察鳴槍示警，似乎稍稍推遲

了蒙面人衝擊的態勢；大批防暴警察聞風而至，許多人被捕，蒙面人作鳥獸散。

　　暴亂導致近 90 名警察及數名記者受傷。警方至今已拘捕 54 人，包括 47 男 7 女，介乎 15 至 70 歲，涉嫌非法集結和襲警等。從時間、地點、裝備、現場組織、行動路線等可以得出結論，這是一場有目的、有計劃、有組織、有分工的政治暴亂。香港警方表示，強烈譴責暴徒行為，並強調有能力、有信心處理任何違法行為。2 月 11 日，37 名疑犯被以「暴動罪」起訴。

　　長期以來，法制是香港的核心價值。尊法、懂法、守法，是絕大多數香港人的行為準則。香港的平民百姓和警察等執法人員之間的互動大多為良性。然而，香港的暴力抗法，冰凍三尺非一日之寒。法治不彰，並非在短期內形成。香港「佔中」運動持續 79 天，以「真普選」的政治要求抗拒法律法規，催生了暴力抗法。衝擊警察防線，撞擊立法會大門，襲擊執法人員，肆意破壞公物。「佔中」運動後，以「反水貨」為名，侵犯遊客和港人的私人財物和人身自由權利。高舉「捍衛學術自由、堅守院校自主」的旗幟，在港大副校長任命等決策過程中，違反議事規則，包圍和衝擊會議室，撞傷與會者。因反對校務委員會主席的任命，衝擊港大校務委員會會議，港大校長身臨其境感到生命受到威脅。

　　「佔中」催生了本土主義和港獨勢力。涉嫌發動旺角暴亂的「本土民主前線」的暴力抗法主張是「以武制暴」。在此之前，該組織製造了「光復上水」、「光復屯門」、「光復元朗」等涉嫌歧視、侵犯人身自由的違法行動。

這次旺角暴亂，又一次試探香港法制的底線。因「佔中」起訴的大部份被告都判無罪或輕判，法庭充其量只輕判罰款或「社會服務令」，根本沒有起到懲戒的作用。

由於法治不彰，造成有法不依，執法不嚴，違法的政治事件層出不窮，社會動亂不止，社會安定受到嚴重挑戰。香港終於自食法治不彰釀成的惡果。

大年初一深夜在香港旺角街頭發生的暴亂，顯示了以政治要求為目的的有組織犯罪已經形成。法治是香港經濟社會發展的定海神針，是香港最為重要的核心競爭力，如果被破壞，不能有效的調節社會各個利益集團的利害衝突，導致香港經濟不振，法治不彰，人心對立，香港將徹底玩完。

3.「港獨」對香港法治的深遠破壞

「港獨」，即香港獨立運動，指追求脫離中華人民共和國，香港建立獨立主權國家的社會運動。

香港歷史上曾經出現過「港獨」運動。自第二次世界大戰後，因應英國逐漸撤出及放棄殖民地，香港總督楊慕琦奉英國政府之命於 1946 年推行香港政治制度改革，容許高度自治。

香港企業家馬文輝響應楊慕琦的「港人自治」方案，於 1953 年主導成立聯合國香港協會，推廣《聯合國》所主張的人權、平等、自決、自由、民主等普世價值原則。1963 年，商人馬文輝與多名香港知名人士建立了香港歷史第一個政黨「香港民主自治黨」，宗旨是「促進香港自治政府之實現；使香港能增進經濟、社會、和政治的民主化，俾保證全民獲得社會的正義；提高香港

香港競爭力的
興衰與改造

在英聯邦內成為一自治城邦」。

馬文輝因其關於香港自治運動和香港獨立運動的倡議與行動而被現今部份香港本土派人士視為「港獨之父」或「香港本土派始祖」。他們認為，真自由民主、真自治與香港獨立其實是「三位一體」。

2014 年 9 月 26 日至 12 月 15 日在香港發生「佔領中環」運動後，隨着向中央政府和特區政府爭取民主的希望幻滅，香港本土運動興起，本土、自決、獨立的聲音湧現。2016 年 3 月 28 日，香港民族黨成為第一個公開主張香港獨立的政黨。

2016 年 10 月 1 日即中華人民共和國 67 週年國慶日，早上多間大專校院被發現校內當眼處高掛一面紅底白字印上中英文「香港獨立」字眼的旗幟，宣傳港獨。掛上港獨直幡的學校包括香港大學、中文大學、科技大學、城市大學、浸會大學、理工大學、嶺南大學、樹仁大學、教育大學、公開大學、香港大學專業進修學院、恆生管理學院以及香港藝術學院。香港民族黨召集人指直幡由他們設計及提供，但沒派人進入院校，而是由 15 間院校學生自發掛出。這表明，「港獨」已經從言論變成行動，從議論變為鼓動。

2017 年 9 月新學年剛開始，香港中文大學等校園的「民主牆」等多處均懸掛及張貼大量寫有「拒絕沉淪，惟有獨立」、「香港獨立」、「HK INDEPENDENCE」等字眼的橫額及海報。

起於青萍之末的「港獨」主張，原以為只是某些對香港特區政府施政不滿的人士發洩情緒的表示，沒想到近年卻逐漸成為一

種社會力量。目前「港獨」主張正在受到強大的政治壓力的擠壓，能否止於草莽之間，還看香港各方勢力的博弈。「港獨」主張在理論上屬言論自由範疇，但在香港的政治現實中，宣揚「港獨」的人正在用行動強化主張，當然也正在被驅逐出議會和校園，被擯棄出政治圈。

香港特別行政區成立後的第六屆立法會選舉於 2016 年 9 月 4 日舉行，選出 70 位立法會議員，其中地區直選 35 席，功能界別 35 席。本屆選舉與以往最大的不同是，首次出現有參選人因資格審查不符規定而被褫奪參選權利。從選舉提名開始前，選舉管理委員會就發出通知，要求參選人在遞交表格時額外簽署一份聲明，表明參選人須擁護《基本法》的三個條文，即第 1 條、第 12 條及第 159(4) 條，內容分別為：香港是中國不可分離的部份；香港是中國一個享有高度自治權的地方行政區域，直轄於中央人民政府；《基本法》若有任何修改，均不得與中國對香港既定的基本方針政策相抵觸。聲明是一份確認書，簽署人一旦作虛假聲明須負刑責。

香港的本土派及泛民主派皆痛斥港府限制參選人的言論自由。本土派多個參選人於遞交提名表格後，收到選舉主任發出的電郵，要求他們回答對主張和推動香港獨立、香港建國及香港回歸英國的立場，以讓選舉主任決定提名是否有效。最終梁天琦回覆指不會繼續主張和推動香港獨立，鄭錦滿回覆指沒有打算通過今次選舉以參選人身份推動香港獨立或建國的主張，陳浩天以選舉主任無權審視參選人政見或作誓時是否真誠為由，拒絕回答該

問題。結果除鄭錦滿外，其他收到電郵的參選人都被選舉主任裁定提名無效。

這造成香港立法會選舉首次出現參選人在資格審查中，因政治主張、選舉政綱等不符合《基本法》而被褫奪資格，形成驅「港獨」主張人士於議會之外的態勢。

與此同時，連日來香港教育局不斷指令，支持香港獨立的教師須承擔相關責任和後果。教育局發言人指出，特區政府對「港獨」的立場非常明確，任何「港獨」主張或活動不應在校園出現。

教育局表示，教師應該引領學生準確認識《基本法》及「一國兩制」概念，清楚明白「港獨」不符合特區在《基本法》下的憲制及法律地位。如果教師在校內鼓吹「港獨」思想，須承擔相關責任和後果。任何教師鼓吹香港獨立有可能被取消其註冊教師資格。

教育局長吳克儉聯繫香港八所大學的校長，要求處理大學內的支持香港獨立的學生組織。吳局長還分別於政府總部約見全港辦學團體及家校組織，要求他們抵制中小學的香港獨立討論。香港教協亦發出類似指引，表示不贊成會員鼓吹香港獨立。同時，港府表明不歡迎台獨人士來港為政治組織站台。

香港末任總督彭定康於 2016 年 11 月 25 日公開抨擊港獨運動，認為港獨運動是博上報章頭條的嘩眾取寵，他表示自己完全支持香港追求民主，但指責港獨人士把這件事情當成兒戲：如果假裝認為追求民主應與港獨混為一談，那對他這樣的人而言就是一種虛偽，可恥和罔顧後果的行為。港獨不會實現，港獨運動會

淡化支持民主的力量。2017 年 9 月他再次訪港時，又重申港獨違反基本法。

2018 年 8 月 14 日，香港外國記者會邀請香港民族黨召集人陳浩天出席午餐會演講。中國外交部駐港公署表示，「港獨」勢力宣揚分裂國家活動，觸碰「一國兩制」底線，重申「堅決反對任何外部勢力為港獨分子提供散佈謬論的平台」。香港特首林鄭月娥指出，有機構仍以「港獨」、「香港獨立」或「Hong Kong Nationalism（香港民族主義）」為主題安排活動，感到非常可惜和遺憾，批評有關做法完全不合適。

言論自由是香港人的核心價值。「港獨」主張在理論上屬於言論自由的範疇，然而，任何言論自由都是相對的，沒有絕對的。例如，在美國，你不能宣揚種族歧視；在歐洲，你不能鼓吹納粹主義；到泰國，你不能言語攻擊泰皇；去阿拉伯國家，你不能文字褻瀆真主。

許多港人以在英國宣揚各地獨立的人都能夠擔任國會議員為例，認為在香港鼓吹「港獨」也可以競選立法會議員。然而忽略了一點，英國的全稱是大不列顛及北愛爾蘭聯合王國，歷史上是由大不列顛島上的英格蘭、蘇格蘭、威爾士以及愛爾蘭島東北部的北愛爾蘭共同組成了一個聯邦制國家。幾百年來，要求獨立的呼聲和爭鬥不斷，有和平的，也有武力的，但都沒有成事。而香港，在有文字記載以來，就是中國南方一隅，從沒有獨立過，只有被殖民過，即在英國統治下 156 年的殖民地時期。

說實在的，在任何國家，言論自由的範圍與競選議員的資格

香港競爭力的
興衰與改造

是完全不一樣的。

在香港，言論自由並非是絕對的或無限的。《香港基本法》第 27 條雖然列明香港居民有言論自由，但同時第 23 條又指香港應「自行立法禁止任何叛國、分裂國家、煽動叛亂、顛覆中央人民政府……活動」。

《香港法例》第 383 章《香港人權法案條例》第 16 條第 9 款認為：「（意見和發表的自由）權利之行使，附有特別責任及義務，故得予以某種限制，但此種限制以經法律規定，且為下列各項所必要者為限：（甲）尊重他人權利或名譽；或（乙）保障國家安全或公共秩序，或公共衛生或風化。」這表明，言論自由不能侵犯他人權利或名譽，也不能侵害國家安全和公序良俗。

香港法律很早就有《誹謗條例》，以可能構成「誹謗」來對言論自由進行限制。例如：某些言論，如果貶低受害者在一般社會人士中的地位；令他們避開受害者；令公眾憎恨、蔑視或嘲笑受害者；或貶低受害者在其專業上或行業上之地位。而且，要決定某些行為或陳述是否會構成誹謗，並非由始作俑者（即被告人）去下定論，而應該由聽過或看過有關陳述的人，或以一般明事理的市民之角度，去決定這些行為或陳述是否構成誹謗。

香港律政司如果認為「港獨」主張較誹謗對香港造成的傷害更大，是可以發佈法律指引，進一步明確「港獨」主張或行為違反《香港基本法》的相關條文，予以限制。當然，主張「港獨」者也可以通過法律途徑爭取言論絕對自由的權利。

香港法制是不允許香港獨立的；然而，「港獨」言行勢必對

香港法制造成嚴重衝擊和深遠破壞，特別是當「港獨」言行打着思想自由、言論自由、出版自由、集會自由的時候。從此，如果真心維護香港法治，要保持香港的競爭優勢，就必須與「港獨」言行展開針鋒相對的毫不懈怠的鬥爭。

4. 執法者犯法就應從嚴懲處

2017 年初，香港區域法院判決「佔中」中毆打「公民黨」成員曾建超的七名警察襲擊造成身體傷害罪的罪名成立，並處兩年刑期，引起建制派的極大不滿，引發全社會的很大爭議。爭議的最大受害者是香港的法制。

建制派認為，香港的地區法院，採取了雙重標準。在「佔中」期間，曾建超襲警和拒捕被法院僅判五個星期的刑期，而在執行公務中的警察在被激怒狀態下使用了一定程度的暴力，卻被法院定罪判以兩年刑期。

建制派還舉例認為，不僅僅曾建超被輕判，另外還有四名衝擊立法會大樓，用鐵馬撞破立法會大樓的玻璃和大門，犯有非法集會和公開損毀公共財物的「佔中」分子，也得到了輕判。

建制派進一步比較，如果這種襲警行為發生在美國，被警察當場一頓暴打絕不奇怪，甚至被當場打爆頭的概率也不小，很少有美國人敢採取曾建超這種挑釁和襲警行為。要求特首梁振英行使《香港基本法》第 48 條第 12 款的憲法權力，赦免或減輕七警的刑罰。

這次重判七警引發香港全社會對香港法官秉公執法的懷疑。該案的主審法官杜大衛，是英籍法官。香港法院的外籍法官很多，

2016 年，香港行政長官任命 17 人為新一屆香港終審法院常任和非常任大法官，僅有兩人為中國香港籍，其餘均為外國籍或雙重國籍。

《香港基本法》中對香港終審法院和高等法院的首席法官的國籍規定為，「由在外國無居留權的香港特別行政區永久性居民中的中國公民擔任」，而對其他法官的國籍沒有限制。七警判決後陰謀論隨之而起：香港這幾年出現了那麼多「反中」行動，組織者和幕後指使者至今安然無恙，與香港法院的外籍法官從中作梗，脫不了干係。

在建制派的喊冤叫屈中，香港的部份社會輿論接受了以下認知：香港回歸中國 20 年後還讓一幫老外掌握着司法權，在政治上是不正確的。

香港經歷了 170 多年的風風雨雨而建立起來的法制大廈，是香港的核心價值，也是香港碩果僅存的核心競爭力。法治是建立在對香港法律制度以及對香港法院、法庭、法官的獨立審判完全信任和充滿信心的基礎上的。

泛民主派在「佔中」行動中的組織者和參與者認為，正義的行動可以凌駕在法制之上，「佔中」行動使香港法制遭到前所未有的破壞，至今尚未恢復。如今，建制派組織的社會輿論質疑和反對香港法院法官對七警執法違法的司法判決，這對香港法制的破壞與「佔中」行動異曲同工。

質疑大多數香港法官由外籍人士擔任，因此不能做出符合部份市民要求的公平判決，似乎有一點道理；假設大多數香港法官

由中國香港籍和中國內地籍法官擔任，全體香港市民是否對香港法制和法官判決更有信心？

法治的真諦是：法律面前人人平等，但執法者犯法則從嚴懲處。執法者違法如不嚴懲，對法制社會的傷害比一般民眾違法造成的傷害要大得多。七警事件的判決正是符合這一法律觀點。

「佔中」行動參與者的違法行為被法官輕判，不是七警執法犯法遭重判的參照物。執法者違法與一般民眾違法，其法律處罰的邏輯是完全不一樣的，不能簡單的用「法律面前人人平等」的法律原則來衡量。我們可以要求對違法的市民提高法律處罰的刑責，但不可以要求降低對執法者違法的法律處罰程度。

香港是連續 20 多年全球經濟自由度排名第一的城市，也是世界公認法治最健全的城市之一。香港的犯罪率不但比內地城市要低很多，即便同歐美發達國家相比也屬於偏低的。可以說，香港警察功不可沒。

警察是政府維護法紀嚴明執法的暴力工具，不是穿警服的稻草人，更不是夾在政府與民眾中間的受氣包。香港的「警械使用條例」賦予警察合法使用警械自衛的權力，並有嚴格的程序和規定，在執法中「如遭抗拒並有受突襲之虞時，得使用警械。」也就是說，警察在執法中可以合法的打人，打在明處；但不能違法打人，特別是違法在暗處打人。七警恰恰是在執法中在暗處毆打已被制服的違法者，因此受到法律的懲處，咎由自取，教訓深刻。

執法者犯法若不從嚴懲處，香港法治將是最大的受害者。

（二） 香港法治教育出現了偏差

1. 穿校服的中學生在「佔中」街頭演講

為甚麼香港回歸僅僅 20 年，被視為香港核心競爭力的法律制度和法治觀念被侵蝕的斑斑駁駁，搖搖欲墜，這令人痛心疾首，扼腕嘆息。

在「雨傘革命」期間，我到旺角街頭轉悠時發現一位身穿中學校服年方二八的女生站在帳篷前演講，她是那麼堅定和虔誠地訴說：我們今天站出來爭取真普選，是為我們的後代爭取權利！這一場景讓我震驚甚至驚恐，她小小年紀竟對選舉癡迷到如此地步！她堅定的認為，她後代的需求由她來爭取——雖然她今天還未成年！她的父輩當年為甚麼沒有為其爭取真普選的權力？爭取一人一票的真普選，真的是香港人的最高價值嗎？這一場景凝固在我的腦海裏難以忘懷。我目瞪口呆了很久，突然間悟出：香港的法治教育出了問題！他們受了蠱惑，可以在那麼短的時間裏，把溫文儒雅彬彬有禮說話輕聲細語略帶羞澀的香港中學生和大學生，變成充滿激情野性沒有邏輯理性的街頭戰士！他們的激情和戰鬥力，將對香港的法律制度和法治觀念形成雷霆萬鈞之勢，所向披靡！他們多麼像當年的紅衛兵，為了一個崇高的虛幻的理想，瘋狂的打砸搶，踐踏所有的法律和文明，幾乎摧毀了整個中華文明！

2. 認真檢視香港的法治教育

香港大學法律學院《法治教育計劃》中對「法治精神」的描述是：

法治精神是人們如何看法律在社會要達到的終極目的，也是人們願意遵守法律的原因。法治精神應不只是期望官員們及公民遵守法律，讓法律能維持社會秩序，公民對法律所賦予政府的權力，應能抱持批判的態度，支持以各種限權的機制去制約政府的權力，尤其是司法機關能獨立地審核政府的行為是否合法。公民亦會認同透過法律去追求公義是重要的，包括了保障程序公義、公民權利、政治權利、社會公義和公民參與。[38]

法治教育要這些心智尚未成熟，閱歷不深的中學生和大學生去「持批判的態度，支持以各種限權的機制去制約政府的權力，尤其是司法機關能獨立地審核政府的行為是否合法」。甚麼是「各種限權的機制」？既然是法律人，就應該加上「合法」二字！因為「佔領中環」、「衝擊政府大樓」、「衝擊立法會」、「堵塞交通」、「襲擊警察」等，這些都屬於違法「限權的機制」。如此在法治教育中解釋「法治精神」，可以說是故意教唆違法。

香港大學法律學院《法治教育計劃》中對「法治層次」的描述是：

> 層次 1：有法可依。這是法治的基礎。在人們生活的重要範疇都有法律規範，且這些法律條文能符合一些基本原則。
>
> 層次 2：有法必依。在這層次的法治，法律能維持社

38　香港大學法律學院：《法治教育計劃》，www.role.hku.hk。

香港競爭力的
興衰與改造

會秩序，公民普遍都願意遵守法律，及人們之間的紛爭能依法律程序以和平的方法解決。這層次最重要的要求是執政者公開表明依法施政的決心，法律是其最重要的管治工具。為了確保政府官員依法施政，執政者主要是依靠內部紀律機制和官員們本身的德行操守。

層次 3：以法限權。這層次對法治的目的，與第二層次相近，也是希望官員們有法必依，但由於有法必依缺乏有效的限權機制，故必須在執政者以外，由法律建立一系列的外在限權機制，包括由獨立的司法機構去制約行政權力，以使權力受到有效及充份的限制，防止權力被濫用。

層次 4：以法達義。有別於其餘三個層次的法治，此層次對法律本身的內容有實質的要求。保障不同的基本權利可視為實踐公義。因應公義的不同理解，法律所保障的權利，由程序的權利、公民權利、政治權利，社會及文化權利至公民參與的權利。[39]

法治的四個層次，非常分明：由層次一二而到層次三四，由淺入深，從低到高。使受教育者容易產生：重高深，輕低淺。然而，在一二層次中，只表明有法可依，有法必依，卻缺少了一個重要內容：違法必究，犯法必懲。這是法律上的重要對價關係。如果在闡述法治的層次中，沒有把法治維護社會秩序的基本功能說全

39　香港大學法律學院：《法治教育計劃》，www.role.hku.hk。

面，講明白，將造成初學者的疏忽，這不能不說是教法者的忽視和缺失。

在以法限權的第三層次中，只說明要「在執政者以外，由法律建立一系列的外在限權機制」，「由獨立的司法機構去制約行政權力」等，這給人造成司法權制約行政權的不完整認知，違背了三權分立，互相制約的政權組織形式和現代國家統治模式。

在以法達義的第四層次中，把「保障不同的基本權利」，即保障「程序的權利、公民權利、政治權利，社會及文化權利至公民參與的權利」「視為實踐公義」。以法達義的核心是實踐公義，這也是法治四個層次的核心，這似乎成了無所不能，包打天下的管治香港社會的靈丹妙藥，法律人成了包青天的形象，呼之欲出。而一般理解的追求法治上的公義是，法律面前人人平等。

對法治四個層次的描述中，第一層次是「有法可依」，主體是「人們」即泛指全體香港市民，第二層次是「有法必依」，主體是「執政者」和「政府官員」，第三層次是「以法限權」，主體是「獨立的司法機構」，即「執政者以外」的「外在限權機制」。第四層次是「以法達義」，沒有主體，但暗喻「公義」是主體，即能對「法律本身的內容」提出「實質的要求」的法學教授才是代表「公義」的真正主體。

「法治四個層次」的描述，顛覆了「以法治港」的傳統管理主義的法律觀點，這種「法治」的主體是政府，是手握行政管治權的特首和各級政府官員，治理對象是民眾，即「以法治民」。

「法治四個層次」的描述，推翻了「依法治港」的現代控權

主義的法律觀點，這種「法治」的主體是民眾，治理的對象是有可能濫用政府權力的執政者和政府官員，即「依法治吏」。

「法治四個層次」最終表達的核心觀點是：法治的解釋權和法治的最終行使權都應該體現在代表法治精神的法學大師身上。

香港大學法律學院《法治教育計劃》中對「法治精神」和「法治層次」的描述或定義，在文字上是有感染力的，能夠激起為社會公義嫉惡如仇而心地善良淳樸的莘莘學子，然而在內容是不全面的，有遺漏和缺失甚至以偏概全。特別是把法治精神與法律制度割裂開了。法律制度由明晰的法律條文組成，是法治社會的底線，任何人都不能逾越；法治精神，是法治社會的理想，各種觀念爭論碰撞，經常沒有形成統一的法治觀點。如果遇到涉世不深，心智單純的中學生、大學生，過早把他們擺到「公民抗命」、「公民不服從」等高大上的法治制高點上，蔑視現任政府、衝撞現行法律，我認為這是知法犯法、教唆違法的惡劣行為。

所以，香港大學法律學院《法治教育計劃》中對「法治精神」和「法治層次」的描述或定義，有嚴重缺失。煽動了一大批青年學生走上街頭，為了所謂的法治公義，公民抗命，破壞了香港的法律制度，破壞了個人自由不能妨礙他人自由的社會公義，以身試法最終受到法律的制裁。香港百多年來建立的法律制度和樹立的法治精神，是香港社會公平正義的最後防線，它像皇后的貞操不容被懷疑一樣，如果遭受懷疑和衝擊，是香港惡運的開始。

我突然感覺到，美國的大學法學院招生條件是正確的：美國大學的本科生學習各種專業，拿到本科學位證書後才可申請就讀

157

法學院的 J. D.（Judiciary Doctorate），它是美國學生法律專業的基礎學位，被錄取後才開始學習普通法的法律專業知識。按照美國教育體系的設計，J. D. 是本科之後的研究生階段教育；按照法律專業的設計，只相當於中國大學本科法律教育，教授最基本的美國法律知識。這表明，學習法律的人，今後要成為定人生死的法官或救人牢獄之災的律師，如果沒有一個非法律的專業背景和基礎，沒有一個非法律專業為視角和參照，小不利於法律職業和法律人生，大不利於依法治國。

主持制定和編撰香港大學法律學院《法治教育計劃》的一些法學教授，由於對法治的片面理解或曲解，使香港法治教育出現了偏差，忽略了公民遵紀守法和監督政府官員的教育，把重點放在公民抗命或公民不服從等許多在法界頗有爭議的法律原則和法學觀點，結果是破壞和動搖了香港法治的根基，可能為某些利益集團所利用。這是對香港核心競爭力的最大傷害。

總之，香港法治是香港碩果僅存的核心競爭優勢。回歸後，香港法治受到前所未有的挑戰。如果香港法治這一法寶最終被香港人自己親手毀壞，那真是自作孽不可活！

五、公務員的廉潔受到質疑

廉能，即清廉能幹，是外界評價香港公務員的特點，也是香港競爭優勢的體現。當香港公務員的廉潔受到質疑的時候，也是香港競爭力衰退的到來。

（一）香港勝在有權力制衡

當人們羨慕和讚揚香港公務員的清廉能幹時，當許多國家特別是中國內地的反貪機構要學習香港的反貪經驗時，2013年香港審計署報告揭發了香港廉政公署前專員湯顯明以「分拆賬單」及改作「宣傳費用」入賬手法，繞過申領酬酢開支規管指引，「超標」宴請中國內地官員。隨後，媒體又披露有市民向廉署作出有關貪污行為的投訴。

香港立法會的政府賬目委員會在5月18日舉行公開聆訊，向前專員查詢有關審計報告指廉署酬酢、饋贈及外訪開支等問題。由於前專員不配合，最終導致聆訊進行不到兩個小時被迫暫停。賬委會決定引用《權力及特權條例》正式傳召前專員必須出席下一次召開的聆訊。

2016年1月，香港律政司宣佈，由於沒有合理的定罪機會，決定不對前廉政專員涉嫌貪污腐敗案件提起公訴。

長期以來，港人對「香港勝在有ICAC」的口號耳熟能詳；市民視ICAC（香港廉政公署的英文簡稱）為香港廉潔的守護神，並且深信不疑。然而，前廉政專員的涉嫌違法，打破了ICAC廉潔自律的神話，許多市民感嘆，ICAC終究難免變質和淪陷。再一次驗證了阿克頓勳爵「權力導致腐敗，絕對權力導致絕對腐敗」的論述有先見之明。

制度保證才是根本。廉署專員在廉潔守法上被人詬病，使廉署蒙羞，使香港蒙羞，發人深省。廉署的口號，從過去的「香港

勝在有 ICAC」，到現在的「香港勝在有你和 ICAC」，似乎都沒有意識到，如要保持由廉署開創的香港清廉，不僅要依靠廉署和你我他的普通市民，更重要的是要依靠有制度保證的權力制衡和監督機制。

以為依靠個人或機構的威信和權力就能充份進行反貪防貪，實質上是追求「好皇帝」、「清官」、「包青天」的翻版。歷史又一次證明這是多麼的「不靠譜」。

香港「三權分立」的政治制度，使行政、司法、立法三大權力相互獨立、互相監督，再加上新聞媒體的第四權，保證了「權力制衡」。因為，任何權力，包括廉署的權力，一旦失去互相制約，也會出現腐敗。前廉政專員案例是個警示。

歷史充份表明，「權力制衡」才是反貪防貪的制度保證。這是當前世界上主要資本主義國家普遍採用的一種政治制度設計。如果一權獨大，或三權合作，或「政法委」協調，「權力制衡」的作用就將失效。中國內地的反貪越反越貪，病入膏肓，本質上是制度缺陷。

俗話說：「打鐵還要自身硬」，表達人們對掌握權力的人的個人素質的要求期待；然而，「廉潔要靠制度強」，表明對權力制衡的制度比潔身自愛的人品更重要。

媒體作用不可或缺。媒體在民主社會成為不可或缺的第四權。言論自由、新聞自由、公眾知情權、公平正義等普世價值，使媒體有可能在公民關注度上制約權力，監督行政、司法、立法三權可能出現的官官相護和利益交換。當今社會資訊發達，媒體

的觸角無孔不入，無所不及，所有公職人員的社會活動，事無巨細，暴露無遺。媒體實際上是公民監督和制約公權力的平台，彌補了其他權力在制衡時鞭長莫及的不足。當然，媒體在行使公眾知情權的同時，自己也在被其他權力制約。

經濟學的發軔是從人之初性本惡開始的。人的利己性，既是財富創造的動力，也是人間萬惡的源泉。媒體監督權力，是從制度層面上對人性惡的抑惡揚善。香港媒體對前廉政專員案例的相關資訊充份披露和公開，保證了公眾的知情權。這是香港「權力制衡」保持廉潔政府的一次洗禮。

權力制衡權力。法國偉大的啟蒙思想家、西方國家學說和法學理論奠基人孟德斯鳩說：「要防止濫用權力，就必須以權力約束權力。」

要防止類似案例的發生，除了進一步建立健全廉署內部的監督機制外，從根本上要以權力約束權力，使不同權力之間保持獨立，實現制衡，才有可能防止權力的傲慢和濫用。

香港律政司把對前專員進行刑事調查的權力交給廉署負責，也制定了相應的利益迴避規定，但從「權力制衡」的角度看，仍有瑕疵，有自己查自己的嫌疑，很難擺脫利益衝突，因此很難保證公平正義。

既然當年的廉政風暴是從香港廉署調查香港警察的貪污開始，最終建立起香港的清廉形象；如今也可以由香港警隊刑事調查前廉署專員，以此重塑香港的清廉形象，這是行政權內部兩個不同執法權力的制衡。或者由香港立法會組成特別委員會來進行

這一調查，這是以立法權來制衡行政權。

絕對權力導致絕對腐敗。必須以權力制衡權力。現實進一步告誡香港所有公僕，廉潔奉公是香港的普世價值，更是香港的核心競爭力，一旦受損或喪失，香港將沉淪，萬劫不復。

「權力導致腐敗，絕對權力導致絕對腐敗。」ICAC 也不例外。

「要防止濫用權力，就必須以權力制約權力。」ICAC 更不例外。

（二）香港前特首被判刑入獄的啟示

香港前特首曾蔭權於 2015 年 10 月 5 日被廉政公署落案起訴兩項公職人員行為失當罪，並於同日下午在東區裁判法院應訊。

控罪一是曾蔭權在擔任公職期間，在行政會議舉行會議商討及批准一家廣播有限公司提交的多項申請期間，沒有向行政會議申報或披露可能的關聯利益，特別是隱瞞與關聯人士的房屋租賃商議以及支付的相關款項。

控罪二是曾蔭權在擔任公職期間，當建議香港授勳及嘉獎制度的人選提名時，沒有向當時的行政長官辦公室常任秘書長、發展局和授勳及非官守太平紳士遴選委員會披露他與提名人選在相關物業租賃上的權益。

案件於 2017 年 1 月 3 日正式在香港高等法院審訊。2 月 20 日，法官指出曾蔭權被控告成立的「公職人員行為失當」罪名，可獲得緩刑機會不大，因此須要拘押等候判決。曾蔭權隨後被懲教署人員鎖上手銬從犯人欄押走，由囚車押送往荔枝角收押所等候判

刑。2月22日，法官批評曾蔭權違反對香港市民及中央政府的誠信，而且罪行嚴重，判處曾蔭權即時監禁20個月，不准緩刑。4月24日，高等法院上訴法庭批准曾蔭權以現金10萬港元保釋外出，但要交出旅遊證件及不准離開香港。2018年7月20日，高等法院上訴庭作出裁決，駁回上訴申請，但將刑期由20個月減至12個月，曾蔭權即時入獄繼續服刑。曾蔭權成為香港有史以來首個因為在任期間觸犯刑事罪行，而被判處入獄服刑的前任最高級政府官員。2019年5月曾蔭權在終審法院提出終極上訴，要求推翻其定罪，6月26日香港終院最終裁定他上訴得直，並撤銷其定罪及判刑，亦不作任何重審命令。曾蔭權雖逃過一劫，但聲譽掃地。

香港法律對公務員管理嚴格，甚至嚴苛。哪些地方不能去，哪些飯局不可以參加，哪些禮物不能收，都有詳細的規定，甚至因公出差乘坐飛機的里程積分都不能私用。曾蔭權是推銷員出身，後考入公務員，在政府機構浸淫了三四十年，逐級晉升至特區政府最高行政長官，理應謹小慎微，公私分明，不應在私德上遭此重創，差點犯下公職人員不該犯的大錯。法官在法庭上批評曾蔭權違反對香港市民及中央政府的誠信，罪行嚴重。

曾蔭權案例給我們的啟示是：

其一，任何政府高官不能雙重效忠。曾蔭權在1997年獲英女皇頒發大英帝國最優秀勳章的爵級司令勳章（Knight ／ Dame Commander，「KBE」），取得騎士爵位。2005年3月–2012年6月，曾蔭權通過行政長官補選和特首選舉當選香港特別行政區

行政長官。一僕二主，雙重效忠，利益衝突。英國的爵士是效忠英女皇和大英帝國的有功人士，香港特首要宣誓效忠《香港基本法》和中國香港特區，對中央政府和特區負責。

其二，政府高官如持打工心態，難以做好任內工作。曾蔭權的競選特首口號是：「我會做好呢份工」（粵語意思是「我會做好這份工作」）。香港回歸前，曾先生是港英政府的財政司，兢兢業業，奉公守法，做好這份工作，獲頒授英帝國爵級司令勳章（KBE），表明他對香港多年的貢獻。回歸後，曾先生繼續擔任特區政府的財政司長，2001年任政務司長，2005年任香港特首。可是他一反常態，大搞財政預算赤字。香港在回歸前的10個財年裏，有9個財年盈餘。回歸後的8個財年裏，港府的財政預算和結算（除1個財年外）基本上是赤字財政，違反了基本法第107條「香港特別行政區的財政預算以量入為出為原則，力求收支平衡，避免赤字，並與本地生產總值的增長率相適應」的規定。同一個人，回歸前後的差別如此之大！

其三，勿以惡小而為之。貪腐是積小惡為大惡，千里之堤毀於蟻穴。曾先生在廉潔操守上出現的瑕疵，主要是跟商界富豪過從甚密，讓人懷疑可能有利益輸送。例如，曾特首在2009年《施政報告》中提出，向全港住戶派發100元購買慳電膽現金券。由於曾先生的姻親售賣燈膽，因而惹來利益輸送之嫌。又如，曾先生的三弟媳婦在雷曼迷債中獲得賠償，較當局推出回購方案早4個月，被懷疑偷步。再如，曾先生乘坐富豪的私人飛機及豪華遊艇外出或返港，僅以經濟艙位或普通客位價錢支付代價，明顯行

為不當。更讓人質疑的是，曾先生退休後將租用深圳一個面積達6,000多平方尺的複式單位，是一位黃姓商人旗下的公司興建，將花幾百萬進行裝修，只收取回報極低的租金。同時，黃姓商人更是香港數碼廣播的主要股東兼董事，幾年前獲香港政府批出牌照，令人懷疑有利益衝突。

廉潔奉公是香港人普遍看重的核心價值。港人對官員的貪腐是零容忍，對可能的官商勾結非常警惕和敏感。

總之，公務員的廉能，是香港人引為自豪的核心競爭力。近年高官接二連三的因廉潔出事，讓人懷疑回歸後香港人還能否守住香港這個相對廉潔的城市不被污染？

六、購物天堂隕落了

購物天堂是香港旅遊業招攬遊客最生動的廣告詞。雖然「天堂」是具有宗教情懷的人的理想國度，可是香港在過去的30多年裏，以其物美價廉，待客熱情，交通方便，樹立了購物天堂的口碑，吸引全世界的遊客趨之若鶩。

2014年初，有香港立法會議員提出建議，向非香港居民的陸路旅客開徵每人100元的入境稅。認為旅客人數已超出本港承受能力，開徵入境稅可以遏止「水貨」活動，紓緩對市民日常生活和交通擠塞的影響。預計新稅項會令每年訪港旅客減少1,000萬人次，主要是一些不留宿的內地旅客。

時任特首梁振英強烈反對該建議，認為現時每天有10萬人次訪客經陸路來港，主要是內地人，同時每天有18萬人次的香

港居民進入內地工作、讀書，向來港旅客開徵入境稅不可行，因為難保內地也向港人徵收入境稅，香港不可以未富先驕。

香港旅遊業議會反對向非香港居民的陸路旅客開徵每人100元入境稅的建議，認為會損害香港的形象。

另有議員反建議，在邊境設置購物區，專賣受內地遊客歡迎的產品，這較徵收入境稅更好，還可減少對北區居民騷擾。

是否向陸路來港旅客開徵入境稅，引發香港朝野激烈爭議，公說公有理，婆說婆有理，莫衷一是。

有反對內地旅客來港的團體在尖沙咀發起「驅蝗行動」，他們手持港英旗幟與內地遊客發生衝突和對罵，又在廣東道的名店外高聲叫囂，更多次與支持內地居民赴港個人遊的團體互相挑釁及推撞。

向陸路來港遊客開徵入境稅的提議，其實迎合了特首的治港手段，與特區政府近年實行的暫緩深圳等地非戶籍民眾透過「一簽多行」到港旅遊，限制遊客購買奶粉，禁止「雙非」孕婦來港產子，非香港永久居民在港置業要額外支付買家印花稅等，異曲同工，都是加強政府管治，限制內地對香港的需求。令人費解的是，提出建議的「人民力量」議員一直是香港特區政府施政管治理念的「死對頭」、「絆腳石」，可是在針對和限制內地居民赴港需求上卻與香港政府心有靈犀，步調一致。

說實在的，對來港遊客開徵入境稅與香港是否「未富先驕」沒有半點關係。世界上一些國家和地區以及旅遊景點對遊客都是有限制的。例如，南亞的不丹，出於對自然環境的保護，對外國

香港競爭力的
興衰與改造

遊客有着特殊的規定，只能組團，不能自由行；不丹政府規定了比較昂貴的旅遊費用，限制了入境遊客的數量。再如，馬來西亞的沙巴旅遊勝地，為避免生態系統遭受破壞，當地政府正在研究限制入境遊客數量。又如，中國內地的許多熱門旅遊景點，採取提價、限制人數、減少開放時間和天數等限制旅客，使名勝古蹟可以維修保養，休養生息。

香港政府面對來自內地的龐大消費群體，其管治的理念和管治手段都欠缺明確，顯得落伍。為了迎合某些媒體和民意，採取管、卡、堵、限的辦法，沒有把巨大的需求看成巨大的商機，沒有按照市場經濟的規律，滿足需求，獲取巨大經濟效益。

相比之下，澳門旅遊業整體表現理想，2018 年澳門入境旅客超過 3,580 萬人次，同比上升 9.8%。內地旅客超過 2,500 萬人次，上升 13.8%，其中個人遊旅客超過 1,200 萬人次。澳門人滿足了旅客賭的需求，香港人卻無法滿足旅客購物的需求。港人當然可以站在道德高地，不屑澳門人「不怕你贏錢就怕你不來」的博彩經營之道，那就不要抱怨逐客自毀飯碗將相對貧困化的前景。

條條大路通羅馬。解決香港接待旅客容量的思路至少有三：

一讓亞當·斯密「看不見的手」來調節旅遊市場，用自由經濟的市場價格來調節人滿為患卻供不應求的旅遊商品和旅遊服務，而不是以保護某一消費群體採取限購、拒簽等人為措施。

二以凱恩斯「看得見的手」來管控旅遊市場，既政府主動調控市場，解決供求矛盾，以政府的意志，進行旅遊資源的配置，例如對旅客徵收入境費，限制購買某些緊俏商品。

三用馬克思「睿智的大腦」加列寧「鐵的手腕」來管制旅遊市場，即以計劃經濟的管治手段，只能組團，不能自由行，從旅客入境人數、在港天數、觀光地點、購物數量等，事先規定，照章行事。

任何思路都有利弊。須權衡利弊，兩利取其重，兩害取其輕，不可能魚與熊掌兼得。了解接待旅客容量是為了解決香港因自由行產生的問題和矛盾，這一問題和矛盾，已從旅遊業的事務問題逐漸演變成複雜的政治問題，成為一個多解的難以選擇的難題。

七、媒體的監督權力被削弱

(一) 媒體公信力下降

公信力是指對資訊或其來源可信度的主觀及客觀評價。傳統意義上的公信力包含有兩個基本要素：可信度和專業度。公信力是媒體的生命。職業操守是記者公信力的基石。

香港中文大學傳播與民意調查中心定期追蹤香港新聞傳媒的公信力，有關調查自 1997 年起至 2016 年已進行了七次。2016 年 8 月 15 至 25 日，該中心利用電話進行隨機抽樣調查，訪問了 907 名 18 歲或以上的市民，請他們分別對 29 個新聞傳媒機構作出評分，另有一條問題詢問整體新聞界的公信力。這次調查和歷次的方法及所採用的問題都一樣，結果可作縱向比較。最主要的發現是，在七次調查中這次傳媒公信力的分數最低，錄得最高的評分是在 2009 年，以後年份均下降。

六間電子媒體之中，無綫電視的分數和排名持續下跌，最新

評分為 5.88 分，排名包尾。香港電台依然穩守第一位，但評分下跌，而 NOW 新聞台及有線電視的評分就有所上升。

收費報紙的公信力評分亦創歷次新低，公信力最高為《南華早報》，其次是《經濟日報》及《明報》，但分數都下跌，惟《蘋果日報》的分數及排名逆流而上。

是次調查亦加入七間網上媒體，發現公信力評分均較其他各種傳媒中低，其中以《立場新聞》和《香港獨立媒體》評分最高。社交媒體的公信力評分比網上媒體更低，中大新聞與傳播學院教授、社會科學院副院長蘇鑰機表示，近年公信力偏低與新聞自由、自我審查、報業營運困難有關。他認為，收費報紙面對挑戰較多，網媒前景亦不明朗，「關鍵是其財政營運的可持續性」。[40]

傳統媒體公信力比新媒體、自媒體高。香港浸會大學傳理學院發佈的《香港媒體數碼發展報告 2018》發現，最信任的新聞資訊來源是傳統新聞機構，但比例只有三成多；其次為獨立式另類媒體，信任度有 17.9%；最後才是社交媒體，由個人分享或轉發的新聞資訊，信任度只有 5.9%。[41]

(二) 傳統媒體由盛轉衰

從政治學、社會學和新聞學的角度看，媒體是獨立運作於行政、立法、司法這「三權」之外、又能監督這「三權」的第四權。近 20 年來，以報刊雜誌電影電視廣播等為代表的傳統媒體式微，

40　維基百科：香港傳媒爭議，https://zh.wikipedia.org/zh-hans/。
41　浸大報告：https://hk.news.yahoo.com/。

取而代之的是以互聯網絡、自媒體、社交媒體為代表的新媒體。新媒體較老媒體具有的特點是：數字化、互動性、超文字、虛擬性、網絡化、類比性、自主性。新媒體方興未艾，有取代老媒體的趨勢。

回歸後，香港從外國引入了免費報紙模式，在地鐵站、寫字樓下、巴士旁、住宅樓下，街道邊，都有免費報紙可取，給香港的報業帶來翻天覆地的變化，也給收費報紙帶來巨大的經濟壓力。香港主流大報的銷路一路下滑，影響廣告收入，造成利潤萎縮，減薪裁員，很多資深媒體工作者被迫轉型。免費報紙由於銷量大，搶佔廣告份額，加上人手精悍，盈利不俗。但風光短暫，互聯網與社交媒體的普及，對紙媒的打擊雪上加霜。

網絡媒體特別是以手機媒體為代表的新媒體和自媒體如雨後春筍般的產生、成長、消亡，良莠不齊，各出奇謀，搶佔市場，難以監管。網絡媒體善於從主流媒體中摘取合適的資訊而加工，立場鮮明，觀點新穎，吸引大批讀者。讀者難以在短時間內辨別可信度高的媒體。

網絡、電視或手機媒體逐漸取代紙質媒體或廣播媒體，成為香港市民獲取資訊的重要甚至是主要媒介。香港浸會大學傳理學院發佈《香港媒體數碼發展報告2018》的資料表示，市民最經常透過電視接觸新聞資訊（84.7%），其次是電子版報紙（55.6%），第三位是社交媒體上來自他人的轉發，佔超過四成半。這份報告是在2018年6-7月透過電話訪問了1,000名市民。報告涵蓋香港87家媒體，包括40家傳統媒體及47家原生網絡媒體（指以網

香港競爭力的
興衰與改造

絡平台為首發產品，並以數碼平台為主要內容發佈途徑的新聞媒體）。[42]

（三）媒體的自我審查

媒體自我審查力度與新聞自由程度成反比。新聞自由程度越高，媒體自我審查越少。反之亦然。

2018 年 9 月 4 日，香港大學民意研究計劃以《新聞公報》形式發放「市民對香港新聞傳媒的評價及民情指數」：56% 認為香港新聞傳媒有自我審查，64% 被訪者認為香港新聞傳媒批評中央政府時有顧忌，50% 認為批評特區政府時有顧忌。此外以 0-10 分為標準，市民對香港新聞傳媒整體公信力的評分，最新數字為 5.89 分。[43]

美國國務院發表 2009 年人權報告，指出香港傳媒出現自我審查，更點名批評南華傳媒旗下的《君子》雜誌臨時抽起十六頁六四專題報道。人權報告評估香港形勢時指出，部份傳媒出現自我審查情況，當中大量傳媒機構老闆在中國有生意往來，令人懷疑傳媒在報道時，會顧及老闆的生意利益。

造成香港媒體監督權力被削弱的原因有很多，其一，有媒體外部環境的惡化。例如香港與內地的政治經濟社會聯繫日趨密切，內地對媒體的管控勢必影響和波及到香港，媒體商業利益的

42　〈香港媒體數碼發展　任重道遠〉，https://news.mingpao.com/。
43　港大民研發放市民對香港新聞傳媒的評價及民情指數，https://www.hkupop.hku.hk/chinese。

考量等，使香港媒體增加了自我審查的意識和動作。其二，也有媒體內部生態環境的變化。例如，新媒體逐漸取代老媒體，自媒體和網絡媒體的快速發展。

媒體的監督力與資訊的充份流通和對稱成正相關，一體兩面。媒體的天職是監督行政、立法和司法等三權，是第四種社會權力，有「無冕之王」的稱號，靠理想主義的情懷支撐。當一個社會的功利主義逐漸膨脹時，理想主義將被擠壓，媒體的監督權力將被削弱。這不是公民社會之福。

八、痞子文化開始流行

近十多年來，香港的傳統文化逐漸淡薄，痞子文化開始發軔和流行。

痞子文化生成的內在因素是個人的理念、價值觀、公德心、品行修養等文明程度的退化。痞子文化生成的外在因素有香港社會的競爭壓力與生存環境的窘迫，以及政府管治下的香港社會經濟政治生活等諸多不盡如人意，無法滿足或解決市民的普遍需求。

痞子文化表現在，以玩世不恭、不思進取、藐視權威、思想偏激、行事極端的言行對待社會上的人和事。一般形容那些語言滑溜、東拉西扯、鬼扯硬拗、睜眼講瞎話之徒。這些人對各種社會問題都特別能扯，沒事會扯成有事，小事會扯成大事，違法的事則扯成正義的事，不顧禮義廉恥而鬼扯胡扯。

痞子文化在香港的具體表現：

（一）中華文化越來越冷

以儒家文化為代表的中華文化，在香港越來越沒有市場價值，生存空間越來越小，傳承無力，幾乎成為冷門。香港是一個中華文化物質遺產和非物質遺產都十分稀缺的地方，雖然中華文化的碎片依然可見，但隨着時間和空間的推移，中華文化存在的形式和內容日趨弱化。特別是中華文化精神層面的精髓，例如，仁義禮智信，忠孝節勇和，溫良恭儉讓，天地君親師等，不論是精華還是糟粕，都逐漸淡出新一代香港人的視野和思想，已經逐漸離開香港年輕人關注的焦點。

（二）精英文化越來越淡

一方面，由於香港實行了「專才」、「優才」等吸引世界特別是中國內地人才的計劃，大量精英從世界各地湧入香港，使香港本地人才快速成長的通道變得窄小；另一方面，不少港人，從小在較富裕的環境裏成長，缺乏拼搏精神，缺少艱苦環境打拼奮鬥的磨練，寧願在寫字樓裏朝九晚五打一份工，不願意加班，不願意外出公幹，害怕吃苦，缺乏競爭意識，喪失競爭力。由於精英文化與競爭優勢是正相關關係，本地精英的減少直接導致競爭力的衰弱。

（三）法制文化越來越少

這是香港文化在近年被破壞最多的地方。個別立法會議員在立法會上言談舉止粗魯，使越來越多的香港人在公共場合衝撞香

港法律和秩序的底線。以爭取公眾利益為名，鼓吹公民抗命，行衝撞法治挑戰警權之實。例如：衝撞師長，佔領街頭，放肆襲警，爆衝立院，叫囂港獨，成為經典場景。

（四）商業文化越來越薄

香港是一個靠商業和轉口貿易立足的城市，可以說，沒有商業貿易就沒有香港。前些年掀起的「驅蝗」事件，對訪港遊客的無禮和騷擾，對奶粉等商品的轉口限制，使香港的自由港的功能大大降低。當香港人越來越熱衷於參與政治的時候，香港商業貿易以及經濟的衰退將不可避免成為趨勢，香港經濟的衰退將伴隨着香港競爭力的衰弱。

（五）多元文化越來越缺

香港是華洋混雜的開放城市，多元、包容、和睦、自由是香港的文化特色。近年由於政改爭論，親政府的建制派與反政府的民主派的之間的爭鬥，無所不在，撕裂民眾，破壞了和諧與包容。沒有相容並包的多元文化，香港無法吸引全世界一流的人才；沒有一流的人才，香港要保持競爭優勢和提升競爭力，只是一句空話。

（六）殖民地文化的陰魂越來越重

一些香港學者反思香港回歸 20 年後出現的困局，得出一個觀點：回歸後對殖民地文化的批判不力，即去殖民地化不力，導

致殖民地文化的陰魂不散，而且越來越重。特區政府施政管治重重阻力，步履維艱。回歸易幟後，宣揚舞照跳，馬照跑，一切照舊。好處是平穩過渡，不出亂子，國家不失面子；壞處是新瓶裝舊酒，沒有破舊立新。特區政府無法掙脫舊體制的桎梏，只能拘泥在舊有的模式中施政管治。一些反對派對特區政府施政不滿，舉着港英政府的旗幟上街遊行，招魂續魄。

林林總總，導致香港痞子文化流行，痞子文化將導致流氓文化，流氓文化將與暴民文化相連接，其直接後果是造成香港競爭力的急劇下降。

小結

香港競爭力遇到的挑戰表現為：

1. 創造財富的能力下降；

2. 經濟政策左右搖擺；

3. 法治受到前所未有的挑戰；

4. 公務員的廉潔受到質疑；

5. 「購物天堂」的隕落；

6. 媒體的監督權力被削弱；

7. 痞子文化開始流行。

第四章　香港競爭力改造

　　世界上沒有一種競爭優勢是永恆不變的；競爭力的
改造將長期伴隨着香港！

——作者

　　對任何事物的改造至少有三層意思：一是對原有的事物加以
修改或變更，使之適合需要；二是從根本上改變舊的，建立新的，
使之適應新的形勢和需要；三是另制、重制或另行選擇，使其適
合需要。

　　香港競爭力近 20 年來呈現衰退的趨勢，還有可能再而衰，
三而竭，如何改變這一趨勢？用甚麼方法來改變？

　　香港是成熟的資本主義社會，長久以來，形成了固有的價值
觀念、社會生態、生活模式，如果使用革命的方法，推倒重建或
重塑，這勢必要觸動社會的根基，重新洗牌勢必引起極大的混亂，
對社會生產力造成極大的破壞，這顯然不行，不是理性的作為。
如果採用改良的方法，對某些不適應現實社會的法例、習慣等加
以修改或調整，由於力度不大，刺激不夠，受現行體制的羈絆，
只能被動的頭痛醫頭腳痛醫腳，造成積久之痼，積重難返。如果
在革命和改良方法中間找出一種折中的方法，即改造的方法，對

某些局部——例如影響和制約香港競爭力的因素——加以積極主動有的放矢的改造，進而改變或扭轉香港競爭力衰退的趨勢。本章節的目的是探討這種方法的可能性。

一、觀念改造：一切改造之首

（一）對香港的資本主義的再認識

觀念的改造是一切改造之首。

毫無疑問，從 1841 年起香港實行了 156 年的資本主義制度，這是香港成為東方之珠的制度優勢，後來又成為香港的核心競爭優勢。1997 年中國收回香港，實行「一國兩制」，中央政府承諾，香港回歸後不實行內地的社會主義制度，而實行現行的資本主義制度並且五十年不變，即香港實行資本主義制度的法律期限到 2047 年。從 2019 年算起，還剩 28 年。擺在所有香港人面前的制度選擇，是沿用傳統的制度消極的走完香港資本主義的最後一里路，進入有中國特色的社會主義，還是充份利用香港實行資本主義的最後 28 年，與時俱進，改造香港資本主義制度中不適應歷史發展的部份，或者說，以大部份香港市民的福祉為目的，提升香港的競爭力，創造更多的社會財富。

如果是選擇後者，即改造香港的資本主義制度，提升香港的競爭力，為港人謀取更多的福利。這一改造的前提是，重新認識香港現行的資本主義制度。當務之急是要解放思想，改變傳統的思維慣性和思維模式，從一個新的角度來思考香港的優勢和劣勢以及機會和挑戰。

「一千個人眼中就有一千個哈姆雷特」，同樣，一千個人眼中也有一千種資本主義。卡爾·馬克思（Karl Marx）把資本主義認定是一種新的生產方式，馬克斯·韋伯（Max Weber）把資本主義看成是一種新的工作道德，撒母耳·菲力浦斯·亨廷頓（Samuel Phillips Huntington）把資本主義作為是一種新形式的國家政權與社會秩序，喬爾·莫基爾（Joel Mokyr）把資本主義當成是一個嶄新的信念和思想體系，迪爾德麗·麥克洛斯基（Deirdre N. McCloskey）把資本主義理解成是一種新的生活方式。而我把資本主義看成是集天使和魔鬼一身的精靈。

以下描述的是我體驗的香港的資本主義，即集天使和魔鬼一身的精靈。

1. 用馬克思的經濟學認識香港的資本主義

《香港基本法》第 5 條規定：「香港特別行政區不實行社會主義制度同政策，保持原有的資本主義制度和生活方式，五十年不變。」看來，《香港基本法》是把資本主義理解成為一種與社會主義制度相對立或者相對應的社會政權組織形式、社會秩序以及生產方式和生活方式。

由於卡爾·馬克思在中國內地被執政黨奉為圭臬，是建設具有中國特色社會主義的精神領袖，因此，馬克思研究資本主義的方法和理論對重新認識香港實行了 156 年再加上 50 年的資本主義制度尤為重要。

法國外貿銀行首席經濟學家派翠克·阿蒂斯於 2018 年 5 月 5 日在巴黎接受新華社記者採訪時也認為：「儘管隨着時代發

展，如今的西方社會在很多方面和 19 世紀的英國已非常不同，但是我們至今仍能在馬克思的思想中找到認識資本主義問題的答案。」[44]

以下試用馬克思主義的基本理論來重新認識香港目前實行的資本主義。

(1) 經濟基礎決定上層建築

香港回歸以後，沒有出現預期的理所當然的繁榮和穩定，香港社會最底層的絕對貧困人口和中下層的相對貧困人口的命運沒有根本改變。如果自娛自樂的陶醉在「一國兩制」在香港取得了新成就、新進步中，這違背了馬克思關於「經濟基礎決定上層建築，上層建築反作用於經濟基礎」的基本原理和中共十一屆三中全會以來貫徹的「實事求是」、「實踐是檢驗真理的唯一標準」的優良傳統。

為此，引用卡爾‧馬克思公開發表的第一部政治經濟學著作中的有關論述，來重溫馬克思主義政治經濟學關於經濟基礎決定上層建築，上層建築反作用於經濟基礎的重要觀點。這一重要觀點指導着中國革命和中國建設，同樣，也能夠對在香港貫徹落實《香港基本法》和「一國兩制」的基本國策，爭取實現香港繁榮穩定的根本目的，起到醍醐灌頂、提綱挈領的作用。

馬克思認為：「我的研究得出這樣一個結果：法的關係正像國家的形式一樣，既不能從它們本身來理解，也不能從所謂人類

44　訪法國外貿銀行首席經濟學家派翠克‧阿蒂斯，新華網，www.xinhuanet.com/2018-05/05/c_1122787560.htm。

精神的一般發展來理解；相反，它們根源於物質的生活關係，這種物質的生活關係的總和，黑格爾按照 18 世紀的英國人和法國人的先例，概括為『市民社會』，而對市民社會的解剖應該到政治經濟學中去尋求。」[45]

在香港貫徹落實《香港基本法》，實行「一國兩制」，如果只是從國家的憲法到香港的基本法，從國家到兩制，從法理到法條，以此來衡量香港的政治、經濟、社會、文化、生活的方方面面，檢視香港人的言行舉止，以此來區分愛國愛港，甄別敵我友，順我者富逆我者貧，這不能解決香港競爭力衰退問題，這也不是馬克思主義對待社會發展的認識論以及處理棘手問題的方法論。為甚麼呢？因為——

(2) 人們的社會存在決定人們的意識

馬克思指出：「人們在自己生活的社會生產中發生一定的、必然的、不以他們的意志為轉移的關係，即同他們的物質生產力的一定發展階段相適合的生產關係。這些生產關係的總和構成社會的經濟結構，即有法律的和政治的上層建築豎立其上並有一定的社會意識形式與之相適應的現實基礎。物質生活的生產方式制約着整個社會生活政治生活和精神生活的過程。不是人們的意識決定人們的存在，相反，是人們的社會存在決定人們的意識。」[46]

「社會存在決定社會意識」，這是馬克思主義認識論的精髓。

---

45 馬克思：《政治經濟學批判》序言，1859 年 6 月柏林敦克爾出版社出版，中文馬克思主義文庫，https://www.marxists.org/chinese/marx/06.htm。

46 同上。

香港競爭力的
興衰與改造

香港的大多數人是通過回歸前後自己的社會地位、財富狀況、生活水準等的好壞優劣，來評價中央和特區政府貫徹落實《香港基本法》和「一國兩制」在香港施政的好壞優劣。香港人的社會存在中，物質生活是最重要的，而影響物質生活最重要的因素是香港經濟發展。「春江水暖鴨先知」，香港經濟發展的好壞，生活在社會底層的人們感受的最為深刻。因此，香港人中的李嘉誠與在股市馬場中搏殺的小市民，住在籠屋裏的阿伯和在街上撿紙皮的拾荒阿婆，對《基本法》和「一國兩制」在香港實施的評價截然不同。

大數據揭示：1997 年至 2014 年的 17 年，香港 GDP 從 1.3 萬億港元增長到 2.3 萬億港元，增長 1.8 倍，1997 年至 2014 年，香港人均 GDP 從 21 萬港元增長到 31 萬港元，增長 1.5 倍。而同期李氏家族的淨資產從 709 億港元增長到 4,060 億港元，增長了 5.7 倍，是香港 GDP 增長的 3 倍，表明李氏家族財富增長的速度遠遠快於香港 GDP 的增長。

通過這些數字的比較，可以得出的結論是，回歸後，香港普通市民財富增長幅度低於香港社會總體財富增長幅度，僅是其 83%，更遠低於李氏家族財富增長幅度，只是其 26%。

長期以來，李嘉誠們對中央和香港特區政府貫徹落實《香港基本法》和「一國兩制」都是正面肯定有加，確實是真情實意。因為《香港基本法》和「一國兩制」保證和促進了他們的財富比回歸前更快速的增加，實現了私人財富的增長遠快於社會財富的增長。

籠屋阿伯和拾荒阿婆以及他們的後代發現，回歸20多年來，他們的居住環境和生活貧困狀況沒有得到根本性的改變，他們的子女想通過個人努力奮鬥向上進入中產階級的路徑越來越狹窄甚至堵塞，中產階級的人數增加和財富增長出現停滯倦怠的狀況。他們會很自然的把不滿的怨氣發洩到特區政府和特首以及香港富豪們身上，把對香港前途的渺茫歸結在《香港基本法》和「一國兩制」在香港的實施上，甚至打出港英政府的旗幟，招幡引魂。

　　在香港現行的資本主義制度下，香港回歸後出現了「窮者越窮富者越富」的馬太效應，財富迅速向一極集聚，貧富懸殊快速加大，社會矛盾日趨加深，各種名目的社會動盪此起彼伏。香港歷屆政府和歷任特首無一例外都遭到對現狀不滿的中下層市民和中產階級的反對，他們企圖通過一人一票的普選等絕對民主的方式來改變現狀，雖然絕對民主最終是走向民粹主義的毀滅之路，雖然絕對民主追求的福利主義是飲鴆止渴的毒藥。這時，打着絕對民主旗號的反對派，反政府、反特首、反建制、反富豪、反內地遊客、甚至反《香港基本法》和「一國兩制」，就有了一定的社會認同和群眾基礎。觀察香港「佔領中環」運動的參與群眾明顯呈現年輕化的趨勢。這是社會存在決定社會意識的具體真實反映。而這些散發悲觀消極的社會意識侵蝕和引起社會生產關係的惡化，最終導致——

　　(3) 生產關係制約了生產力的發展

　　馬克思認為：「社會的物質生產力發展到一定階段，便同它們一直在其中運動的現存生產關係或財產關係（這只是生產關

香港競爭力的
興衰與改造

係的法律用語）發生矛盾。於是這些關係便由生產力的發展形式變成生產力的桎梏。那時社會革命的時代就到來了。隨着經濟基礎的變更，全部龐大的上層建築也或慢或快地發生變革。在考察這些變革時，必須時刻把下面兩者區別開來：一種是生產的經濟條件方面所發生的物質的、可以用自然科學的精確性指明的變革，一種是人們藉以意識到這個衝突並力求把它克服的那些法律的、政治的、宗教的、藝術的或哲學的，簡言之，意識形態的形式。我們判斷一個人不能以他對自己的看法為根據，同樣，我們判斷這樣一個變革時代也不能以它的意識為根據；相反，這個意識必須從物質生活的矛盾中，從社會生產力和生產關係之間的現存衝突中去解釋。無論哪一個社會形態，在它所能容納的全部生產力發揮出來以前，是決不會滅亡的；而新的更高的生產關係，在它的物質存在條件在舊社會的胎胞裏成熟以前，是決不會出現的。」[47]

「生產力決定生產關係，生產關係對生產力有反作用。」這是馬克思主義的基本原理。香港目前的狀況是，貧富矛盾加劇，仇富心態和仇富言論與日俱增，社會處於不安定狀態，遑論奮力打拼的獅子山精神，更別談抓住商機創業創新，現行的生產關係嚴重制約了生產力的發展，當然也削弱了香港的競爭力，成為香港經濟社會發展緩慢甚至停滯的根本原因，當然也成為香港社會矛盾的深層次的原因。這樣，就能對越來越多的香港人捲入政治

47　馬克思：《政治經濟學批判》序言，1859 年 6 月柏林敦克爾出版社出版，中文馬克思主義文庫，https://www.marxists.org/chinese/marx/06.htm。

紛爭，無心發展經濟創業打拼有了另一角度的理解。

現在的問題是，等待着現行的生產關係與生產力的兩敗俱傷，還是充份利用資本主義制度的自我修復功能，調整生產關係與生產力的關係，調整經濟基礎與上層建築的關係。毫無疑義，香港不能坐以待斃，因為——

（4）問題和解決問題的方法同時產生

馬克思進一步展現其方法論的功力：「所以人類始終只提出自己能夠解決的任務，因為只要仔細考察就可以發現，任務本身，只有在解決它的物質條件已經存在或者至少是在生成過程中的時候，才會產生。大體説來，亞細亞的、古代的、封建的和現代資產階級的生產方式，可以看作是經濟的社會形態演進的幾個時代。資產階級的生產關係是社會生產過程的最後一個對抗形式，這裏所説的對抗，不是指個人的對抗，而是指從個人的社會生活條件中生長出來的對抗；但是，在資產階級社會的胎胞裏發展的生產力，同時又創造着解決這種對抗的物質條件。因此，人類社會的史前時期就以這種社會形態而告終。」[48]

馬克思主義的方法論明確告訴我們，問題和解決問題的方法同時產生。以此推斷，香港競爭力的衰退和解決衰退的方法也是同時產生。問題的關鍵是，是否真正找到了香港競爭力的衰退和解決衰退的方法。

如果説迄今為止解決香港問題的方法和效果不佳，我們不妨

48　馬克思：《政治經濟學批判》序言，1859 年 6 月，柏林敦克爾出版社出版，中文馬克思主義文庫，https://www.marxists.org/chinese/marx/06.htm。

香港競爭力的
興衰與改造

換一個角度，從認識論和方法論上反省，我們還沒有找到問題的核心和解決問題的正確方法。而馬克思在《政治經濟學批判》序言裏的這些論述，可以給我們新的啟發和靈感，去發現和解決香港競爭力衰退的問題，最終有效的貫徹落實《香港基本法》和「一國兩制」的國策，實現「維護國家的統一和領土完整，保持香港的繁榮和穩定」的根本目的。

用馬克思主義政治經濟學的基本原理剖析香港競爭力衰退問題，從資本盈利和收入分配角度來思考香港資本主義的問題，產生了新的認識：第一，香港競爭力的主體是全體香港市民，資本主義的制度優勢是香港競爭力構成的前提。這一制度優勢離開了香港這個地方和香港市民，產生不了香港的競爭力。第二，香港市民的社會存在即生存狀況，決定了香港競爭力的狀況。從香港競爭力衰退的趨勢，反證了香港市民生存狀況的惡化。第三，用「經濟基礎決定上層建築，上層建築對經濟基礎的反作用」的馬克思理論來剖析，香港競爭力中創造財富能力的下降影響到香港法治受到前所未有的挑戰，香港經濟政策的左右搖擺，反作用到「購物天堂」的隕落。第四，香港競爭力的衰退，導致香港的繁榮穩定沒有達到預期的目的。而要達到香港的繁榮穩定，必須從提高和改造香港競爭力入手，因為提高競爭力既是提高創造財富的能力。

馬克思認為從勞動力取得的剩餘價值是資本家的利潤來源，一方面勞工的利益將因為科技的進步而遭到貶低，另一方面即便經濟成長仍然會使得利潤率往後將會下降。社會所擁有的生產力

已經不能再促進資產階級文明和資產階級所有制關係的發展；相反，生產力已經強大到這種關係所不能適應的地步，它已經受到這種關係的阻礙；而它一着手克服這種障礙，就使整個資產階級社會陷入混亂，就使資產階級所有制的存在受到威脅。馬克思認為人類歷史發展的階段中階級鬥爭無法避免，而階級鬥爭本身就構成了人類歷史發展的推動力量。只有聯繫生產力發展以及由生產力決定的社會關係結構的變化，才能徹底解決階級鬥爭的問題。[49]

顯然，用馬克思的「生產力決定生產關係，生產關係對生產力有反作用」、「經濟基礎決定上層建築，上層建築反作用於經濟基礎」、「勞動力取得的剩餘價值是資本家的利潤來源」等理論來分析和解釋香港競爭力衰退的趨勢，無疑是正確的，是可以接受的。但是，如果用馬克思的階級鬥爭理論，以暴力革命推翻資本主義制度和消滅私有制來解決香港競爭力衰退的趨勢，無疑是不能接受的。因為香港早已放棄了階級鬥爭和暴力革命，走上了立法會選舉爭取權利的道路，更別說是違反《香港基本法》和「一國兩制」中在一國基礎上保留香港的資本主義制度的法治精神和法律條文。

2. 用熊彼特的創新經濟學改造香港競爭力

主張暴力革命消滅私有制實行國家計劃經濟的馬克思經濟學不可能在香港實行，主張放任自由的斯密的傳統經濟學和主張

49　卡爾·馬克思和弗里德里希·恩格斯：《共產黨宣言》，中文馬克思主義文庫，https://www.marxists.org/chinese/marx/01.htm。

政府干預的凱恩斯的現代經濟學都無法改變香港競爭力衰退的趨勢，熊彼特的創新經濟學應運而生。

約瑟夫・熊彼特（Joseph Alois Schumpeter，1883年2月8日—1950年1月8日），是有深遠影響的美籍奧地利政治經濟學家，一直任教於哈佛大學，其與同時代的凱恩斯，既惺惺相惜，也充斥不屑與論爭。1912年，他發表了《經濟發展理論》一書，提出了「創新」及其在經濟發展中的作用，創立了新的經濟發展理論，即經濟發展是創新的結果，被譽為「創新理論」的鼻祖。

熊彼特最常被後人引用的經濟學主張是「景氣循環」，也稱「商業週期」（Business cycle）。「創新」（Innovation），將生產要素重新排列組合為新的生產方式，以求提高工作效率、降低生產成本。在熊彼特的經濟模型中，創新是擺脫利潤遞減困境的生存之道，那些不能夠成功地重新組合生產要素的人會最先被市場淘汰。

熊彼特的「資本主義的創造性破壞」（The creative destruction of capitalism）理論描述的是，當經濟週期從巔峰循環到谷底時，許多企業家退出市場，而有一些企業家以「創新」求生存。這會使經濟週期從谷底提升，使生產效率提高，又會吸引新的競爭者投入，導致經濟週期從谷底回到巔峰，隨之利潤遞減又回到之前的狀態。技術創新的結果便可預期下一次的蕭條。熊彼特認為，資本主義的創造性與毀滅性同出此源。

熊彼特的創新理論寄厚望予企業家：

（1）企業家的本質是要不斷創新。（a）採用一種新產品或一

種產品的新特徵； (b) 採用一種新的生產方法； (c) 開闢一個新的市場； (d) 掌控原材料或半製成品的供應來源； (e) 實現或改造新的企業組織架構。

(2) **企業家是推動經濟發展的主體**。只有企業家不斷實現創新，「創造性的破壞」，推動經濟結構從內部進行革命性的破壞，生產要素實現重新組合，推動經濟發展。

(3) **創新的動力來自於企業家精神**。最突出的動機來自於「個人實現」的心理，即「企業家精神」。

(4) **成功的創新取決於企業家的素質**。企業家要不斷進行創新，首先要進行觀念更新，沒有觀念更新，無法進行企業創新。

(5) **信用制度是企業家實現創新的基本經濟條件**。信用是為以實現創新的企業家而創設的貨幣資本。[50]

熊彼特的創新經濟學的最大特點是：擱置和淡化斯密的自由放任和凱恩斯的政府干預以及馬克思的政府計劃，在資本主義制度不變的基礎上，激發企業家的創新精神和創新動力，這是一種符合並激發人的本性的創新致富的主動行為，這更符合香港人的工具理性或現實主義，更適應香港人的善於接受新生事物動手能力強的特性，理所當然的成為香港提升競爭力的理論基礎。

3. 用皮凱蒂的限制資本經濟學改造香港競爭力

如果說熊彼特的創新經濟學是力主通過激勵企業家創新來改造香港競爭力的話，那麼，皮凱蒂的限制資本經濟學——本人給

---

50 百度百科：約瑟夫·熊彼特，https://baike.baidu.com/item/。

香港競爭力的
興衰與改造

皮凱蒂經濟學貼的標籤——是通過在全球範圍內徵收資本累進稅來改造香港的競爭力，創造相對公平和平等的社會和市場環境，激發香港市民投入創造財富的競爭。

湯瑪斯‧皮凱蒂（Thomas Piketty），1971 年生於法國上塞納省，法國著名經濟學家，巴黎經濟學院教授，主要研究財富與收入不平等。

皮凱蒂通過分析大量的歷史資料，對過去 300 年來歐美國家的財富收入做了詳盡探索，認為近幾十年來，資本主義不平等現象不斷擴大的更加嚴重。在這樣的制度下，經濟的增長點不僅由創造的財富決定，還由繼承的財富決定。最富有的人不是因為勞動創造了財富，只是因為他們本來就富有，即富爸爸理論，人一出生下來就是不平等。從較長遠的歷史來看，資本回報率高於經濟增長率，貧富差距成為資本主義的寄生物。皮凱蒂從人生而平等的大原則出發，闡述財富不平等的不合理性，提出要徹底剷除經濟生活中的這種不平等現象，需要在全球範圍內對富人所擁有巨額資本徵收累進稅來保護民主社會裏人們的平等權利。這一理論將人權理論在經濟平等方面注入新的要素。

皮凱蒂的限制資本經濟學對經濟學的貢獻是，提出「資本主義的核心矛盾：r>g」，「即私人資本的收益率 r 可以在長期顯著高於收入和產出增長率 g」，「不等式 r>g 意味着過去的財富積累比產出和工資增長得要快。……企業家不可避免地漸漸變為食利者，越來越強勢地支配那些除了勞動能力以外一無所有的

人。」[51]

皮凱蒂的《21世紀資本論》與馬克思在19世紀完成的《資本論》都對資本主義的不公平不正義進行了強烈的抨擊。馬克思強調了資本主義剝奪工人剩餘勞動及剩餘價值的不合理性，主張以暴力革命消滅私有制和剝奪剝奪者，以社會主義和共產主義取而代之。而皮凱蒂也承認資本主義不公平的不合理性，認為這將對公正和公平的民主價值觀產生深刻而惡劣的影響，主張為維護社會的公平和平等，限制資本的利潤，需要在全球範圍內對富人徵收資本累進稅來保護民主社會。所以，兩人的最大差別是：馬克思對資本主義是革命性的，暴力推翻，建立社會主義和共產主義社會。皮凱蒂對資本主義是積極改造性的，以徵收資本稅等改造不合理的甚至是腐而不朽的資本主義，繼續在資本主義的道路上發展。

如果我們接受皮凱蒂通過稅收來限制資本不平等獲利的觀點的話，就應該改造香港的單一稅率，實行對資本增值徵收累進利得稅和對資產徵收資產稅，藉以縮小貧富日益擴大的差異。例如，對一定數量以上的資產徵收資產稅，對一定數量以上的資本收入徵收累進利得稅。

對資本增值徵收累進利得稅和對資產徵收資產稅的目的是縮小貧富差距，逐漸克服和改變仇富心態，增強個人競爭力。

香港通過稅收來限制資本不平等獲利的另一方面是大力扶

---

51 《21世紀資本論》，589-590頁，中信出版社，2014年9月第一版。

香港競爭力的
興衰與改造

貧。貧困是一個相對的概念。香港政府統計處在 2017 年公佈的香港 2016 年反映貧富收入差距的堅尼系數為 0.539，比 5 年前上升 0.002，創 45 年來新高。香港堅尼系數比美國華盛頓、芝加哥和洛杉磯等大城市高，意味香港的貧富懸殊差距比這些城市大。由於香港政府大幅度增加福利開支，使除稅及福利轉移後的堅尼系數比 5 年前下跌 0.002，最新數字為 0.473，自回歸來首次下跌。

香港樂施會的調查表明：香港的貧富差距 12 年擴大至 44 倍。回歸以來，香港政府沒有很好的解決香港的貧困人口問題，使之愈演愈烈。香港政府是世界上最富裕的政府，然而香港卻存在着世界上最醜陋的貧困面，例如籠屋、劏房、食不果腹的獨居老人等。香港政府的施政，要把解決最貧困人口的脫貧放在重要地位。香港應以新加坡為發展參照模式，爭取在可預見的期間內（例如 15 至 20 年）實現「居者有其屋」。在中短期以扶貧助困為主，解決「籠屋劏房」、「全民退休保障」等問題，關愛「未被納入社會安全網但經濟上又有困難的市民」。如能做到，功德無量。國家要督促香港特區政府花大力氣做好，這是爭取香港民心，增強施政信心的切入點。

當然，所有扶貧助困限富促進經濟社會發展的政策，都要內外有別。優惠政策向沒有雙重國籍的香港永久性居民傾斜。不能一方面享受中國香港特區政府的扶貧助困等優惠政策和福利，另一方面又不承認香港人也是中國人的現實，甚至做出反對香港特區政府和中國中央政府的事，卻拿出外國護照要求領事保護。

應用皮凱蒂的限制資本的經濟學，通過稅收限制資本不平等

獲利，可以激發香港人的競爭力，這與引入的熊彼特的創新經濟學，促進企業家創新提升香港競爭力，是相輔相成的。它可以在資本主義的體制內，擱置斯密和凱恩斯的信條，從一個新的角度嘗試提升或改造香港競爭力的路徑，它還可以在不改變資本主義體制的前提下，注入扶貧助困改善民生等社會主義的因素。

香港的資本主義制度，究竟採取甚麼樣的模式為適合？我認為以修改的北歐模式為好，即在香港現行的資本主義制度中加大社會主義的公平成份，在社會民主主義的北歐模式中加大資本主義競爭和激勵的成份。

北歐模式的基本理念是「公民有權分享平等的公共服務」、「我為人人、人人為我」。瑞典、丹麥等北歐國家，全民就業、全民養老金、全民醫療保險、全民免費教育，建立一套完整的社會福利體系，實現了經濟上的穩定發展和社會上的公正公平，避免了自由資本主義和壟斷資本主義造成的貧富懸殊的弊端。從歐盟統計局公佈的數字看，2004 年芬蘭人的稅收佔 GDP 的比例達是 43%，與丹麥、瑞典等北歐國家一起在世界名列前茅。瑞典人平均要拿出 60% 以上的收入交納各種稅費，2005 年瑞典稅收總額佔當年 GDP 的比重高達 52.1%。高稅收、高福利帶來的結果是社會收入差距較小、貧富差距縮小，社會平等感增強，芬蘭、瑞典都屬於世界上收入差距較小的國家。

資本主義幾百年來的發展歷史表明，經濟發展並不會自動帶來社會公平。社會公平不是財富積累到一定數量就自然實現的，它不僅需要文化傳統、民主制度、制度設計，更重要的是要不斷

香港競爭力的
興衰與改造

改造財富的分配體制。在分配中，一次分配，注重效率；二次分配，注重公平。高福利來自高稅收，取之於民，用之於民。實踐表明，高稅收積累了大量的公用資金，以支持社會的高福利。同時，高稅收制約了暴富階層的形成，越富繳稅越多，使貧富差距難以過大。

如果可以自由選擇，香港人應該選擇北歐模式的資本主義，莊嚴體面的生活在「東方之珠」。當然，在有全民共識的基礎上，可以將香港改造成為北歐模式的資本主義。

(二) 對香港普世價值的再認識

香港文化中有中國文化的傳統價值，例如：仁義禮智信、忠孝節勇和、溫良恭儉讓等。香港文化中又有西方文化的普世價值，例如：自由、公平、平等、民主、法制等。

2004 年 6 月 7 日，近 300 位來自香港 42 個不同專業、學術界人士在報刊聯署《香港核心價值宣言》，列舉香港的核心價值是「自由民主、人權法治、公平公義、和平仁愛、誠信透明、多元包容、尊重個人和恪守專業」。可以發現，香港的核心價值更偏向於西方文化的普世價值，缺少中國文化的傳統價值取向。

在討論香港競爭力的成因、興衰和改造時，近現代西方文化的普世價值顯然對香港的影響是正向的、巨大的。特別是在進行香港競爭力改造時，不能忽略近現代西方文化的普世價值對香港潛移默化的影響和改造。而對普世價值的再認識是觀念改造的前提。

1. 對民主的再認識

民主是香港的普世價值，在香港成為奢侈品。民主，是一個20多年來讓許多香港人熱血沸騰的字眼、目標、時尚、圖騰⋯⋯；是香港人耳熟能詳愛不釋手樂此不疲的寶物，成為好像是空氣、水、食物等不可須臾離的東西。

民主，其基本定義是「人民的統治」，即「主權在民」。這是現代國家政治制度的基本架構和基本要素，表示國家權力由公民直接或間接行使。民主有時被稱為「多數的統治」，與專制統治、極權統治、獨裁統治等相對立。民主的形式有直接民主和間接（代意）民主以及其他的形式。民主的原則有選舉制、任期制、多數決定、自主投票、任期保障等。民主制度的程序和內容必須公開公平公正。民主是建立在公民意志平等自由的充份表達基礎上的。

國際上衡量一個國家或地區民主化程度的量化指標是民主指數（Democracy Index）。這是由《經濟學人》資訊社編制，解析世界上大多數國家或地區政權的民主程度的指數。該指數衡量了五個指標：政治參與、政府運作、選舉程序與多樣性、政治文化和公民自由。2018年在167個國家和地區的排名以及在五種政治制度中的歸類中，挪威、冰島和瑞典為前三甲，英國第14位，這些屬於完全民主；日本第22位，美國第25位，中國台灣第32位，印度第41位，新加坡第66位，中國香港第74位，這些屬於部份民主；泰國第107位，巴基斯坦第112位，這些屬於混合政權；中國第130位，俄羅斯第144位，阿聯酋第147位，沙烏

地阿拉伯第 159 位，朝鮮第 167 位，這些屬於專制政權。

香港的民主指數從 2008 年的 84 位上升至 2018 年的第 74 位。10 年升了 10 位。回歸前，香港的民主選舉從 1991 年的立法局地區直選議席開始，到 1995 年最後一屆立法局 20 個地區直選議席為止。回歸後，香港在 1998 年、2000 年、2004 年、2008 年、2012 年及 2016 年分別舉行了立法會選舉，2020 年將進行立法會議員的全面直選。有條件的普選特首的政改方案被立法會否決後，行政長官選舉仍維持在「小圈子」裏選舉。香港回歸後 20 多年來，各種選舉成了香港人日常生活的一部份，無論你喜不喜歡。使百多年香港沒有民主選舉的遺憾和飢渴得到一定程度的滿足。當然，還沒有得到最充份的滿足。

回顧和探討香港回歸後追求民主選舉的路程，在轟轟烈烈、震耳欲聾、激烈抗爭之後，我對香港民主的認識有了新的感悟和再認識。回歸 20 多年來，香港社會對絕對民主的追求一直放在至高無上的崇高地位，這與回歸前香港人對財富的執着追求一脈相承。許多觀察到這一變化的人百思不得其解：港英統治時期並沒有給香港人多少民主，大家都埋頭搵錢，平靜生活，不問政治。回歸後，卻幾乎是全民搞政治，人人拼選舉，社會鬧哄哄，不愁餓肚子。如果將其理解為矯枉過正或過猶不及，勉強可以接受。

民主是手段還是目的？回答是：如果把市民要求過好日子作為民主的目的，那民主就是手段。如果堅持把民主作為目的，一般有着高於民主的不可言語張揚的目的。英國知名經濟學家、政治哲學家弗里德里希·海耶克認為：「民主在本質上是一種手段，

一種保障國內和平和個人自由的實用的手段。」[52] 民主是一把雙刃劍，可以作為追求過好日子的單純和實用的手段，也可以作為實現偉大理想的目的，這樣可以有效的掩護和遮蓋爭取其他目的的企圖。

民主是絕對的還是相對的？回答是：民主是相對的，適用於公眾事務和公眾利益，並不適用於一切事物和一切利益。現代國家政治架構層面的民主與人類社會幾千年來形成的公序良俗有着根本區別。例如：在資本世界裏，資本為大，產權和所有權大的話事。在家族和家庭裏，家長和族長話事。在學校裏，校長話事。他們都不是民主選舉產生的。如果把民主推向絕對，即凡事需經民主決定，這就成了民粹。美國的間接選舉制度，英國的下議院才有的普選制度，都是相對的民主選舉制度。民粹主義的民主運動的結果，就像法國大革命一樣，成也羅伯斯庇爾，敗也羅伯斯庇爾。

民主是精神的還是物質的？回答是：民主既是精神的又是物質的。當民主是一種追求，它是一種文明象徵，民主是精神的；當肚子餓了，民主不能當飯吃，民主不是物質的。當民主成為一種制度，它可以滿足和實現一定的物質生活條件，可以使碗裏的飯更好吃，更豐盛。追求民主，也是追求更好的生活。這時，民主就從精神層面轉化為物質層面。

民主是永恆的還是階段的？回答是：人類社會從非民主社會

---

52 《通向奴役之路》，63頁，商務印書館，2018年9月第二版。

香港競爭力的
興衰與改造

走向民主社會經歷了漫長的歷史長河，是人類文明的進化發展。民主制度只是人類文明史的一個階段，並非是唯一階段或最高階段。民主制度也是從低級階段往高級階段發展。例如，民主制度中的普選是一個高級階段，是高度工業化或現代化的產物及福利，不可能在為解決溫飽的社會裏產生。因為，生存權比投票權更重要。這符合馬斯洛（Abraham Harold Maslow, 1908-1970）的需求層次理論，即人的需求是依次由較低層次到較高層次。追求民主肯定要比填飽肚子的需求層次更高。只有先滿足低層次需求後才能去追求較高層次的需求。

民主是好東西還是壞東西？回答是：民主不是一個東西，可以是一種理念，可以是一個價值標準，可以是一種社會監督機制，還可以是一種生活方式。適合是唯一評價標準。因人、因地、因時，沒有最好，只有適合。民主不能強加或強求。不適合的民主不是好民主，哪怕包裝得美輪美奐時尚無比。例如，一人一票的普選——這似乎是最高等級的民主選舉形式，只可能在有選舉資格的人——而不是資本、土地、財富、國家權力等——成為社會的昂貴或稀缺資源時，才可能順理成章水到渠成。

結論是：要好民主，不要壞民主。好民主與壞民主的評價標準是民生，是社會發展與社會進步，是文明程度的提高。

2. 對自由的再認識

自由，對香港人來說，是天生自有的，是幸福的，更是寶貴的。這是許多人喜歡香港的最大原因。世人常這樣評價香港：有自由，沒民主。美國傳統基金會和《華爾街日報》就營商自由及

197

貿易自由等 10 個範疇，評估了全球 179 個經濟體系，香港連續 20 多年被評為全球最自由的經濟體系。香港人以此為傲，這是香港的競爭優勢。

自由的定義很多，法國《人權宣言》對自由的定義是：「自由即有權做一切無害於他人的任何事情。」[53]

在二次世界大戰中，美國總統羅斯福在國情諮文中提出了著名的「四大自由」，即言論自由、宗教自由、免於匱乏的自由和免於恐懼的自由。[54]

聯合國《世界人權宣言》重申了這四大自由的精神：「人人享有言論和信仰自由並免予恐懼和匱乏」。[55]

我的自由觀。

除了教科書上千篇一律的有關自由的理論以外，每個人對自由的認識不盡相同，這與每個人的閱歷和經歷息息相關。我的自我定位是自由主義知識分子。我對自由的再認識是我在香港生活了 20 多年的總結，這就是：自由是我生命中的空氣、水和陽光。我的成長期間，經歷了太多不自由造成的困惑和壓抑，經歷了解放思想大討論帶來的短暫的歡欣鼓舞的自由。定居在香港後，才認真體會到自由是最符合人性，是對生命的珍重和大愛。自由是一種生活方式，是普世價值。人生一世，草木一秋。每個人在短暫的生命中奮力追求事業、財富、功名、幸福、輝煌等，體現人

53　《人權宣言》第 4 條，1789 年。
54　美利堅合眾國國情諮文，1941 年 1 月 6 日。
55　《世界人權宣言》。

香港競爭力的
興衰與改造

生的精彩和生命的價值，這無可厚非，這是社會進步的動力。香港提供了一個可充份張揚個性實現理想的平台。而對於大多數人來說，自由是一切發展的前提。

要維持自由的生活方式，首先要取得不可或缺的財務自由。財務自由是一種無需為生活而努力賺錢的狀態。這是一切自由的基礎。常言道：民以食為天、飽暖思淫慾、倉廩實而知禮節、衣食足而知榮辱、經濟基礎決定上層建築、社會存在決定社會意識等等，中西文化都把財務自由作為自由人存在的必要條件，財務自由更是思想自由、言論自由不可或缺的要件，這也是御用文人和獨立知識分子的最大區別。

財務自由的標準因人因地而異，有溫飽、小康、豪華、奢侈等不同層級和模式。對一般人來說，財務自由的標準是：小康，簡約生活，有立錐之地，不為稻粱謀，知足常樂。

財務自由是獲取其他自由的前提、手段和工具。沒有財務自由，人窮志短，為五斗米折腰。有了財務自由，可以做自己興趣的、擅長的、有意義的事情。實現財務自由是僥倖，實現不了財務自由是無奈，成為財富的奴隸是悲劇。

實現財務自由後追求的是難能可貴的思想自由。思想自由是自由的最高境界。思想自由是人權的基本組成部份，包括言論自由、出版自由、宗教自由等。思想自由要在溫飽、安全、寬鬆、多元、尊重的社會環境下才可能實現。思想自由是創造性思維、創意和創新的前提；沒有思想自由，就沒有創新和創造，就沒有科學和藝術。

思想自由是建立在人身自由、選擇自由之上的深層次自由。思想自由，體現在個人思想能夠擺脫社會、傳統、宗教、民族的傳統觀念、思維模式和基本理念的束縛，以自我的、獨立的眼光去觀察世界和事物，並在此基礎上進行思考和發現。

思想自由可望不可及，它成為許多人在香港生活的終極追求目標。它可能使人的思想天馬行空，不着邊際，但排除了世俗的糾纏和干擾，保持思想的前衛、活力和敏捷，以及對新生事物的好奇和思辨。

思想自由的重要表現形式是彌足珍貴的言論自由。在享受彌足珍貴的言論自由的同時，有兩條紅線不能觸碰。一條是道德的紅線，己所不欲勿施於人，己所欲也勿施於人。另一條是法律的紅線，任何言論自由不能觸犯誹謗和藐視法庭等法律。言論自由從來是相對的，沒有絕對的。任何媒體和媒體人都有各自的立場和風格。然而，可以在遵守相同的遊戲規則中享受多元、包容和良性競爭。

人類的各種自由都離不開其生存的外部條件，即不可多得的環境自由。在香港生活的越久，越感受到香港的環境自由不可多得。香港有青山綠水，安全的空氣、水和食物。香港的環境自由，從習以為常到突然發現不可多得。環境自由的對立面是環境壓抑。邊境關卡阻擋了霧霾、地溝油、污染水、偽劣假冒食品和商品的侵擾或毒害。

言論自由的相對性。

目睹越來越多內地城市的 GDP 超越香港，人們感慨香港的

競爭優勢在衰退。同時，感覺香港的自由在不斷受到侵蝕。但人們不會高呼「不自由毋寧死」，也不會成為匆匆過客，因為人們初衷畢竟是為了自由的生活而來到這裏，滿懷期待這座城市會越來越好。我們享受着自由帶來的愉悅，同時明白自由和法治是不可須臾分開的連體，共存共榮，還明白個人自由是建立在不妨礙他人自由的基礎上。「每個人的自由發展是一切人的自由發展的條件」(馬克思語)。

自由可分為由抽象自由和具象自由。抽象自由是由每一個具象自由組成的。與平民百姓聯繫最緊密的是言論自由，以及相關的集會自由、結社自由、學術自由、新聞自由、資訊自由、出版自由、思想自由、宗教自由、婚姻自由等，接下來是政治自由、公民自由、選舉自由、人身自由、出入境自由等，再接下來是經濟自由、貿易自由、買賣自由、交換自由、財務自由等。

具象自由，名目繁多，眼花繚亂。有的人，用盡一生只追求一種自由，矢志不渝；有的人，在不同階段追求不同的自由；還有的人，在追求自由時，像黑瞎子收苞米，摘一個掉一個。

一個人的自由，以不侵犯他人的自由為範圍，才是真自由。如果侵犯他人的自由，便是不自由 (英國自由主義政治思想家米勒語，John Strart Mill，1806-1873)。例如：在追求選舉自由、集會自由、遊行自由的時候，不能癱瘓道路交通，妨礙其他人使用道路的自由。因為，當侵犯了他人自由的時候，你的自由也消失了，因為，你要為此付出不自由的代價。

選擇不同自由的權力愈多，社會文明的程度愈高。選擇適合

自己的自由是人生自由的標誌。選擇自由是有代價的。身心自由的人是積極主動選擇自己最適合或最需要的自由，放棄或暫時擱置次需要的自由，甚至要為自由付出某些代價。有些代價微乎其微，有些代價非常昂貴。有詩曰：「生命誠可貴，愛情價更高，若為自由故，兩者皆可拋。」(匈牙利詩人裴多菲‧山陀爾 Petőfi Sándor 1823 年—1849 年)

選擇知法犯法、教唆違法或公民不服從，選擇暴力襲警、衝撞政府辦公大樓、衝破警察封鎖線，選擇在立法會議員就職宣誓時的加塞私貨，褻瀆莊嚴，……為了某些個人自由破壞了公眾自由，付出代價，無可厚非。個人自由的底線是不妨礙他人的自由和公眾自由。

「港獨」言論在理論上屬言論自由範疇，但在香港的政治現實中正在被驅逐出議會和校園。

此外，「港獨」行為，例如組織以「港獨」為目的的政黨、接受國外政黨或機構資助進行宣揚「港獨」的活動等，則是超越了言論自由的範疇，涉及到國家統一和國家安全的層面。這是任何主權國家都不能容忍的，就像「台獨」、加泰隆尼亞獨立運動等的結局那樣。

3. 對平等的再認識

對平等的論述耳熟能詳：

法律面前人人平等。(西元前 552 年的波斯人歐塔涅斯 Otanes)

王子犯法，與庶民同罪。(《史記》卷六十八，商君

列傳第八）

　　人皆生而平等，享有造物主賦予給他們的不可剝奪的權利，包括生命、自由和追求幸福的權利。（《美國獨立宣言》）

　　中華人民共和國公民在法律面前一律平等。（《中華人民共和國憲法》第 33 條第 2 項）

　　香港居民在法律面前一律平等。（《香港基本法》第 25 條）

　　所有的人在法律前平等，並有權受法律的平等保護，無所歧視。在這方面，法律應禁止任何歧視並保證所有的人得到平等的和有效的保護，以免受基於種族、膚色、性別、語言、宗教、政治或其他見解、國籍或社會出身、財產，出生或其他身份等任何理由的歧視。（《公民權利和政治權利國際公約》第 26 條，聯合國於 1966 年 12 月 16 日聯合國大會決議 2200A[XXI] 通過）

「法律面前，窮人含撚」。香港網友發現名人及有錢人犯法時會得到求情及輕判，但普通市民就動輒被重罰而有感説出的佳句，雖然文字不雅。

「法律面前一律平等」，是理想的狀態和追求的目標。在司法實踐中往往是，法律要麼向金錢傾斜，要麼向權力傾斜，很難做到真正的公平或平等。香港法庭和一切西方法庭都是抗辯式的法庭，辯方的抗辯能力靠金錢累積。

香港富豪和達官貴人與平民百姓的選票是一人一票、票票平等的，但在權力部門的運作下，利用同鄉會、校友會、同學會、專業協會等名目繁多的社團組織平台，以「愛國愛港愛鄉愛校愛會」等高大上的理由，將選票輸送給特定的候選人，造成實質上的不平等。權力和金錢的介入，平等成為選舉遊戲的幌子。

4. 對法治的再認識

對於香港來說，法治不可須臾離也。這是香港安身立命的定海神針，也是香港最重要的碩果僅存的競爭優勢。歷史上，法治被破壞，人治、王權或軍人干政是罪魁禍首；而在香港，法治被破壞，法律人是罪魁禍首。知法違法比法盲犯法具有更大的欺騙性和危害性。「公民不服從」、「惡法非法」等，是法律人玩弄法律破壞法治最理直氣壯的法律用語。如果沒有法治，人權、民主、自由、平等都會向絕對的方向走到自己的反面；沒有人權、民主、自由、平等，法治將走向專制。

外籍法官是香港法治歷史的積澱和見證。長期以來，香港人對外籍法官的信任度高於本地法官。外籍法官被視為是維護香港法治和司法獨立的象徵。而這個象徵意義在涉及各種法律訴訟中尤為重要。

香港市民對外籍法官的信任度源自外籍法官的廉潔度。香港歷史上有過貪官腐敗的年代，也有過官員清廉的時代，幾乎沒有聽說有外籍法官貪贓枉法的案例。

香港市民對外籍法官的信任度還來自於提防和厭惡中國傳統文化中的糟粕，例如人情世故、拜託關係、吃請送禮、「酒杯一

端，法律放寬，筷子一提，可以可以」等。

香港市民對外籍法官的信任度還源自香港的「司法獨立」在世界上的優異表現。例如，「世界經濟論壇」發表的《2018年度全球競爭力報告》中評定香港「司法獨立」是亞洲第一，全球第八。

香港法官以外籍法官為主體的現狀是基於基本法對法官國籍的規定。《香港基本法》第90條規定：「香港特別行政區終審法院和高等法院的首席法官，應由在外國無居留權的香港特別行政區永久性居民中的中國公民擔任。」第92條規定：「香港特別行政區的法官和其他司法人員，應根據其本人的司法和專業才能選用，並可從其他普通法適用地區聘用。」

由於終審法院法官的任命須徵得立法會同意，為了維護香港的司法獨立，立法會對司法人員的任命一直做橡皮圖章，在部份立法會議員中頗有微詞，引發關注。香港立法會前主席曾鈺成於2018年6月28日發表評論認為：對於《基本法》為甚麼要規定特區法院可以聘用外籍法官，有兩種不同的意見。一種意見是，不少內地學者及部份香港建制派人士認為，那只是迫於無奈的權宜之計：在起草《香港基本法》的年代，香港根本沒有足夠的非外籍資深法律界人士可以充當法官；因此，雖然《香港基本法》規定了特區的行政和立法機關要由香港永久性居民組成（第3條），且主要官員和大部份立法會議員必須是中國公民（第61及67條），卻不能以同樣的規定限制法官的任命。持這種意見的人認為，香港回歸已經超過20年，沒有理由仍要依靠外籍法

官審理案件。所以,外籍法官應該逐步減少,直至完全由本地的中國籍法官取代。

另一種意見卻認為,有其他普通法適用地區的法官加入香港的法院,特別是有國際威望的海外法官擔任終審法院非常任法官,有利於維持香港市民和國際社會對香港司法體系的信心,是香港司法制度賴以成功的關鍵因素。不少司法界和法律界人士,包括特區前任和現任兩位終審法院首席法官,都堅持這種看法;行政長官林鄭月娥亦表示,來自英國、澳洲及加拿大等其他普通法適用地區的法官加入終審法院,「彰顯了香港的司法獨立」。按照這條道理,特區法院有一定比例的外籍法官,是一國兩制下香港司法制度的重要特色,應該長期保留。

容許特區法院聘用外籍法官的政策,不僅寫進了《香港基本法》,而且載列於《中英聯合聲明》,屬於中國政府對香港的基本方針政策。

結論是:香港法治的存在並金剛不敗,體現在香港的司法獨立上。香港的司法獨立體現在外籍法官為主體的香港法官群體。外籍法官構成香港司法獨立的基石。香港司法獨立的特殊性,構成香港法治的核心競爭力;香港司法獨立的難以複製性,可成為中國內地依法治國的借鑒。

(三) 對香港傳統觀念的再認識

1. 對「愛國愛港」的再認識

香港回歸後,「愛國愛港」成為香港人使用頻率較高、耳熟

香港競爭力的
興衰與改造

能詳的政治語言，在不同的語境下有着完全不同的意涵。一是對愛祖國愛香港的正面表述；二是對功利色彩濃厚的忽然愛國者的諷刺。

香港回歸後，有相當一部份香港人不承認自己的中國人身份，因為他們是如假包換的英國籍華人。截至 1997 年 12 月 31 日止，香港共有約 350 萬英國屬土公民成為英國海外國民（英文：British National [Overseas]，簡稱 BN[O]），而有效的 BNO 護照則大約有 270 萬本。從 1997 年 4 月至 2006 年底，英國政府發出了 794,457 本 BNO 護照。雖然擁有 BNO 身份是英國國民，但沒有在英國本土的居留權、選舉權和被選舉權，僅是二等國民。簡言之，在香港 750 多萬居民中，有一半左右的人具有 BNO 身份，其中很多香港人不認同自己是中國人，甚至「身在曹營心在漢」，身歸容易心歸難。「愛國愛港」的宣傳引起的強烈反彈，可想而知。

根據中國的國籍法和八屆人大常委會第十九次會議的規定，中國只承認 BNO 護照為旅遊證件，所有中國血統的 BNO 身份者皆被視為中國公民。港人如持有 BNO 護照，同時又具有中國國籍，可申請香港特區護照。然而，英國政府不限制其國民擁有雙重國籍。

在和平年代，我們不能忘記那句修改後的羅蘭夫人的話：愛國愛港，香港多少罪惡，假汝之名以行！

2. 對「馬照跑，舞照跳」的再認識

「馬照跑，舞照跳」是香港回歸前後頻繁出現在香港媒體和

市民口中的詞彙。

香港回歸前，大部份港人對中國政府接管香港惶恐不安，憂心忡忡。當時鄧公用「馬照跑，舞照跳」，向香港社會大派定心丸，保證「香港實行一國兩制，港人治港，50 年不變」。這句話背後的官方語言是「維持香港資本主義社會的生活方式和自由經濟制度不變」。香港回歸 20 多年來，從社會制度角度上看似乎沒有太大變化，仍是實行資本主義制度，繼續奉行自由經濟，但香港經濟已漸漸走向下坡，競爭優勢慢慢失去，社會處於很不穩定的狀態。

回歸 20 年後，「馬照跑」沒變。賽馬依然是香港一道獨特的風景，依然是許多香港人日常生活的一部份，香港賽馬會仍是香港政府最大的稅收來源，也是香港最大的慈善機構。昔日由外資大班與社會名流聚集的香港馬會董事局，已漸成親中政要及政協委員人大代表的天下，這正是香港回歸後的政治縮影。

回歸 20 年後，「舞照跳」基本沒變。有變化的地方也非政治因素，而是經濟原因，由於香港經濟活動重心北移，消費群體北漂，香港許多舞廳倒閉或遷往澳門和內地，金碧輝煌夜夜輕歌曼舞的夜總會黯然失色，香港娛樂業衰退是必然的趨勢。「舞照跳」已演變成茶餐廳的「茶舞」或廣場舞照跳。

「昔人已乘黃鶴去，此地空餘黃鶴樓。」鄧公當年的「馬照跑，舞照跳」，寓意「香港資本主義社會和自由經濟制度不變」，寓意「香港除了易幟外一切不變」，信誓旦旦「一國兩制，港人治港，50 年不變」，早已面目全非。其實，世界上本來就沒有甚

香港競爭力的
興衰與改造

麼一成不變的事物。滄海桑田，變是絕對的，不變是相對的。關鍵是往好的方向還是往壞的方向變化。香港回歸 20 多年，社會經濟政治的方方面面，各個方面，往哪個方向變化，是好是壞，官方和民間的評價不一，見仁見智。至少香港競爭力，特別是核心競爭力，沒有變得更強，而是在衰退。香港競爭力改造迫在眉睫，希望能夠脫胎換骨，煥然一新，再建輝煌。

（四）對港澳兩個基本法的再認識

港澳兩個基本法即《中華人民共和國香港特別行政區基本法》（簡稱《香港基本法》）和《中華人民共和國澳門特別行政區基本法》（簡稱《澳門基本法》），是香港和澳門兩個特別行政區的憲制性文件，由全國人民代表大會根據《中華人民共和國憲法》制定通過，兩個基本法分別規定了香港和澳門兩個特別行政區實行的制度，確保國家對港澳的基本方針政策得以實施。香港和澳門特別行政區的制度和政策，包括社會制度、經濟制度、有關保障居民基本權利和自由的制度、行政管理、立法和司法方面的制度，以及有關政策，均以基本法的規定為依據。

1. 港澳兩個基本法同源同宗

《香港基本法》於 1990 年 4 月 4 日第七屆全國人民代表大會第三次會議通過，1990 年 4 月 4 日中華人民共和國主席令第 26 號公佈，自 1997 年 7 月 1 日起施行。《澳門基本法》於 1993 年 3 月 31 日第八屆全國人民代表大會第一次會議通過，1993 年 3 月 31 日中華人民共和國主席令第 3 號公佈，自 1999 年 12 月 20

日起實施。

港澳兩個基本法，從形式到內容以及從立法意圖到立法時間等大致相同，並且同源同宗，母法都源自國家憲法，都由全國人民代表大會表決通過，都由國家主席令公佈，都由特別行政區成立之日開始實施。

港澳兩個基本法的確立和實施，奠定了香港和澳門特別行政區政府依法行政的基本條件。為加強對港澳兩個特區的主權管轄，1978 年 8 月 13 日，中共中央成立中央港澳小組協助中央歸口掌管港澳工作，並成立辦事機構國務院港澳辦公室，這也是協助國務院總理辦理港澳事務的辦事機構。1993 年 3 月，更名為國務院港澳事務辦公室。

自從國家分別於 1997 年在香港和 1999 年在澳門行使主權，國務院分別在香港和澳門特別行政區成立中央人民政府的代表機構，即駐香港特別行政區聯絡辦公室（簡稱香港中聯辦）和駐澳門特別行政區聯絡辦公室（簡稱澳門中聯辦），這是國家行使主權和行政管轄權的具體象徵和行為。

2. 港澳兩個基本法實施的效果大相徑庭

港澳兩個特區政府在依兩個基本法管治港澳事務中，都堅持一國兩制，港人治港，澳人治澳的基本原則，可是結果卻大相徑庭。總體評價是：20 多年來，《澳門基本法》在澳門順利實施，社會經濟文化健康發展，達到了繁榮穩定的既定目標。《香港基本法》在香港實行中遇到重挫，社會經濟文化發展緩慢，步履維艱，社會動盪不安，沒有達到繁榮穩定的預定目標。

請接受這些事實吧：在回歸的時候，澳門無論是 GDP 總量還是人均 GDP 都遠落後於香港。香港在回歸時的 GDP 領先澳門將近 30 倍，人均 GDP 領先澳門 1.8 倍。如今，澳門的 GDP 總量雖然還是不及香港，但已縮小至香港領先澳門 6 倍。而人均 GDP，2018 年澳門人均 GDP 已達到 92,609 美元，香港人均 GDP 是 48,700 美元，澳門是香港是的 1.9 倍。澳門徹底改變了經濟發展緩慢的趨勢，人均 GDP 大幅超過香港，進入世界前三的位置。

　　總結澳門回歸後經濟社會發展迅速的經驗，一個字：賭；兩個字：博彩；三個字：博彩業；四個字：賭權開放。澳門特別行政區政府創造性的實行了《澳門基本法》，回歸當年澳門政府財政收入只 169 億澳門元，經過 2002 年澳門賭權開放，引入競爭機制，吸收外資，大舉建設，短短幾年，澳門發生了根本性的巨大的變化。按博彩收入和顧客人數，澳門已是當之無愧的世界四大賭城之首。澳門特區政府的財政稅收 90% 來自博彩稅，博彩稅的大幅增收使政府財力大幅增加。澳門政府統計暨普查局披露：2018 年澳門本地生產總值（當年價格）4,403 億澳門元，澳門特區政府總收入 1,342 億澳門元，其中博彩稅收 1,135 億澳門元，其他收入僅 206 億澳門元。

　　通過賭權開放和賭牌發放，澳門特區政府行政主導的力度相應加強，澳門特區政府財力大幅增加，可以大幅改善澳門的民生福利，解決澳門全體居民的住房、教育、醫療、就業、退休保障等社會實際問題，使澳門全體居民切實感受到回歸祖國後得到的實惠，完成了從身體到心靈的回歸。中央政府和澳門特區政府創

211

造性的工作，使依據《澳門基本法》第23條授權設立的《澳門維護國家安全法》在澳門立法會高票通過。《澳門基本法》在澳門得到成功落實，在國際上受到認可和尊重。

反觀香港，回歸後歷屆特區政府對香港經濟社會發展的路數是清楚的，制定的發展目標也是可行的，即重點解決香港居民住房和扶貧等民生問題，重點發展數碼港、科技園、中藥港、郵輪碼頭、西九文化區、明日大嶼等經濟文化科技創新項目。然而，回歸20多年來，香港社會圍繞貫徹落實《香港基本法》的風風雨雨從不間斷，釋法不斷，違法不斷，修法呼聲不斷，反對基本法不斷，社會動盪從未消停。幾乎所有關乎民生和經濟社會長遠發展的項目，一拖再拖，有的黃了，有的變味了，有的過時了，歲月蹉跎，一事無成。越來越多的香港民意和民心對《香港基本法》在香港的實行、香港特區政府的施政能力，從信任到懷疑再到失望。許多從中央各部委到各省市地縣涉及管轄聯絡香港事務的機構如過江之鯽，紛紛到香港與建制派在「愛國愛港」的同溫層裏杯觥交錯，抱團取暖，把內地的形式主義、官僚主義、享樂主義、功利主義、本本主義等陳規陋習，在香港發揚光大，《香港基本法》的「一國兩制，港人治港」原則，早就變味、變調了。

3. 對港澳兩個基本法的再認識

（1）港澳兩個基本法是香港和澳門兩個特別行政區的憲制性文件，同源同宗。兩個基本法的執行不是順理成章，水到渠成的容易之事。而是要花大力氣，排除一切干擾，才能成事。20年來，兩個基本法執行的結果大不一樣，這不是哪個基本法的好與壞，

而是執行者的對與錯。

（2）《香港基本法》的執行者，沒有創造性的執行基本法，把太多的精力耗費在沒完沒了的選舉事務上，沒有像《澳門基本法》的執行者那些，緊緊抓住澳門經濟政治社會發展的關鍵——博彩業。使傳統的博彩業老枝發新芽，成為世界賭城之最。澳門市民成為博彩業發展的最大受益者，要他們不支持基本法和特區政府施政，那是不可思議的事。

（3）《香港基本法》的執行者，要總結香港回歸 20 多年的經驗教訓，重新牢牢抓住香港經濟政治社會發展的關鍵——樓或住房的深層次問題，早日實現「居者有其屋」，徹底改變香港的貧困面，花大力氣解決香港的民生問題，使香港全體居民獲得回歸後的最大紅利，在行政主導的有效作為下，重拾香港市民的信任。不能以葉公好龍的狀態對待《香港基本法》，捧在手上叫「好法好法」，可是廣大市民沒有從中獲得應有的福利。只有早日實現「居者有其屋」，才能慢慢解開香港深層次問題的死結，走出困境，重新上路。

對港澳兩個基本法的再認識，就是總結經驗教訓，與時俱進，重新出發。

二、民生改造：面朝大海，居屋幢幢

民生改造是香港競爭力改造之根本；「居者有其屋」是民生改造的重中之重。

從明天起，做一個幸福的人

餵馬、劈柴，周遊世界

從明天起，關心糧食和蔬菜

我有一所房子，面朝大海，春暖花開⋯⋯。

　　這是中國詩人海子在自殺前兩個多月寫下的詩，詮釋了他對幸福的憧憬和理解：有一所面朝大海春暖花開的房子，關心糧食和蔬菜，餵馬劈柴周遊世界。他僅活了 25 歲，留下了淒美婉約的詩句。唯美的詩句可以度量出詩人的浪漫情懷與生活現實之間的距離。

　　住宅狹小，購房艱難的住房問題困擾香港人已有很長很長的時間了，甚至兩三代人。海子祈願：「我有一所房子，面朝大海，春暖花開」。這美好的畫面，更是眾多港人的心願。與海子同樣面朝大海的香港年輕人，很欣賞海子的詩情畫意和浪漫情懷，更需要有一所屬於自己的不一定很大的住房，可以生兒育女，安居樂業；住房不敢奢望面朝大海，如有一絲一縫的海景，已是心滿意足。可是這往往要付出一生的精力和積蓄。香港人不禁要問：僅靠關心糧食和蔬菜，只幹餵馬劈柴的活，還要周遊世界，如何擁有面朝大海的房子？海子用短暫生命點燃的幸福生活之火，早在現實的香港人心中被澆滅了。

　　香港居民在無經濟能力購買私家屋（即商品房）的情況下，一般可申請政府興建的公屋。香港政府房屋委員會告訴市民，目前一般申請者平均輪候公屋的時間為五年半。（輪候時間是以公屋

香港競爭力的
興衰與改造

申請登記日期開始計算，直至首次配屋為止，但不包括申請期間的任何凍結時段。例如申請人尚未符合居港年期規定；申請人正等待家庭成員來港團聚而要求暫緩申請；申請人在獄中服刑等。申請者的平均輪候時間，是指在過去 12 個月獲安置入住公屋的一般申請者的輪候時間平均數。）[56]

前特首梁振英在 2015 年的《施政報告》中提出：「本屆政府決意徹底改變土地長期供不應求的現狀。」這表明回歸以來港府土地政策的失敗，表明港人住房困難到了不解決難以平民怨的地步。然而，直到梁特首任期結束，香港建屋土地長期供不應求的現狀沒有改變。又食言了。

如果以逐漸擴大有房市民的比例作為解決住房問題的目標，加大房屋供應是符合經濟學的基本原理，同時，要使無房市民買得起房，對第一次置業的市民給予資助。因為，到 2011 年，香港的整體住宅樓價，已經超越 1997 年 10 月的高位，一般市民買不起，也等不到，只能望樓興嘆。

供求關係是經濟學研究的基本對象。調控需求是有作為的政府實現有效管理的基本手段。在香港這樣一個人口密度較大的國際城市，解決全體市民的住房需求，不僅是民生問題，更是民心問題；不僅是經濟問題，更是政治問題。房屋是用來住的，不是用來「炒」的。雖然完全市場經濟的城市，房地產炒買炒賣既是投資也是投機，但香港地少人多，土地資源匱乏，只能優先滿足

56　香港房屋署：公屋申請數目和平均輪候時間，https://www.housingauthority.gov.hk。

「居者有其屋」的有效需求。新加坡已經解決居民住房問題，其政策和經驗值得香港借鑒和推廣。

（一）歷屆政府舉步維艱

20多年來，香港特區政府在如何實現「居者有其屋」的居住正義的目標上，左右搖擺，忽冷忽熱，忽行忽停，拖至今日沒有解決問題。

董建華在特首任內提出每年建屋八萬五，十年內香港七成家庭可以自置居所，輪候租住公屋的平均時間是三年。1997年的亞洲金融風暴使這一計劃被迫中止。

曾蔭權擔任特首的七年期間，停止「居者有其屋」計劃，把公營房屋的建屋量及拍賣土地數量維持在低水準，造成土地供應短缺，樓價居高不下。直至2011年在中央政府提醒後，曾特首在同年施政報告中宣佈恢復「居者有其屋」計劃。房屋短缺問題引致許多香港年輕人對政府不滿，被認為是後來的「戀殖」、「佔領中環」、「港獨」等事件的一個主要原因。

梁振英在特首任內強調房屋問題是「重中之重」，計劃五年興建75,000個新公屋單位，即每年興建15,000個公屋單位；加上到2016-2017年度起的四年內，落成約17,000個居屋單位，再加上私人發展商建房，香港每年可提供公私營單位28,000-37,000個。這個數量，沒有比曾蔭權時期增加太多，也不及董建華時期85,000個建屋目標的一半。但香港樓價則繼續上升，反映香港私人住宅物業價格的中原城市領先指數，由2012年的115.78升至

2017 年的 144.91，升幅逾兩成。他任內公佈長遠房屋策略，指十年建屋目標 48 萬個，但 2016 年已修訂為 46 萬個，以覓地遇到阻力，縮減建屋規模。

現任特首林鄭月娥 2017 年 9 月推出「港人首置上車盤」的設想。同年 10 月發表的《施政報告》中透露，初步構思以地契條款，與發展商混合發展，對象是居滿 7 年、從未在港置業的人士，入息限額則為介乎居屋入息的上限的 1 至 1.3 倍之間。預計 2018 年底於觀塘安達臣道推行先導計劃，提供約 1,000 個單位。轉讓期的限制則可能比居屋更緊。然而，杯水車薪，供不應求。

歷屆政府解決香港的住房問題，困難重重，舉步維艱。

（二）沒有麵粉哪有麵包

孟子曰：「民之為道也，有恆產者有恆心，無恆產者無恆心。」（《孟子・滕文公上》）意思是讓百姓擁有穩定的產業和收入，從而安居樂業，社會穩定。這是長治久安的富民之策。

解決香港住房問題，缺的不是土地，缺的是可供發展用的土地。香港建屋的土地供應和社會對住房的需要出現嚴重的落差。要實現「居者有其屋」，必須提供可以滿足建屋需求的土地。沒有麵粉哪有麵包？問題是，如何解決建屋所需的土地。

長期以來，香港政府在規劃和尋找建屋所需土地上，真是千方百計，千辛萬苦，絞盡腦汁，殫精竭慮；然而，在香港只要涉及土地的私有產權，必然涉及漫長的討價還價和司法程序，社會要付出的時間成本與機會成本難以計算，無以復加。特區政府如

果用公權力強行收地，勢必引起的社會矛盾的激化與司法訴訟的耗時漫長。當然，如果可以大面積填海造島提供建屋土地，還可「倒逼」農地擁有者參與土地共用計劃，有利於現有的提供建屋土地的議價機制。

香港政府的眼光只停留在陸地上的小打小鬧，例如危樓拆建、舊區重建等。近年，特區政府偶爾弄出點動靜的是，要把新界的土地釋放出來滿足建屋需求，還提出維港以外填海、發展岩洞和善用棕地、農地等六項措施，可是受到各種利益集團的強烈反抗，要麼需付出巨額補償費用，要麼進行曠日持久的訴訟官司，較大型的土地開發項目舉步維艱。一屆政府任期五年，根本沒有時間耗在曠日持久的土地開發的博弈上。

唯一的出路：大面積填海造地，建設新型市鎮，爭取用 20 年時間，徹底解決香港人的住房難題。

（三）取之於海，用之於民

香港、新加坡和澳門都是海港城市，要實現「居者有其屋」都受到建屋土地不足的制約。

新加坡自上世紀 60 年代開始填海解決建屋土地，目前 710 平方公里國土面積中，近四分之一約 140 平方公里是填海得來。由於按照市民的實際收入制定房屋銷售價格，使新加坡幾乎全體居民實現了自有住房。目前新加坡社會安定，市民安居樂業，經濟發展超過香港，這不能不說與實現「居者有其屋」關係密切。因為，「有恆產者有恆心」。

香港競爭力的
興衰與改造

香港開埠迄今填海造地僅 68 平方公里，約佔香港土地面積的 6%，特別是回歸後更停止了為建設住宅的填海造地。據說是環保組織以破壞海港及生態環境為由，促使香港終審法院於 2004 年就《海港條例》作出澄清，即只有迫切的需要及沒有另一合理解決方法，才能夠在維港一帶填海。從此，香港建屋土地供應不足，只有約 50% 的居民能夠自置物業，近年還有下降趨勢。

　　上世紀 70 年代香港與新加坡幾乎同時實施「居者有其屋」的住房建設計劃，經過 40 年左右的發展，新加坡完勝，香港只有不到一半的人口住在自置物業。這是香港與新加坡在長期的競爭力較量中，最終敗北的經典案例。「地產霸權」，是香港人總結香港實現不了「居者有其屋」的原因而創造的一個專有詞組。

　　由於人口增加，樓價高升，帶動租金、人工成本攀升，阻滯了經濟發展，使香港社會發展陷入惡性循環，成為深層次矛盾。香港立法會發表《香港的社會流動》研究簡報指出，香港小型住宅均價在 2006 年至 2013 年期間累計上升 188%，而同期住戶每月收入中位數只增加 30%，置業困難讓香港基層市民無法向上流動。[57]

　　不誇張的說，2014 年香港發生的「佔中」事件和後來演變成的雨傘運動，如果將「真普選」等政治訴求和「居者有其屋」等經濟訴求相結合，參加運動的市民就會從一般的中學生大學生擴大到香港普通的中下層市民，參加的人數會更多，癱瘓香港的時

57　香港立法會《香港的社會流動》研究簡報，2015 年 1 月 12 日。

間也會更多，對香港造成的損失將會更大。

澳門在 20 世紀初的陸地面積僅 11.6 平方公里，百多年前開始填海造地，1999 年陸地面積達 23.8 平方公里。回歸後擴大到 32.8 平方公里，擴大近兩倍。在澳門回歸十五週年之際，國家向澳門送的大禮之一是，國家首次定出澳門水域管理範圍是 85 平方公里，意味着澳門可以繼續填海造地，促進澳門經濟社會的發展。

實事表明，大面積填海造地，取之於海，用之於民，是香港特區政府可以完全主導和控制的解決香港建屋所需土地的快而有效的方法。

（四）捧着金飯碗要飯的香港人

現代地球物理學測試到地球的年齡大約在 45 億年。中國周口店發現的北京猿人頭蓋骨使人們相信人類的祖先出現在 70 萬年以前。《聖經》上說，上帝允許人活到 120 歲。這些數字說明，個人的壽命相對於人類的壽命，人類的壽命相對於地球的壽命，都是瞬間。地球、人類和一個人這三者生命的比例是：45 億年：70 萬年：120 年。

然而，香港的一些環保主義者杞人憂天，站在地球面積 30% 的陸地一隅，反對人類向佔地球面積 70% 的海洋要生存空間，反對填海造地，還背上為地球壽命擔憂的重擔，最煽情的話是：中華白海豚少了！沙灘寄居蟹不見了！救救地球！特別是特區政府長期軟弱不作為，或作為不力，使建屋用地長期短缺，讓香港人

長期捧着金飯碗要飯，客觀上維護了「地產霸權」的長期利益，使劏房、籠屋等惡劣居住狀況於時間和空間上長期存在。以上「五個長期」表達出香港人對特區政府解決住房問題的長期不滿和長期憤怒。

新界農地本是香港中期土地供應的主要來源，由於徵用土地要按照土地市價補償，因此，港府施政的低效，將農地用於建屋用地的工作進展緩慢，遠水解不了近渴，淪為畫餅充飢。

俗話說：靠山吃山，靠海吃海。香港僅存的自然優勢是連綿的海岸和一望無際的大海，在對生態環境影響最小的情況下進行填海造地，不僅可走出住房難等民生困境，還可以創造出較好的經濟和社會價值。

與此同時，國家「一帶一路」的發展戰略正如火如荼，例如：為維護主權在南中國海填海造島，允許澳門填海造地發展多元經濟等。香港如不融入這一向海洋要生存空間的發展戰略，趁勢開發和利用海洋資源，突破經濟社會發展的瓶頸，仍然思想僵化，固步自封，作繭自縛，前景堪憂。

填海造地是目前香港解決建屋用地唯一的低成本路徑。香港曾躊躇滿志，要實現「居者有其屋」，然而蹉跎歲月，美好願景，早已夭折；耽誤了太多時間，現要重新出發。「居者有其屋」是衡量香港「繁榮穩定」的重要標誌和物質基礎；居住正義，改善民生，應是香港特區政府施政的重中之重。一個連「居者有其屋」的民生願景都實現不了的特區政府，別再奢談甚麼安居樂業，繁榮穩定！隨着時間的推移，「居者有其屋」不僅成為歷屆特區政

府和歷任特首取信於民的民生工程，而且成為中央政府對香港回歸承諾實行「一國兩制，繁榮穩定」的信用指標。

本屆特首林鄭月娥在 2018 年 10 月 10 日宣讀的任內第二份《施政報告》，提出多個土地供應計劃。其中，「明日大嶼願景」將跨越 20 年至 30 年，建造約 1,700 公頃的多個人工島，供 70 萬至 110 萬人居住，其中七成為公營房屋。研究和設計工作已經啟動，爭取首階段的填海工程於 2025 年展開。通過填海所得的土地儲備，可規劃用於興建 26 萬至 40 萬個住宅單位，預計首階段的住宅單位可在 2032 年入住。特區政府終於決定在香港海域填海造地，興建公屋，改善民生。

特區政府在 2019 年 3 月 19 日公佈了「明日大嶼」計劃的主要內容：總工程造價約 6,240 億港元，工程涉及發展區和交通運輸網絡兩部份，交椅洲 1,000 公頃人工島、欣澳和龍鼓灘填海，以及屯門沿海發展區的工程造價估算約 3,510 億港元；優先推展的主要幹道和鐵路建設工程造價估算則為 2,730 億港元。

香港測量師學會估算，交椅洲人工島上的私人住宅和商業發展土地收益約 9,740 億至 11,430 億港元。交椅洲人工島預計可提供 15 萬至 26 萬個單位，其中七成為公營房屋，包括出租和出售。交椅洲可發展成第三個核心商業區，提供 400 萬平方米商業樓面面積，創造約 20 萬個就業機會，每年可帶來約 1,410 億港元增加值，約為本地生產總值的 5%。

一些香港市民舉行遊行，要求政府取消計劃，認為特首的計劃將耗盡香港的財政儲備，也會進一步破壞香港的海洋生態。然

香港競爭力的
興衰與改造

而，香港政府是世界上最有錢的政府，截至 2018 年 3 月底，香港歷年財政儲備結餘為 10,920 億港元，另外房屋儲備金則達 788 億港元。特區政府有這麼多的財政儲備和結餘，就應該用在改善民生上，特別是用在改善香港市民的居住環境上。況且，並不是一次性拿出 6,240 億，每個財政年度大約所用 500 億左右，根本不會影響政府的財政運作。另外，填海造地破壞香港的海洋生態一說，也是危言聳聽，兩害取其輕，不值一駁。大多數的香港市民還是期待着這一計劃早日實現，滿足香港市民的住房需求，體現久違的居住正義。

香港回歸 21 年後，香港特區政府總算做了一件大幅度改善民生的大好事，雖然還是在紙上，但良好的開端，成功了一半。我們期待着在不久的將來，香港實現「居者有其屋」，面朝大海，居屋幢幢，春暖花開，安居樂業！

三、產業結構改造：現代服務經濟是發展方向

（一）現代服務經濟是香港經濟重新起飛的路徑

本世紀以來，香港經濟發展似乎進入了瓶頸，難以突圍。如果歸結於特區政府施政管治的無能為力，似乎有欠公允，因為除了易幟換帥外，所有的施政理念和公務員班底均繼承了前朝人馬。回歸前的香港，曾經創造出「亞洲四小龍」經濟發展的奇蹟。如果推諉給世界經濟的大環境，難以服眾，君不見近在咫尺的祖國內地，發展蓬勃，日新月異。

關鍵是，香港是否充份利用資本主義世界最自由經濟體的制

度優勢，充份應運香港世界第三大金融中心的資本優勢和金融資本的槓桿作用，掙脫香港房地產霸權的經濟壟斷，走上一條人無我有、人輕我重、人後我先的經濟發展之路，找到經濟發展具有香港核心競爭優勢的增長點。筆者以為，大力發展香港的現代服務經濟，實現香港產業結構的改造，這是香港經濟重新起飛的路徑。

現代服務經濟的概念源自服務經濟。服務經濟（Service Economy）又稱第三產業經濟，相對於第一產業的農業經濟、第二產業的工業經濟。服務經濟是以人力資本為主要生產要素和科技進步為重要輔助手段而形成的經濟結構、增長模式和社會形態。服務經濟的增長主要取決於人口的數量和品質以及教育水準。

服務經濟源自於服務業。服務業的概念最早來源於「第三產業」的概念。1935 年，英國經濟學家埃倫·費希爾（Anen Fisher）在其所著的《安全與進步的衝突》一書中，最早提出「第三產業」概念，並用於產業結構的劃分，從而形成第一、第二、第三次產業的分類法。費希爾的「第三產業」泛指旅遊、娛樂、藝術、教育、科學、文化和政府活動等以提供非物質性產品為主的部門。[58]

1957 年，英國經濟學家科林·克拉克（CG Clark）繼承和發揚了費希爾的研究成果，豐富了費希爾第三產業概念的內涵，把

58　百度百科：費希爾，https://baike.baidu.com/item/。

香港競爭力的
興衰與改造

經濟結構明確地分為三大部門：即第一大部門以農業為主，包括畜牧業等；第二大部門包括製造業、採礦業等；第三大部門是服務業，包括商業、金融業、建築業、運輸業、通訊業、專業性服務以及個人生活服務、政府行政服務、律師事務服務和服務軍隊等。[59]

服務經濟又分傳統服務經濟和現代服務經濟。傳統服務經濟是為人們日常生活提供的各種服務，如商貿業、餐飲業、住宿業、旅遊業等。其特點是：勞動密集型的服務，就業者不需要很高的技術或知識，它所提供的服務主要滿足消費者的基本需求，具體包括倉儲、批發、零售業、餐飲、旅遊、家政服務、郵電業等。傳統服務經濟在香港已經是成熟的經濟發展模式。

現代服務經濟是依靠高新技術和現代管理方法、經營方式及組織形式發展起來的、主要為生產者提供中間投入的知識、技術、資訊密集型服務部門，其核心是為現代生產者服務，特別是為高級生產者服務，如金融服務、商務服務、政務服務、資訊技術與網絡通信服務、教育培訓服務、物流服務，以及一部份被新技術改造過的傳統服務等。現代服務經濟將是香港經濟發展的新增長點。[60]

隨着經濟的發展和服務業的結構優化與規模擴大，出現傳統服務業向現代服務業轉型和現代服務業提升傳統服務業的相互促進的局面。以金融、仲介、物流配送、資訊等為主的現代服務業

59　維基百科：克拉克大分類法，https://zh.wikipedia.org/zh/。

60　維基百科：服務經濟，https://wiki.mbalib.com/wiki/。

的發展，在優化產業結構和促進經濟增長的同時，其顯著的知識
創新特性和較高的技術與管理水準，也會促進傳統服務業的改造
和提升，實現跨越式發展。香港要在這一跨越發展中，當仁不
讓，蓄勢而發，引領潮流。

　　服務經濟的重要標誌是，服務業就業人數佔整個社會就業人
數的比重超過 60%。目前，世界上所有發達國家都已轉向到服務
經濟。根據世界貿易組織資料，2017 年香港是全球第七大商品輸
出地，也是全球第十五大服務輸出地。香港的服務業產值超過香
港 GDP 的 92%，同時約 85.3% 的就業人口從事服務業。服務業
的發展相對集中於進出口貿易、金融、旅遊業等行業，在東亞地
區可謂首屈一指。截至 2014 年的十年間，香港服務業的增加價
值平均每年增長 5.8%，快過同期本地生產總值 5.5% 的年增長。
因此，服務業產值佔 GDP 的比率由 2004 年的 90.5% 增至 2014
年的 92.7%。

　　在香港各主要服務行業中，以住宿及飲食服務業，金融及保
險業和地產、專業及商用服務業增長最快，增加價值的平均每年
增幅分別為 8.7%、8.1% 及 7.7%。以絕對價值計算，進出口貿易、
批發及零售業和公共行政、社會及個人服務業是眾多服務行業中
最大的行業，分別佔 2014 年 GDP 的 24.1% 及 17.2%。按國際標
準衡量，香港的服務輸出總值對 GDP 的比率甚高，2015 年香港
的服務輸出總值達 1359 億美元，佔本地生產總值的 43.9%。香
港輸出的服務主要包括轉口商貿活動及其他與貿易相關的服務、
旅遊服務和運輸服務，分別佔 2015 年服務輸出總值的 27.2%、

26.4% 及 21.9%。同年，金融服務輸出佔服務輸出總值的 14%，保險服務及其他服務輸出佔 10.5%。整體來說，香港是服務淨輸出地，於 2015 年服務貿易的總盈餘達 732 億美元。按主要服務組別分析，轉口商貿活動及其他與貿易相關的服務盈餘最多，達 326 億美元，佔總盈餘的 44.5%；其次是金融服務，盈餘為 143 億美元，佔總盈餘的 19.5%；旅遊服務則排名第三，盈餘為 130 億美元，佔總盈餘的 17.7%。這顯示香港確實具備優越條件，成為區內主要的服務輸出地。[61]

充份發展現代服務經濟改造香港的核心競爭優勢。

1. 現代服務經濟以知識經濟為主體

它的發展加快了資金、資訊、人才、技術和貨物的流通，提高了經濟運行的效率，增強了創新能力，轉變了經濟發展模式。

2. 現代服務經濟是香港經濟成長的支柱

目前，發達國家的服務經濟對 GDP 和就業的貢獻主要是金融、保險、商務服務、房地產、專業服務和資訊服務等，這些服務屬於知識技術密集型的現代服務經濟，具有較高的生產率。香港現代服務經濟的發展正是服務經濟不斷深入的體現。

3. 現代服務經濟是推動香港產業結構改造的關鍵

隨着現代服務經濟成為服務經濟時代的支柱產業，產業結構向技術密集型的轉變，產品結構呈現高技術化和高附加值化，

61　香港政府一站通網站，www.gov.hk。

產業組織在現代服務經濟時代出現了全球化、網絡化、虛擬化、協作化的新趨勢。[62]

（二）提升科技創新服務能力

工欲善其事，必先利其器。提升科技創新服務能力，創造香港新的競爭力，是改造香港競爭力事半功倍的鑰匙。

在香港傳統的競爭力構成中，沒有科技競爭力；然而事到如今，科技競爭力必須擺上香港經濟發展的枱面。

1988 年 9 月，鄧小平在全國科學大會上提出了「科學技術是第一生產力」的著名論斷，將科學技術作為第一生產力，成為中國經濟 30 年快速發展的決定因素。香港競爭力的衰退，在很大程度上表現為科技創新能力不彰，表現為科技創新成果轉化為商品的能力不足。

香港曾經在中國的改革開放中起到了穿針引線的舉足輕重的作用。在當前香港對國家經濟貢獻式微的時候，國家對香港的作用仍念念不忘。2017 年 6 月，24 名在香港的中國科學院院士、中國工程院院士（在港兩院院士共有 35 人）給國家主席習近平寫信，表達了報效祖國的迫切願望和發展創新科技的巨大熱情，同時反映了四個問題：（1）國家科研項目經費過境香港使用；（2）科研儀器設備入境關稅優惠；（3）國家重點研發計劃對香港 16 個國家重點實驗室港澳夥伴實驗室的支持；（4）香港在內地設

---

62 維基百科：現代服務業，https://wiki.mbalib.com/wiki/。

香港競爭力的
興衰與改造

立的科研機構均享受支持科技創新的進口稅收政策。國家主席習近平對此作出重要指示：促進香港同內地加強科技合作，支持香港成為國際創新科技中心，支持香港科技界為建設科技強國，為實現中華民族偉大復興貢獻力量。國家有關部門積極協調，目前香港院士們提出的問題已得到解決。[63]

經國家領導人的點醒，香港的一個重大潛質被挖掘出來了。長期以來，從港英政府時代開始，香港用世界上最優渥的待遇，延攬世界上最優秀的人才，到香港的大學裏擔任教職和從事科學研究。造就了香港這個只有 1,000 多平方公里面積和 750 多萬人口的小地方，就有香港大學、香港科技大學、香港中文大學、香港城市大學、香港理工大學等進入世界大學排名百名內的大學，而同期中國內地進入世界大學排名百名內的大學僅有：清華大學、北京大學、浙江大學、復旦大學、上海交通大學、中國科學技術大學等。[64]

香港的大學教育在世界上享有很高的聲譽，孕育了多位諾貝爾獎、菲立茲獎以及沃爾夫獎等學術界最高成就獎得主，例如：諾貝爾物理學獎得主高錕，光纖之父，香港中文大學電子系創系主任、前香港中文大學校長。菲立茲獎和沃爾夫數學獎得主丘成桐，香港中文大學數學系講座教授。沃爾夫化學獎得主鄧青雲，香港科技大學高等研究院教授。

---

63 習近平對在港兩院院士來信作出重要指示，新華社，2018 年 5 月 14 日，http://www.gov.cn/xinwen/。

64 Quacquarelli Symonds（QS）2018 年世界大學排名。

香港是一個傳統的商業城市，長期以來房地產經濟主導與金融服務業相結合，造成了香港的三高：地價高、樓價高、人工高，實體經濟、勞動密集型產業和高新科技產業難以生存，幾乎轉移到內地；香港各大學的科研成果由於外部條件和內部機制不配套不支撐，難以就地轉化為商品，只能發表在世界知名專業期刊上或賣專利。

　　在世界上創新科研評價上，香港是落伍了。2017 年全球創新指數，在全球 127 個受訪的經濟體中，香港在「知識及技術輸出」和「創意輸出」兩方面皆位列第 25 位。《2016-2017 年全球競爭力報告》中，香港在「創新能力」及「科學家和工程師人才供應」方面，排名較低，分別位列第 27 位和第 43 位。[65]

　　從政府投入上看，香港政府的研發投入落後於鄰近地區及其他國家。香港科研投資總額在 2013 年約為 156 億港元，即 GDP 的 0.73%。

　　而同期，世界上其他國家的總研發支出佔 GDP 的百分比：以色列 4.2%，新加坡 2.1%，中國內地 2.1%，美國 2.8%，德國 2.9%，日本 3.5%，韓國 4.1%。香港的科研投入如此之低，如何提升科技競爭力？[66]

　　香港政府公共科研開支比例為本地生產總值的 0.4%，低於中國內地的 0.5%，以色列、美國的 0.7%，新加坡、韓國和日本

65　世界經濟論壇：2016-2017 年全球競爭力報告，https://cn.weforum.org/agenda/2016/09/。

66　經濟合作與發展組織，香港政府統計資料。新加坡資料為 2012 年，其他為 2013 年。

香港競爭力的
興衰與改造

的 0.8%，德國的 0.9%，瑞典的 1.0%。香港政府是世界上最有錢的政府之一，卻在公共科研投入上十分吝嗇，難以理解。[67]

為了在創新科技上奮起直追，香港政府在 2015 年成立創新及科技局，透過較高層的領導及優化創科產業的統籌工作，以制訂及推行全面的創科政策。創新及科技局在不同範疇定下優先發展的項目，包括：(1) 推動科研合作；(2) 鼓勵投資科技初創企業和推動使用本地科技產品和服務；(3) 研究建設智慧城市；(4) 發展香港成為 Wi-Fi 連通城市；(5) 壯大本港創科人才庫。

創新及科技局轄下設有兩個執行部門，即創新科技署和政府資訊科技總監辦公室，協助推行創科政策。前者推行促進創科發展的政策和措施，後者負責統領政府內外資訊及通訊科技的發展以及監督相關政策的實施。

為進一步支持香港科研人員深入參與國家科技計劃，有序擴大和深化內地與香港科技合作，2014 年，中央財政科技計劃管理改革啟動，港澳台科技合作專項納入國家重點研發計劃統籌整合。據統計，香港六所高校建設了 16 家國家重點實驗室夥伴實驗室，香港科技園設立了三家國家產業化基地，香港三所高校、香港應用技術研究院設立了六家國家工程技術研究中心香港分中心。十多年來，香港推薦項目獲得 30 餘項國家科學技術獎，其中包括一項國家自然科學一等獎和一項國家科技進步一等獎；

---

67 經濟合作與發展組織，香港政府統計資料，新加坡資料為 2012 年，其他為 2013 年。

2016 年度，有香港學者參與的國家重點研發計劃立項數達到 61 項，84 人次。國家有關科研部門將進一步推動香港建設成為國家級科技創新中心，充份發揮香港在資訊流通、科研基礎、市場觸覺、服務業、知識產權等優勢，積極擴大香港創科人才庫建設，推動香港與世界最頂尖的科研機構加強合作，鼓勵吸引國際頂尖科研機構。[68]

香港創新及科技局於 2018 年啟動 5 億港元的「科技專才培育計劃」，訓練和滙聚更多科技人才，鼓勵他們在創新和科研方面發展，把香港打造成為國際創新科技中心。為了讓香港在創科路上急起直追，香港政府在研發資源、滙聚人才、提供資金、科研基建、檢視法例、開放資料、政府採購和科普教育的八大方面加強創科發展。與此同時，特區政府正與深圳市政府共同發展落馬洲河套地區「港深創新及科技園」，這是香港有史以來最大的創科園地，其面積是香港科學園的 4 倍，並通過大灣區建設和港深合作，貫通創科產業的上、中、下游，打造大灣區的國際創科中心。[69]

政府統計處曾進行調查，顯示在 2015 年有 3,885 家工商機構曾進行研發活動，用於研發總開支達 80 億港元，較 2010 年增加 38.6%。不過，創科產業在香港仍屬規模較小的界別，只佔 2015 年 GDP 的 0.7% 和總僱員人數的 0.9%。除此之外，近年香

68　〈內外兼修發揮優勢——香港融入國家創新科技體系〉，《人民日報》海外版，2017 年 11 月 7 日。
69　〈香港發展創科中心的優勢與不足〉，《文匯報》，2018 年 5 月 11 日。

香港競爭力的
興衰與改造

港研發開支總金額佔 GDP 的比率幾乎維持不變，在 2015 年僅達 0.76%，落後於許多其他經濟體。

香港創新科技署負責管理創科基金，基金成立於 1999 年獲政府注資 50 億港元，截至 2017 年 4 月，創科基金已資助 6,229 個項目，涉及資助總額約 124 億港元。獲資助的研發項目大多與資訊科技、電機及電子工程科技和製造科技有關。這些項目獲批的資助合約共佔創科基金自成立以來的撥款總額的 66%。

在 2016-2017 年度的財政預算案中，財政司司長宣佈政府會繼續推行「大學科技初創企業資助計劃」，協助由大學團隊成立的科技初創企業，將其研發成果商品化。6 所本地大學每所每年可獲上限為 400 萬港元的資助；每間初創企業每年可獲上限為 120 萬港元的資助，為期不超過 3 年。

在香港，本地大學從事科研工作，然後將技術轉移至業界及商界予以商品化。學術研究成果的商品化，通常由各大學轄下的技術轉移處（technology transfer office）負責。為提升大學轄下的技術轉移處的功能，政府自 2013-2014 年度起，向每所大學提供每年最高 400 萬港元的資助，為期 3 年至 2015-2016 年度。立法會工商事務委員會在 2016 年支持政府繼續向本地大學的技術轉移處提供資助，為期 3 年，直至 2018-2019 年度為止。

「大學與產業合作計劃」為本地公司與本地大學合作進行的項目提供財政資助。申請公司如能投入不少於項目成本一半的現

金，政府便會以無償資助金的形式向公司提供資助。為鼓勵私營公司進行更多研發項目，所有由項目產生的知識產權均會由參與公司單獨擁有。[70]

1. 香港特區政府為創新科技服務的舉措

——特區政府為本地企業合資格的研發開支提供額外稅務扣減的法案，已進入立法會最後審議階段，通過後將惠及企業在2018-2019年度投入的合資格研發開支。

——特區政府接納了由徐立之教授領導的檢討研究政策及資助專責小組的建議，向大學教育資助委員會（教資會）轄下研究資助局（研資局）的研究基金投入200億元，加強大學的研究實力，還建議成立30億元「研究配對補助金計劃」，增加研究撥款來源。

——取得立法會通過100億元撥款，在香港科學園建設醫療科技和人工智慧及機械人科技的兩個科技創新平台。法國的巴斯德研究所（Institut Pasteur）和中國科學院轄下的廣州生物醫藥及健康研究院和北京自動化研究所已表達意願加入平台，與本地大學和科研機構合作。特區政府的目標是，首批科研機構於2019年下半年開始陸續在兩個創新平台建立實驗室。

——在滙聚科技人才方面，特區政府推出「科技人才入境計劃」及「科技專才培育計劃」。特區政府亦接納專責小組建議，支援研資局推出「傑出學者計劃」，在引入、培訓及留住人才等

---

70 立法會秘書處資料研究組：《香港的創新科技產業》，2017年7月12日，https://www.legco.gov.hk/research-publications/chinese/。

香港競爭力的
興衰與改造

方面三管齊下，壯大本地創科人才庫。並在港成立的「大灣區院士聯盟」，令香港的人才庫如虎添翼。

——特區政府創新科技署已於 2018 年 7 至 8 月與六間投資公司共同落實「創科創投基金」，以配對形式投資本地創科初創企業，而香港科學園和數碼港亦分別獲政府撥款 70 億元和 2 億元加強其對進駐的企業的支援。

——2017 年 1 月，香港及深圳兩地政府官員簽署《關於港深推進落馬洲河套地區共同發展的合作備忘錄》，正式確認「落馬洲河套地區」為香港屬地，並發展落馬洲河套區佔地 87 公頃的「港深創新及科技園」，這是香港科學園的四倍。「港深創新及科技園」的基建工程已於 2018 年 6 月展開，目標是在不遲於 2021 年提供首幅可興建設施的土地。香港科學園的擴建工程將較預期提早一年於 2019 年內完成；而「創新斗室」人才公寓，以及將軍澳工業邨的「資料技術中心」和「先進製造業中心」，將如期在 2020 年起陸續完成；

——特區政府創新辦正進行檢視現行法例及法規的工作，清除妨礙創科發展的不合時宜的條文，創新辦正徵詢相關界別的意見和疏理須檢討的範圍。

——開放政府資料，可為科研提供所需的原材料。特區政府已敲定開放政府資料政策和推行措施，促進智慧城市發展。政策要求所有政府部門須在 2018 年底前制訂和公佈其年度開放資料計劃。醫院管理局正積極籌備大數據分析平台，讓學術研究人員參閱醫管局的臨床資料，並為他們提供有關培訓，以便合作進行

研究項目。

——特區政府於 2019 年 4 月推出支持創新的政府採購政策，提高評審標書時技術因素所佔的比重，讓具創新建議的標書有更大的中標機會。政府加強與業界的交流和發放採購資訊，以助創科初創企業和中小企參與政府採購。

——2018 年 7 月，粵港澳超運算聯盟成立，超運算聯盟將滙集粵港澳超算應用機構和人才，推動三地超算應用的交流和合作研究，促進粵港澳大灣區科技創新中心的建設。

2. 大疆無人機的案例

大疆創新科技有限公司（英文：Da-Jiang Innovations，簡稱 DJI），是一家以生產、研發無人飛行器及飛行影像系統為主的公司，憑藉其創新能力和品質而在全球商用無人機佔據領頭羊地位而知名。目前市場佔有率為 70%。

2003 年，已讀大三的汪滔從華東師範大學退學，被香港科技大學電子及電腦工程學系錄取。2005 年，汪滔在香港科大準備畢業課題，說服老師同意他自己決定畢業課題的方向——研究遙控直升機的飛行控制系統，研究的核心在於使航模能夠自動懸停。這一研究，成就了汪滔的事業道路。

2006 年，汪滔繼續在香港科大攻讀碩士研究生，與此同時，他和一起做畢業課題的兩位同學共同創立大疆，並將在大學獲得的部份獎學金拿出來研發生產直升機飛行控制系統，終於在 2008 年將研發出的第一款直升機飛行控制系統 XP3.1 上市。汪滔認為：「假如我沒有去香港，便不會取得今天的成就。假如我留在內地

或去了美國，也不會創立大疆創新。」

大疆目前的生產研發總部設於深圳，在美國、德國、荷蘭、日本、北京和香港設有辦公室。為了配合國際業務的急速增長，大疆創新於 2015 年在香港科技園成立了研發團隊。汪滔總結大疆創新科技的成長過程：「香港具備頂尖的研究型大學、集合大量國際人才、加上世界級的科學園提供完善的科研設備、配合開放的經濟環境，以及鄰近深圳總部和製造基地，是我們建立科研團隊的當然之選。」

在 2014 年度全球科技產品的榜單上，大疆精靈 P2V+ 被美國《時代》週刊評選為「2014 年度十大科技產品」，大疆悟入選《紐約時報》「2014 年傑出的高科技產品」榜單。

大疆創新科技的成長過程，用幾個主題詞概括為大疆模式：商用無人機、香港科大研發、深圳生產、全球市佔率 70%。大疆模式是一種以提升科技創新能力，增強香港競爭力的嶄新模式，幾乎重現 40 年前中國改革開放初期的發展路徑：香港公司接單，深圳加工生產，出口全球市場，賺取國家急需的外匯，工人就業收入頗豐。而與 40 年前不同的是，科研成果獲得的專利及知識產權，形成第一生產力和核心競爭優勢，為社會創造更多的財富。

3. 生物醫學科技創新的案例

香港目前擁有超過 250 家從事生物科技產業的公司，香港完善的基礎設施、充份的研究撥款和較強的研發能力等良好的科研投資環境，促成這些生物科技公司在此落戶。香港各大專院校積

極參與多項前瞻性的生物醫學研究，尤以基因組研究和識別新出現傳染病毒等領域作出重要貢獻。

2018 年，香港大學醫學院愛滋病研究所研製出一種新型抗體藥物（BiIA-SG），在小鼠身上成功進行實驗。據介紹，該藥物能有策略地伏擊愛滋病病毒，保護細胞不被感染。另外，基因導入的新型抗體可以在小鼠體內持續發揮功效，並且清除已被愛滋病病毒感染的細胞。這項研究成果已在最新一期國際著名生物醫學期刊《臨床研究雜誌》上發表，成就非常引人矚目。港大的醫學院是全球第一個成功鑒定及上報冠狀病毒（非典型肺炎病原體）的研究單位，港大的牙醫學院在 2016 年及 2017 年連續兩年全球排名第一。[71]

香港創業投資者聯盟召集人梁穎宇認為，「生物科技在港有可為」。香港醫療水準高，近年在肝臟移植、肺癌、基因組學等範疇的研究已躋身國際前列，只是過往未有大力把成果產業化。例如藥品研發整個週期以十年計，前期研究耗時長，成功率不足 1%；香港可把資源集中在臨床開發，提高效率，縮短新藥開發到投入市場所需時間。

港大和中大兩間醫學院均增設了試驗新藥的一期臨床中心，都得到國家藥監局認可。不少藥廠要四出尋找可靠的臨床測試中心，香港正可填補這個缺口。藥廠來香港做臨床試驗新藥的好處

---

71 〈香港大學愛滋病研究所成功研發用於愛滋病預防和免疫治療的創新型廣譜抗體藥物〉，2018 年 4 月 26 日，https://www.hku.hk/press/press-releases/detail/c_17808.html。

香港競爭力的
興衰與改造

是效率高，只要獲香港衛生署許可，一般兩三個月即可啟動；反觀在內地要向國家藥監局申請，需時往往逾年，費時費事。更重要的是，在香港臨床測試取得的結果同時可以得到中國國家藥監局和美國 FDA 承認，可納入全球研究之內，有助加快藥物審批程序；既可成為中國藥廠通往世界的視窗，也能讓西方藥廠新藥更快打入中國市場。

臨床研究是推動先進醫療發展的關鍵。美國波士頓多家著名醫院一直與哈佛、麻省理工等學府合作無間，致力研發對抗頑疾的藥品和尖端醫療技術，到研究有成時就找商業機構合作開發。香港可效法波士頓模式，鼓勵醫生參與研發，掌握病人和醫院需求。政府亦可大力推動醫療護理的跨領域研究，醫院管理局可運用其擁有的資料配合資訊科技、DNA、人工智慧等進行研究，針對性地解決本港病人的需要或找出適合中國人體質的新藥。深信生物科技基於現時已取得的成就，未來十年可在精準醫療、基因編輯、再生醫學等範疇取得更大進展。[72]

4. 香港提升科技創新服務的難度

百多年來，香港是一個科技創新的沙漠。香港自 1841 年 6 月 7 日宣佈為自由港，就成為一個以轉口貿易為主的商業城市。二戰後，香港以輕工產品的加工出口為主，例如紡織品、塑膠花、假髮、鐘錶、電子零件等。香港很少有進行高新科技產品的研發、製造、生產、加工和出口。也就是說，香港經濟是以勞動密集型

---

72 〈生物科技在港有可為〉，《信報》財經新聞，2017 年 7 月 31 日。

和低附加價值產品的出口為主，而不是以資本密集型或技術智力密集型的高附加價值產品的出口為主。

香港缺乏科技創新的激勵機制。在香港社會和香港人的價值觀裏，發財致富主要有這麼幾個層次或階段：初級層次靠吃苦耐勞，奮力打拼，省吃儉用，實現小康人家；中級層次靠自己開公司當老闆，努力學習考上好學校好專業，畢業後當上醫生、教師、律師、會計師、測量師等專業人士，成為中產階級；高級層次是在香港從事房地產開發或買賣、金融保險和公司重組併購上市等資本運作，成為資產階級或上流社會的佼佼者，當然還包括演藝界大牌明星。長期以來，香港人就沒有把科研創新與發財致富相聯繫。因「在光傳輸於纖維的光學通信領域突破性成就」而獲得 2009 年諾貝爾物理學獎的「光纖通訊之父」高錕在香港沒有成為富翁，就是一個例子。當然，靠寫武俠小說發財致富的金庸，成為文化人發財致富的唯一之人。如果説香港人的基因裏有吃苦耐勞冒險求財的精神，但似乎沒有科研創新致富的天賦。這可能與中華文化中的「天地君親師」、「君臣父子」、「萬般皆下品，惟有讀書高」、「學而優則仕」等傳統價值觀有關。

重商主義遮擋住了香港發展高新科技的眼睛，錯過了太多機會。互聯網時代，香港錯過了；移動互聯網時代，香港又錯過了；高端製造業，在香港消失了；中藥港胎死腹中；數碼港成了房地產項目。

發展的機會永遠留給準備好的人，當然，機會不會眷顧目光

短淺的人。香港回歸以後錯失發展良機的經典案例有二：

案例一：為發展高新科技產業設立的數碼港成了房地產項目，「中國半導體之父」張汝京曾在加州大學柏克萊分校前校長田長霖的牽線下，有意在香港的數碼港園區興建晶圓廠，最終因為地價太貴而終止，轉戰上海成立中芯國際的晶圓工廠。

案例二：1999 年電訊盈科以 220 萬美元購入騰訊 20% 的股票。時隔不到兩年，被稱為「小超人」的李澤楷就將騰訊股票以 1,260 萬美元賣給南非的 MIH 控股集團。當時的電訊盈科現金流其實非常充足，手持現金逾 10 億美元，同時投資了超過 50 家公司。在當時來看，電訊盈科的投資已經相當成功，一年多獲利超過 4 倍。但如果持股至今，這些股份的價值接近 2,000 億，而且單靠分紅就早已回本，僅僅所持騰訊股份的市值就比當前電訊盈科總市值高 1,000 多億。

香港社會的重商主義價值觀難以造就科技創新的社會環境和價值體系。香港社會的創新科技，是從香港的大學開始。因為大學的教育科研和創新成果，構成衡量大學好壞優劣的量化指標，也構成教授升級評等的重要量化指標。由於長期以來香港社會裏炒樓、炒股等短期賺錢快的投機效應和樓價高、租金高、人工高等生活指數和經營成本昂貴，實體經濟逐漸萎縮、搬遷和消失，抑制了創新科技與生產實體企業的緊密結合，難以產生類似美國矽谷那樣的產學研一體化的科研轉化和發展模式。

香港 30 年不變的堅守貿易、金融、工商業、旅遊等傳統的服務經濟，除了金融服務業以外，大部份行業是勞動密集型的低

薪行業。

香港創新科研人才的數量遠落後於廣州和深圳等地。2018 年
11 月，香港城市大學發表《2018 年大灣區科研創新綜合分析及
展望報告》，該項研究報告分析了過去五年大灣區 11 個城市的
科研創新表現，發現香港科技人才約 50 萬人，排行第三，落後
於廣州的 240 萬人和深圳的 130 萬人。

香港的科技人口嚴重不足。2014 年春天，香港首富李嘉誠在
接受內地記者專訪時認為：如果看資料，香港從事「創新科技」
的人數是不錯的；但若與其他地區比較，相關就業的資料和在科
技方面取得的成就，則不可同日而語。如果按香港政府的資料，
從事「創新科技」產業的約有 3 萬人，以香港 360 萬就業人口計
算，即每 1 萬人中，就有約 80 人從事「創新科技」。

觀察其他權威統計，在一些科技產業成績顯著的地區，例如
以色列，其擁有很多科學家、科技人員、工程師等從事科研創新
人才，每 1 萬名僱員中，就有 140 人從事與高新科技相關的行業；
美國是 85 人，日本是 80 人，中國台灣是 45 人，新加坡是 32 人，
香港在同類統計中卻沒有排名。香港的「創新科技」人才有多少
是科學家和科技人員？香港的政策和環境真的配合「創新科技」
發展嗎？真正優質的就業環境，應該讓每個人的能力，在多元產
業下得到最大的發揮。

香港的專利數量的成長仍不理想。專利數量是國際間進行科
技競爭能力評估的重要指標，在促進科技進步和經濟發展中具有
重要的地位。根據產權組織《世界知識產權指標》（WIPI）年度

報告，2017 年全球創新者共提交了 317 萬件專利申請，連續第八年實現增長，漲幅為 5.8%。中國國家知識產權局受理的專利申請數量最多，達到了創紀錄的 138 萬件。排在中國之後的是美國 606,956 件、日本 318,479 件、韓國 204,775 件、歐洲專利局 166,585 件。德國 67,712 件、印度 46,582 件、俄羅斯 36,883 件、加拿大 35,022 件和澳洲 28,906 件。

香港在國內專利申請年度中的狀況是：1985-2012 年 37,847件，2013 年 3,322 件，2014 年 3,242 件（減少 2.4%），2015 年 3,319件（增加 2.4%），2016 年 4,552 件（增加 37%），2017 年 3,907件（減少 14%）。

香港在國內專利申請授權年度中的狀況是：1985-2012 年30,227 件，2013 年 2,297 件，2014 年 2,867 件（增加 24.8%），2015 年 2,940 件（增加 2.5%），2016 年 2,970 件（增加 1%），2017 年 2,888 件（減少 2.8%）。

香港在 2017 年「國內職務發明創造專利申請量」合計 3,115件，其中大專院校 116 件，佔 3.7%，科研單位 5 件，佔 0.2%，企業 2,980 件，佔 95.7%，機關團體 14 件，佔 0.4%。

香港在 2017 年「國內職務發明專利申請量」合計 1,036 件，其中大專院校 112 件，佔 10.8%，科研單位 5 件，佔 0.5%，企業914 件，88.2%，機關團體 5 件，佔 0.5%。[73]

分析以上資料可以發現：

73　中華人民共和國國家知識產權局：《專利統計年報 2017》，2018 年 9 月。

（1）將 2017 年香港申請專利數量與中國全國申請專利數量相比，香港申請專利數量只是中國申請專利數量的 0.28%（3907/1380000＝0.28%），而 2017 年香港 GDP 大約是全國 GDP 的 3% 左右。

（2）將 2017 年香港申請專利數量 3,907 件與韓國申請專利數量 204,775 件相比，真是天壤之別，韓國的科技競爭力遠在香港之前。

香港必須與時俱進，充份利用和發揮自身的科研優勢，提升科技創新服務能力，才能創造香港新的競爭力。

（三）將傳統金融服務業改造成現代金融服務產業

香港是全球最活躍的國際金融中心之一。

金融服務業在香港經濟中擔當重要角色，金融服務業佔本地生產總值的比例由 2004 年的 13% 上升至 2014 年的 17%。曾經在 2007 年金融服務業佔本地生產總值的比例約達 20%，幾乎是 1997 年數字的兩倍。香港金融服務業提供約 25 萬份職位。可以不誇張的說，香港的金融服務，以及相關配套的法律、保險、會計、審計、評估、專利等上下游和周邊服務是香港的核心競爭優勢，至今經久不衰，爐火純青，不斷發展。香港只有充份利用和發展金融服務的槓桿作用，才能保持香港的核心競爭力。

香港傳統的金融服務是從服務香港的進出口貿易、批發及零售業開始的。百多年來，受惠於港英政府實行的資本主義金融管理體制，受惠於香港的普通法為特色的法制體系，受惠於香港上

世紀 60 年代中小企業的蓬勃發展。如今，香港傳統的金融服務業要與時俱進，朝着現代金融服務的方向改造和發展。變被動服務企業為主動服務客戶，變服務香港本地為服務粵港澳大灣區和大中華地區以及「一帶一路」沿線國家和地區甚至全世界，變單純的借貸、投融資等傳統金融服務到金融、保險、證券、債券、信託、黃金、期貨、外匯、投融資、併購重組上市、財富管理等現代金融服務，以及為完成這些服務而涉及的法律、財務、稅務、審計、核數、評估、專利、電子支付、資料管理、資訊傳輸等專業服務。

現代金融服務業朝着以服務生產者的融資需求為主要功能的金融產業鏈發展，朝着以服務高新科技創新為需求的創新金融發展，朝着以服務互聯網＋為模式的網絡金融發展，朝着以服務環保產業為對象的綠色金融發展。林林總總，現代金融服務道路寬廣，前程似錦，構成了以現代金融為標誌的服務經濟。

1. 同股不同權的公司上市制度的改造

公司上市制度改造，標誌着香港現代金融服務「百尺竿頭，更上一層」。

長期以來，「同股同權同利」的股票發行原則體現了「公開、公平、公正」的香港證券市場的基本法律要求，但它從根本上又侵害了「契約自由」的法律精神。2018 年香港進行了 20 多年來資本市場最重大的改造——允許同股不同權架構的公司在香港上市。港交所修改了公司上市規則，於 2018 年 4 月底起容許公司以同股不同權方式上市，但設有對投資者保障條款，例如一股一

票的股份需要佔投票權至少 10%，每股特權股設 10 票的上限等。2018 年 6 月小米成為香港第一家以同股不同權方式上市的創新科技企業。

推動這一改造的起源是阿里巴巴因股權架構問題，放棄在港上市，轉赴美國上市。2013 年阿里巴巴董事局主席馬雲表示，希望阿里巴巴在香港上市，但條件是需採納合夥人制，即同股不同權架構的一種。消息出來，香港證券市場反對聲此起彼伏，認為較於美國成熟的集體訴訟制度，香港並沒有完備的措施以保證投資人的權益。在香港市場強烈的反對聲中，阿里巴巴最終赴美上市。後被媒體問及為何選擇美國上市時，馬雲拋下一句「我們被香港拒絕」。在經歷了 4 年的反思、爭辯之後，香港為保持競爭力，痛定思痛對上市規則做出重大改造，放行同股不同權。這是香港證券市場與時俱進的勝利。

對控股創業者而言，同股不同權的股權結構的價值是：可以避免公司受制於短期財務壓力而犧牲長遠價值。公司創始人不願以債務融資或放棄公司的業務控制權等是最大理由。如果不需懼怕業務成功之日有被收購之虞，創始人能夠更專注於業務發展，善用科研成果或專業知識以及特殊技能讓現有股東獲利。換言之，同股不同權有助創始人掌握未來收益，而非只令後來股東受惠，從而鼓勵各種創新創業。

2. 「滬港通」、「深港通」、「債券通」、「黃金深港通」等金融制度創新和改造

「滬港通」、「深港通」、「債券通」分別於 2014 年、2016 年、

2017 年相繼落實實施。3 年多來，互聯互通產品交投日益活躍，交易量大幅增加。香港憑藉互聯互通的服務優勢，遊走於國內國外、境內境外，交易量大增，又不違背國家的金融秩序和監管，鞏固了香港的國際金融中心地位，成為國際金融機構進入內地市場的理想平台。

「滬港通」及「深港通」是香港與上海和深圳股票交易的合作計劃，使國際和內地投資者可以通過本地交易所的交易和結算系統來交易對方市場的證券。首次推出於 2014 年 11 月，覆蓋上海、深圳和香港的股票市場，該計劃現在共有超過 2,000 隻合資格股票。越來越多的內地投資者利用「港股通」進行海外資產配置。

2018 年 11 月 17 日是滬深港通開通四週年。四年來以滬港通和深港通為標誌的互聯互通機制，以最小的制度成本，換取了最大的市場成效，為世界開創了全新的資本市場雙向開放模式。截至 11 月 15 日，滬港通和深港通北向（滬股通和深股通）總成交金額達人民幣 8.77 萬億元，累計淨流入 6,148 億元人民幣；南向港股通（包括滬港通下的港股通和深港通下的港股通）總成交金額達 6.55 萬億港元，累計淨流入 8,128 億港元。[74]

從互聯互通的大市場來看，「滬深港通」的共同特徵是把香港資本市場作為拓展內地與全球市場之間的連接紐帶，為建設兩地共同市場提供了巨大空間。據了解，上海、深圳及香港三地股

74　香港交易所：《慶祝滬深港通四週年》，https://sc.hkex.com.hk/TuniS/www.HKEX.com.hk。

市總市值合共約達 11 萬億美元，規模在全球交易所中按市值計排名第二，僅次於美國的 26.5 萬億美元。

2017 年 7 月 3 日早晨 9 點，「債券通」正式啟動。這是繼「滬港通」、「深港通」之後，內地與香港資本市場間的又一聯動盛事。「債券通」將有助於完善兩地債券市場的國際化進程，在強化香港國際金融中心地位的同時，吸引國際資本進入內地債券市場。「債券通」初期主要開通「北向通」，是境外投資者通過內地與香港債券市場基礎設施的互聯互通，投資於內地銀行間債券市場的又一種機制安排。

繼「滬港通」、「深港通」和「債券通」後，香港與內地兩地市場互聯互通不斷深化，交易範圍已由股票市場和債券市場擴大到商品市場。2017 年 11 月 7 日，首宗 900 公斤現貨黃金買賣在「黃金深港通」交易完成。此次交易是由銀行、金銀業貿易場深圳前海行員、國際金商以及押運公司聯合完成。

香港特首林鄭月娥在「金銀業貿易場第 45 屆理監事會就職典禮暨黃金深港通啟動禮」上表示，作為香港唯一進行現貨黃金、白銀買賣的交易所，金銀貿易場百多年來，對香港金市發展貢獻很多，此次「黃金深港通」翻開兩地黃金市場發展的新篇章。特首期望金銀貿易場的香港交易平台與前海的倉庫能發揮協同效應，提升區內黃金產業鏈的競爭力，並且推動香港黃金市場的發展。

業內人士認為，「黃金深港通」有助於促進內地和香港兩地金融的融合與發展，有助於國家實施人民幣國際化的戰略。金銀

業貿易場深圳前海項目將為整個黃金產業的上、中、下游服務，全面提升香港的國際黃金交易的樞紐地位。

在 2018 年的最後一個交易日，港交所公佈，2018 年共有 207 家公司在港交所 IPO 上市，募集資金總額（含股東售股）為 2,778 億港元，全年 IPO 上市數量和籌資額均位居全球第一。這一成就表明，香港現代金融服務的水準是「百尺竿頭，更上一層樓」，達到世界先進水準。

（四）將旅遊購物勝地改造成旅遊服務產業

旅遊業對香港經濟的貢獻重大，是香港傳統四大支柱產業之一。根據香港政府推算，旅遊業的直接經濟貢獻佔本地生產總值的 5%，就業人口約 27 萬。現在面臨的挑戰是，如何將傳統的到香港旅遊的內容重點從觀光、購物、美食等自由行延伸或改造成商務、會展、醫療、遊學、保險、體育、藝術等旅遊休閒文化服務。

1. 文化創意旅遊服務產業

文化創意可以把文化的碎片拼接成一件時尚的文化外衣。現任香港行政長官在《2016 年施政報告》中發佈了政府會發展文化創意旅遊，以開拓更多元化的客源市場。創意旅遊屬新一代的旅遊模式，將旅遊由靜態的文化消費（culture consumption）活動轉化為讓遊客參與旅遊目的地的文化創意活動，令其從中獲得互動體驗。文化創意旅遊將吃喝玩樂購的消費旅遊模式提升到文化創意的欣賞、體驗、交流的深度旅遊層面，為整體經濟帶來附加價值（value added）。

以韓國為例。韓國的創意旅遊起源於 1990 年代興起的韓流熱潮。韓流是帶動韓國入境旅遊強勁增長的主因之一，估計近 11% 的入境旅客受到韓流景點或人物吸引而到訪。通過膾炙人口的韓國電視劇、電影及流行音樂，把韓國文化傳遍世界。多年來，韓流的內容已延伸至美食、藝術、時裝、語言及醫療服務等範疇，令人對韓國產生更大的興趣，吸引各地遊客前往親身體驗當地文化。

再如，巴西為遊客提供的體驗不只是觀看森巴舞表演，而是讓遊客一起學跳森巴舞；紐西蘭則提供由當地導師開辦的各種與土著文化相關的體驗工作坊；而泰國在鄉郊地區為遊客提供農舍生活體驗之旅以及製作泰菜烹飪材料的工作坊。

2. 休閒旅遊服務產業

以特定旅遊資源為依託，以休閒為主要目的，以相配套的旅遊設施為條件，以特有的文化景觀和服務項目為內容，以異地逗留一定時期為特徵的遊覽、娛樂、觀光和休息。在旅遊的過程中，讓心靈得到放鬆。休閒旅遊與其他旅遊不同之處在於，一「靜」一「動」，一「居」一「行」，一「閒」一「累」。

據世界旅遊組織預測，到 2020 年中國將成為世界旅遊第一大國，將成為休閒旅遊產業中的生力軍。中國人正在從觀光購物旅遊向休閒度假旅遊過渡。有研究機構根據對近年來內地旅遊抽樣調查資料分析，2009 年，城鎮居民以「休閒」為目的的旅遊佔 88.9%，農村居民以「休閒」為目的的過夜旅遊佔 78.75%。在旅遊消費構成上，目前中國的休閒度假旅遊人數佔整個旅遊人數的

比重僅為 20% 左右，遠低於旅遊發達國家 50% 左右的比重。

休閒旅遊的特點是：

（1）**修身養性**。讓身心放鬆是旅遊的基本要求，在「無所事事」的境界中達到積極的休息，到減壓調整身心的健康。

（2）**目的地重複**。遊客對其認同的度假地具有持久的興趣和穩定的忠誠度，甚至對一家自己喜歡的度假酒店也有非常穩定的忠誠度。這一特點意味着度假目的地在經營方面須培育和保護遊客的忠誠度，爭取每一個「頭回客」成為該度假區的終生客人。

（3）**消費能力高**。隨着人民收入水準提高、閒暇時間增多、文化品味提升，休閒旅遊在發達地區的高收入人群中逐漸興起，這決定了休閒度假旅遊者的消費能力的提高。休閒度假遊客與觀光遊客所追求的「多走多看」的價值觀不同，他們往往在一個地方停留較長的休息時間，並且消費的目的性非常明確。

（4）**要求交通便捷**。休閒度假旅遊的遊客比觀光旅遊的遊客更關注性價比和經濟成本，更關心時間成本，即追求從客源地到目的地交通上的低時間成本和快捷性。因為休閒度假旅遊並不主要關心旅遊交通過程中的觀賞效應，而更關心盡快進入放鬆減壓的狀態，提高度假的品質。

（5）**層次豐富**。休閒度假遊客是從觀光旅遊群體中逐漸成熟轉變分離出來的。休閒旅遊消費會產生更高的文化需求，不僅要到森林度假區呼吸新鮮空氣，或者去溫泉度假區泡溫泉浴，還要追求度假地的文化氛圍和內涵。因此要在文化層次上滿足休閒度假遊客的多方要求。

251

3. 醫美、健康旅遊服務產業

這是將旅遊和醫療美容、健康服務結合起來的一種旅遊形式。世界旅遊組織將醫療旅遊定義為「以醫療護理、疾病與健康、康復與休養為主題的旅遊服務」，具有附加價值高且低污染的特點。

2004 年醫療旅遊這一行業在全球的產值只有 400 億美元，到 2013 年為 4,386 億美元，其發展勢頭十分驚人。美國史丹福研究調研資料顯示，全球醫療旅遊增速是旅遊業增速的兩倍；而世界衛生組織預計 2016 年有 6,785 億美元的產值，其中亞洲有 1,000 億美金以上的產值。

業內人士評估，2017 年醫療旅遊者達 1,100 萬人次，佔世界旅遊人數的 3%-4%；全球醫療旅遊收入將達 7,000 億美元，佔世界旅遊總收入的 16%，並以每年 20% 速度增長。

世界衛生組織（WHO）預測，2020 年，醫療健康旅遊服務業將成為全球最大產業，觀光休閒旅遊服務則位居第二，兩者相結合將可能佔全球 GDP 的 22%。無論從哪個角度，醫療旅遊都已成長為全球增長最快的一個新產業。

韓國的整形美容倍受追捧。其優勢項目是：整容手術，幹細胞療法。大多數醫美遊客到韓國主要是醫牙、整形外科和體格檢查。韓國首都首爾市為滿足越來越多的日本、中國等國家女性來韓國整容，啟動為「外國整容遊客」聯繫首爾整容醫院的工作。韓國醫療旅遊協會表示：首爾市在推進整形美容為主的醫療旅遊取得更好的效果。

新加坡的醫療系統亞洲最佳。其優勢是減重手術、健康檢查等醫療服務，被 WHO 列為亞洲擁有最佳醫療系統國家。許多印尼富商每年定期到新加坡住院一個星期，接受健康檢查，逐漸演變成醫療度假的形式。新加坡積極開拓醫療旅遊項目，2005 年共有 40 萬海外患者來新加坡接受包括 X 光檢測，眼、心臟、大腦和癌症等手術在內的一系列醫學治療，帶來了約 38.8 億港元的收益。每年吸引 100 萬名外國病人到新加坡就醫。

香港的醫療美容、健康保健服務十分出色。香港人的平均壽命為全球最高，幼童死亡率為全球最低，擁有兩所位於全球前 50 名內的大學醫學院，香港中文大學開設全亞洲首間微創醫療技術培訓中心。加上嚴謹、完善的醫療監管制度以及醫護人員的專業操守等，使醫美遊客對香港的醫療水準及服務更加肯定。香港除了醫療水準出色外，更擁有語言相通、地理鄰近、交通費用相宜的優勢，從北上廣深等高收入城市出發，三小時內可達香港，時間不充裕的人甚至可以即日來回。因此，對內地遊客而言，香港是比其他亞洲地區更佳的「醫療旅遊」城市。

但現時香港醫療系統存在着公營醫療機構負荷過重，表現在病床供不應求、醫生不足、香港的長者在未來 20 年將增加超過一倍使人口老化問題加劇醫療系統的負擔等，如果要推動醫療旅遊，最迫切的是要先解決香港醫生短缺問題。香港政府在 2017 年為未來的醫護人員供求作了一份推算研究，推算得出 2030 年全港將缺少約 1,007 名全職醫生，相當於醫生總數的 6.8%，因此，向全球引進合資格的醫生首當其衝。而香港引進外地醫生的數量

少之又少，香港公立醫院中幾乎沒有外來醫生，可是美國、新加坡、英國等國公立醫院中引進的外國醫生佔全部醫生數的 27%、27%、35%。[75]

4. 體育旅遊服務產業

這是旅遊者為了滿足各種體育需求，借助於體育組織或其他仲介機構進行的旅遊活動。體育旅遊是體育與旅遊相結合的健身方式，是一項新興的旅遊產品。

體育旅遊，其實是「旅遊＋體育」的概念。無論是何種旅遊資源，對遊客而言，都是增加新鮮感、豐富體育運動的體驗。眾多戶外體育運動項目滿足這一需求。2016 年末，原國家旅遊局、國家體育總局共同印發《關於大力發展體育旅遊的指導意見》則提出，到 2020 年，體育旅遊總消費規模突破一萬億元。世界旅遊組織預計，2020 年全球體育旅遊市場規模有望突破 4,000 億美元。有資料顯示，早在 2016 年，國內已成立超過 20 隻體育文化產業投資基金，規模累計超過 400 億元。從體育層面看，旅遊就是「看山看水」的時代已過，「玩山玩水」的時代已來。例如，鄧亞萍體育產業投資基金的一個業務佈局是圍繞景區，把景區作為載體，加入體育運動項目，比如攀岩、滑雪、山地自行車、山地馬拉松、熱氣球和滑翔傘，在一個區域裏形成立體的玩樂項目系統。

在香港可進行的戶外體育活動有許多，例如：馬拉松、高爾

75　黃元山曾聖宇團結香港基金：〈先解本地醫生荒才談醫療旅遊機遇〉，《香港經濟日報》，2018 年 2 月 1 日。

夫、單車、行山、登山、潛水、垂釣、帆船、遊艇、衝浪、風帆等，
如果把它們每一項都舉辦成一個賽事，吸引遊客參與，將成為一
個個體育旅遊產品。目前正在舉辦的賽事有：香港國際七人欖球
賽、香港網球公開賽、香港女子高爾夫球公開賽、香港龍舟嘉年
華、FIVB世界女排聯賽等。當然，如有條件，還可以興建大型
賽車場，進行一級方程式賽車的國際大賽，那將為香港的體育旅
遊產業注入活力。

5. 工業旅遊服務產業

工業旅遊是一種全新的旅遊概念和形式。工業旅遊在發達國
家由來已久，特別是一些大企業，利用品牌效益吸引遊客，同時
也使自己的產品家喻戶曉。

工業旅遊源起法國。工業旅遊的景點，都具有獨特的個性和
文化、藝術氣息以及設計風格，成為人們津津樂道的經典。在法
國，不僅釀酒、香水、服裝業等普通生產企業對遊客開放，就連
汽車、飛機和火箭製造企業每年也要接待幾十萬的遊客。

德國作為世界著名的工業製造大國，對有代表性的工業遺蹟
進行保護，並加以利用作為工業博物館、展覽和演出的場所。參
加工業旅遊的遊客在參觀賓士汽車總裝線時，允許穿上工作服，
擰上幾顆螺絲，到工人食堂裏吃頓午飯，體驗「賓士人」的生活，
最後購買些印有賓士商標的鑰匙圈、絲巾、手錶等紀念品，或者
把車買走。這些國外成功經驗表明，工業旅遊作為一種高品位的
旅遊形式，有着廣闊的發展遠景，並將會產生巨大的社會效益和
經濟效益。

由於香港土地金貴，傳統工業的式微後造成工業遺址幾乎殆盡，工業旅遊資源逐漸絕跡。隨着香港科技創新的崛起，香港科技園、數碼港等地將會湧現出一批新型的科技創新企業，這將是香港工業旅遊的再生之地。同時，鳳凰衛視、香港大學、香港賽馬會、香港證券交易市場等，已成為香港工業旅遊的新景點。

此外，香港的工業旅遊可以延伸到香港歷史遺產活化更新項目旅遊，例如：石屋家園、YHA 美荷樓青年旅舍、雷生春堂、大澳文物酒店、饒宗頤文化館、旅遊及教育中心暨馬灣水陸居民博物館、薩凡納藝術設計學院香港分校以及和昌大押、1881 項目（舊水警總部）、舊中區警署、藍屋建築群、政府山等典型歷史遺產活化更新案例和逐漸推出的同類案例，了解和考察香港對於歷史遺產保護常用的商業模式和歷史遺產保護與活化更新經驗以及政策借鑒。

6. 美食旅遊服務產業

舌尖上的中國風靡世界。美食旅遊是一種較為新穎的專項旅遊形式。以美食作為吸引物，在旅遊過程中品嘗美味食品或風味大餐，在旅遊途中攜帶輕巧、新穎的旅遊食品，以體驗美食為主體的具有社會和休閒等屬性的旅遊活動。

近年，許多自由行的內地年輕遊客，以「吃貨」為自居，以香港美食攻略或地圖為指南，以米芝蓮星級餐廳為目標，進行美食旅遊。2017 年《米芝蓮指南香港澳門》名單收錄 238 間香港餐廳及 68 間澳門餐廳，有 7 家餐廳首次獲得米芝蓮一星，4 家餐廳首次摘下米芝蓮二星，三星餐廳名單同去年一樣，保持不變。

香港的旅遊業者，完全可以將美食旅遊細化成中餐、西餐、特色小吃、東南亞風味等不同的團組，幫助定位、訂餐等服務，滿足不同遊客的需求。香港的旅遊業者還可以通過舉辦各種風味的美食節、各種美食的評比競賽，推動香港美食旅遊服務產業的進一步發展。

7. 遊學教育和培訓旅遊服務產業

遊學教育和培訓旅遊服務成為一個前景十分看好的產業也是近十年的事情。調查顯示，美國、英國和澳洲是內地遊學熱度最高的三個國家。高利潤的遊學市場成為教育機構和旅行社爭相搶佔的領域。有機構預測，十年內境內外遊學市場規模總計將達1450億元，同時，遊學產品的利潤率也比大眾旅遊產品高出很多，成為旅行社躋身遊學市場的主要動力。中學、留學仲介和培訓機構組成的教育陣營，總共佔據了85%的市場份額，而旅行社僅約佔12%。

2018年港股新增8家內地民辦教育企業掛牌，這個數字是2014-2017年間登陸港股的內地民辦教育企業數量的總和。截至2019年1月5日，仍有12家內地民辦教育企業在港交所排隊等待敲鐘。這從一個側面反映了教育培訓服務產業發展的廣闊前景。

香港的教育培訓服務資源十分豐富。在國際高等教育評鑒機構（QS）2018年世界大學排名中，香港有5所大學（港大、科大、中大、城大及理大）排名於世界前百名內。香港的一年制碩士課程一直是內地學生選擇申請的主要目標之一，不出國門就能感受

257

到國際化的視野和英式教學。香港政府對外地學生的開放態度，使得很多內地學生願意赴港學習和生活，學習內容實用，能切實應用到工作當中，同時，香港高校的碩士學位受到很多國家教育機構承認。香港大部份授課式碩士課程為自費，有五萬元左右的純文科系碩士至數十萬元的工商管理碩士不等，但大部份的授課式碩士的學費均徘徊在 10 萬元左右。在香港念授課型研究生課程有諸多好處，一言蔽之：省時省錢省力。省時：一年到一年半的時間。相對於國內研究生的兩到三年，省時是顯而易見的。省錢：相對於英美留學一年幾十萬來講，10 萬港幣左右的學費不算貴。省力：認真聽課、寫作業和考試，順利畢業不成問題。因此，推動香港高校擴大招收中國內地學子到香港遊學，是遊學教育遊服務產業發展的新熱點。

香港的職業教育自從港英政府於 1932 年創立初級工業學校起，已有 80 多年的歷史。1990 年代後，職訓局將培訓焦點由製造業轉向服務業，1993 年職訓局成立兩家科技學院，接辦以往由香港理工學院和城市理工學院開設的高級文憑及高級證書課程。1999 年，職訓局更將所有工業學院和科技學院合併，成立香港專業教育學院，職訓局提供的職業教育自此擴展至專上程度。

香港僱員再培訓局提供具事業前景的課程，增強學員的就業能力及技能，以符合各行各業的需要。該局提供超過 800 項課程，涵蓋金融財務、保險、地產、商業、物流、資訊及通訊科技、酒店、旅遊、零售、飲食、美容、物業管理及保安、中醫保健、健康護理、社會服務、教育康體、影藝文化、設計等約 30 個行業。

2013-2014 年度，共有 46,500 名學生修讀職訓局開辦的全日制職業教育課程，約佔全港高中至大專程度全日制學生總數的一成。此外，職訓局於同年亦為在職人士提供 190,200 個在職培訓學額。

將職業技術培訓服務和旅遊結合起來成為一個新產業，是香港旅遊發展的新增長點。

四、地緣經濟改造：融入粵港澳大灣區的興建

粵港澳大灣區，是由圍繞珠江三角洲伶仃洋，包括香港、澳門、廣州、深圳、珠海、佛山、中山、東莞、江門、惠州和肇慶等城市組成城市群（即 2+9，港澳和廣東省的 9 座城市），總面積 5.6 萬平方公里，是繼美國紐約都會區、美國三藩市灣區和日本東京都市圈之後的世界第四大灣區。2018 年，粵港澳大灣區人口是 7,116 萬人，GDP 總值突破 16,419 億美元，人均 GDP 為 23,075 美元，GDP 總值約佔全國經濟總量的 12.17%，在世界國家排行中名列 11 位，超過俄羅斯，與韓國持平，是全國經濟最活躍的地區。[76]

粵港澳大灣區的興起是中國的國家戰略。香港要在大灣區建設和發展的平台上，充份利用地緣經濟改造的大好時機，擴大香港現代服務經濟的腹地，拓展商機，提升競爭力。

76　香港貿發局：「經貿研究」，粵港澳大灣區統計數字，http://hong-kong-economy-research.hktdc.com/business-news/article/。

（一）粵港澳大灣區的由來

1994 年，前三藩市州立大學校長，時任香港科技大學校長吳家瑋，倡議以美國三藩市灣區為指標，建立「香港灣區」或「港深灣區」，以帶動珠江三角洲地區發展。

2008 年，國家發改委發佈《珠三角地區改革發展規劃綱要（2008-2020 年）》，提出推進粵港澳合作打造亞太地區最具活力的城市群，由民間倡議的概念升格成為珠三角發展的國家策略。

2010 年，廣東省人民政府與香港特別行政區政府簽署《粵港合作框架協定》，提出「環珠江口宜居灣區建設」。

2015 年 3 月，國家發改委、外交部、商務部發佈《推動共建絲綢之路經濟帶和 21 世紀海上絲綢之路的願景與行動》，首次提出「要深化與港澳台合作，打造粵港澳大灣區」。

2016 年 3 月，國務院《關於深化泛珠三角區域合作的指導意見》提出「攜手港澳共同打造粵港澳大灣區，建設世界級城市群」，並納入國家「十三五規劃」。

2017 年 3 月，中國國務院總理李克強在第十二屆全國人大五次會議上的政府工作報告中正式提出「粵港澳大灣區」。這是「粵港澳大灣區」首度寫入《政府工作報告》，並提升至國家戰略層面。

2017 年 7 月 1 日，在訪港的國家主席習近平見證下，國家發展和改革委員會與粵港澳三地政府簽了《深化粵港澳合作推進大灣區建設框架協議》。合作重點是：推進基礎設施互聯互通、

進一步提升市場一體化水準、打造國際創科中心、構建協同發展現代產業體系、打造宜居宜業宜遊優質生活圈和培育國際合作等，並建立完善協調機制和擴大公眾參與，協議自簽訂日起有效期五年。香港行政長官林鄭月娥表示，香港將按十三五規劃，為粵港澳大灣區提供金融、航運和貿易服務；而大灣區亦將有助香港經濟多元發展，特別是在創新科技和創意產業方面。

2018 年國務院成立「粵港澳大灣區建設領導小組」，用以推動粵港澳大灣區規劃。小組由中共中央政治局常委、國務院副總理兼中央港澳工作協調小組組長韓正任組長，中共中央政治局委員兼中共廣東省委書記李希和國家發改委主任何立峰任副組長，國家發改委擔任統籌執行角色。小組成員除港澳兩行政長官，還包括國務院港澳辦主任、港澳兩地中聯辦主任及相關部委的負責人。與此同時，國家相關部委及粵港澳三地政府積極推展粵港澳大灣區建設工作。香港行政長官林鄭月娥表示，會善用行政長官作為領導小組成員的身份，透過大灣區建設為香港尋找和發掘在經濟、社會和民生各方面的機遇。在特區政府內，成立一個高層次的「粵港澳大灣區建設督導委員會」並出任主席，成員包括所有司局長，全面統籌香港參與大灣區建設事宜。政制及內地事務局亦將設立粵港澳大灣區發展辦公室，並委任粵港澳大灣區發展專員，以具體落實有關的工作。

2019 年 1 月，廣東省發展和改革委員會主任葛長偉表示，2020 年將完成粵港澳大灣區的基礎設施，將於 2022 年基本完成三地市場規則對接，到了 2035 年，全面建成國際一流灣區。

2019 年 2 月 18 日，中共中央和國務院公佈《粵港澳大灣區發展規劃綱要》，2 月 21 日在香港舉辦《粵港澳大灣區發展規劃綱要》宣講會，粵港澳三地政府和國家發改委高層出席。

大灣區的建設發展將可為香港帶來經濟新增長點，並可拓展香港居民生活空間的機遇。隨着廣深港高鐵、港珠澳大橋等口岸相繼開通，粵港澳「一小時生活圈」的佈局已基本完備。國家自 2017 年起陸續宣佈多項便利港人在內地居住、工作和學習的措施，特別是 2018 年 8 月國務院推出的港澳台居民居住證申領，更大大豐富了這個「生活圈」。

（二）他山之石可以攻玉

粵港澳大灣區是世界第四大灣區，其構想和模式來自美國紐約都會區、美國三藩市灣區和日本東京都市圈等世界級灣區的成功發展經驗。他山之石可以攻玉，先了解世界上現有的主要灣區。

1. 美國紐約都會區

擁有紐約、波士頓、費城、巴爾的摩和華盛頓 5 座大城市，以及 40 個 10 萬人以上的中小城市。全區 21,479 平方公里，2017 年大都會區領空的乘客已達 1.3 億人次。在這個區域中，人口達到 1,998 萬，佔美國總人口的 20%，城市化水準達到 75% 以上。紐約都會區的製造業產值佔全美的 30% 以上，被視為美國經濟的中心。作為世界經濟和國際金融的神經中樞之一，紐約具有核心地位，位於波士頓郊區的 128 號公路兩側聚集了數以千計的研究機構和高科技企業，被稱之為「美國東海岸的矽谷」。在大半個

世紀中，其周邊的麻省理工學院、哈佛大學和波士頓大學等著名學府扮演了極其重要的角色，其中由麻省理工學院畢業生們創辦的公司就佔到了 70%。

紐約都會區是許多行業的中心，包括金融、國際貿易、新型傳統媒體、房地產、教育、時尚、娛樂、旅遊、生物技術和製造業，成為全世界最頂尖的經濟區域之一、2017 年 GDP17,177 億美元，人均 85,974 美元，總量位居全美國第一，僅次於 9 個國家的 GDP。

2. 美國三藩市灣區

美國西海岸加利福尼亞州北部的一個大都會區，陸地面積 17,887 平方公里，人口超過 782 萬。位於薩克拉門托河下游出海口的三藩市灣四周，共有 9 個縣、城鎮多達 101 個，主要城市包括三藩市半島上的三藩市、東部的奧克蘭和南部的聖荷西等，全球知名的矽谷（Silicon Valley）位於灣區南部。

三藩市灣區是美國加州第二大都會區，僅次於大洛杉磯地區，是世界旅遊勝地，擁有眾多美國國家公園等自然景觀。灣區還是世界上最重要的高科技研發中心之一、象徵着 21 世紀科技精神，擁有全美第二多的世界 500 強企業總部（僅次於紐約），是美國西海岸最重要的金融中心。2017 年，灣區 GDP 高達 8,375 億美金，人均 107,178 美元，總量僅次於世界 18 個國家。

三藩市灣區是世界最重要的科教文化中心，擁有的世界最著名的加州大學柏克萊分校和史丹福大學，以及世界頂級的醫學中心加州大學三藩市分校。截止 2018 年 10 月，超百位諾貝爾獎得

主（柏克萊107位、史丹福83位）和眾多菲爾茲獎得主（柏克萊14位、史丹福8位）、圖靈獎得主（史丹福27位、柏克萊25位）曾在灣區求學或工作；更有約200位奧運會冠軍（史丹福139枚金牌、柏克萊117枚金牌）從這裏走出。

3. 日本東京都市圈

以首都東京為中心的城市群。一般包括東京都、神奈川縣、千葉縣、埼玉縣，因此又稱為一都三縣。日本政府為統合東京及周邊區域發展而制定的《首都圈整備法》，將首都圈的定義範圍擴大至整個關東地方（茨城縣、栃木縣、群馬縣、埼玉縣、千葉縣、東京都、神奈川縣）以及山梨縣。首都圈土地面積36,899平方公里，總人口為4,418萬人，是世界較大的城市群。

2017年，東京都市圈的GDP總量達到17,742億美元，規模位居世界主要大城市群中的第一位，僅次於美國、日本、中國、德國、法國、英國和意大利。[77]

美國紐約都會區、美國三藩市灣區和日本東京都市圈的共同特點是：第一、在一個國家裏以經濟實力最強的城市為中心組成的城市群聯合體。第二、空港、海港、鐵路、高速公路等交通的發達便利暢通。第三、區域地理位置優勢轉變成地緣經濟優勢。單一城市行政管治的弱化，國家規劃指導或城市群經濟主導的加強。第四、大學、科研機構、金融、產業鏈的有機結合。

77　香港貿發局：「經貿研究」，世界主要灣區基本數字，http://hong-kong-econo-my-research.hktdc.com/business-news/article/。

（三）粵港澳大灣區發展目標

《粵港澳大灣區發展規劃綱要》提出粵港澳大灣區發展目標分兩個階段：

第一階段：到 2022 年，粵港澳大灣區綜合實力顯著增強，粵港澳合作更加深入廣泛，區域內生發展動力進一步提升，發展活力充沛、創新能力突出、產業結構優化，要素流動順暢、生態環境優美的國際一流灣區和世界級城市群框架基本形成。

第二階段：到 2035 年，大灣區形成以創新為主要支撐的經濟體系和發展模式，經濟實力、科技實力大幅躍升，國際競爭力、影響力進一步增強；大灣區內市場高水準互聯互通基本實現，各類資源要素高效便捷流動；區域發展協調性顯著增強，對周邊地區的引領帶動能力進一步提升；人民生活更加富裕；社會文明程度達到新高度，文化軟實力顯著增強，中華文化影響更加廣泛深入，多元文化進一步交流融合；資源節約集約利用水準顯著提高，生態環境得到有效保護，宜居宜業宜遊的國際一流灣區全面建成。[78]

粵港澳大灣區的發展目標是根據粵港澳大灣區裏的四大中心城市、節點城市和特色城鎮發展的定位決定的：

香港。鞏固和提升國際金融、航運、貿易中心和國際航空樞紐地位，強化全球離岸人民幣業務樞紐地位、國際資產管理中心及風險管理中心功能，推動金融、商貿、物流、專業服務等向高

78　《粵港澳大灣區發展規劃綱要》第二章。

端高增值方向發展，大力發展創新及科技事業，培育新興產業，建設亞太區國際法律及爭議解決服務中心，打造更具競爭力的國際大都會。

澳門。建設世界旅遊休閒中心、中國與葡語國家商貿合作服務平台，促進經濟適度多元發展，打造以中華文化為主流、多元文化共存的交流合作基地。

廣州。充份發揮國家中心城市和綜合性門戶城市引領作用，全面增強國際商貿中心、綜合交通樞紐功能，培育提升科技教育文化中心功能，着力建設國際大都市。

深圳。發揮作為經濟特區、全國性經濟中心城市和國家創新型城市的引領作用，加快建成現代化國際化城市，努力成為具有世界影響力的創新創意之都。

建設重要節點城市。支持珠海、佛山、惠州、東莞、中山、江門、肇慶等城市充份發揮自身優勢，深化改革創新，增強城市綜合實力，形成特色鮮明、功能互補、具有競爭力的重要節點城市。

發展特色城鎮。充份發揮珠三角九市特色城鎮數量多、體量大的優勢，培育一批具有特色優勢的魅力城鎮，完善市政基礎設施和公共服務設施，發展特色產業，傳承傳統文化，形成優化區域發展格局的重要支撐。建設智慧小鎮，開展智慧技術應用試驗，推動體制機制創新，探索未來城市發展模式。

促進城鄉融合發展。建立健全城鄉融合發展體制機制和政策體系，推動珠三角九市城鄉一體化發展，全面提高城鎮化發展品

質和水準，建設具有嶺南特色的宜居城鄉。加強分類指導，合理劃定功能分區，優化空間佈局，促進城鄉集約發展。提高城鄉基礎設施一體化水準，因地制宜推進城市更新，改造城中村、合併小型村，加強配套設施建設，改善城鄉人居環境。[79]

顯然，《粵港澳大灣區發展規劃綱要》中對粵港澳大灣區發展目標的描述是寬泛的，並沒有具體的量化指標，需要將發展目標細化和數字化，然後要經過科學論證，得到法定機構的認可，使其有法可依，依法行政。

香港如果將自己的發展納入國家發展的大局，就必須從粵港澳大灣區發展目標這一國家發展戰略中找到自己的角色和定位，充份發揮香港的競爭優勢，借力而行，乘勢而上。

（四）粵港澳大灣區實現地緣經濟的優勢互補

國家主席習近平對粵港澳大灣區建設發展十分關注，有過多次重要指導。習近平在中共十九大政治報告中提到：「要支持香港、澳門融入國家發展大局，以粵港澳大灣區建設、粵港澳合作、泛珠三角區域合作等為重點，全面推進內地同香港、澳門互利合作，制定完善便利香港、澳門居民在內地發展的政策措施。」習近平於 2018 年 3 月 7 日在參加十三屆全國人大一次會議廣東代表團審議時說道：「要抓住建設粵港澳大灣區重大機遇，攜手港澳加快推進相關工作，打造國際一流灣區和世界級城市群。」

---

79 《粵港澳大灣區發展規劃綱要》第三章。

2018 年 10 月習近平在廣東考察時認為：「要把粵港澳大灣區建設作為廣東改革開放的大機遇、大文章，抓緊抓實辦好。」

從國家領導人的角度，在發展粵港澳大灣區中為香港的發展重新定位：其一、香港的發展要融入國家發展大局。因為在此之前，香港的發展依附於殖民地宗主國，回歸以後，由於香港在世界經濟中是一個單獨的關稅區，又是長期實行資本主義的自由經濟，因此相對獨立於國家的社會主義經濟發展規劃之外。其二、香港發展目標是，在建設國際一流灣區和世界級城市群裏成為聯繫緊密的中心城市，不能僅僅是一顆「東方之珠」。其三、香港在粵港澳大灣區建設中進一步促進廣東的改革開放，起到「投資興業的龍頭作用、市場經濟的示範作用、體制改革的助推作用、雙向開放的橋樑作用、先行先試的試點作用和城市管理的借鑒作用。」[80]

港澳回歸前，粵港澳三地經濟分別屬於中國、英國和葡萄牙三國，經濟上是相互獨立、互不干預。港澳回歸後，粵港澳三地經濟因《香港基本法》和《澳門基本法》的制約，分屬於一國內的不同經濟體，雖經濟相互獨立但聯繫逐漸緊密。如今，國家提出粵港澳大灣區的發展戰略，將粵港澳因地域毗鄰產生的經濟來往上升到地緣經濟（也稱「區域經濟」或「地區經濟」）。這通常表現為聯合或合作的區域經濟集團化，實現粵港澳三地經濟競合的利益最大化。

80　摘自國家主席習近平 2018 年 11 月 12 日在人民大會堂會見香港澳門各界慶祝國家改革開放 40 週年訪問團的講話。

香港競爭力的
興衰與改造

生物學上的雜交優勢，可以應運到粵港澳大灣區經濟發展上的優勢互補。40 年前中國的經濟體制改革，中國內地從港澳引入國外的資金技術和管理人才。現在把一國內實行社會主義制度的廣東省與實行資本主義制度的香港和澳門，因為地緣的關係融合成為一個大灣區。這是一個地緣經濟的合作概念，也是三個地方政府或數個城市群體行政管治合作嘗試，更是一個讓香港和澳門進一步融入國家發展大局的戰略舉措。這是一個前所未有的大手筆的改革開放的新嘗試。

　　從理論上來講，粵港澳大灣區裏各城市將地理位置優勢轉換成為地緣經濟優勢，以比較利益原則進行產業鏈的建立和分工合作，將生產要素實現合理配置，進行優勢互補，實現利益最大化是可行的。

　　從現實上說，粵港澳三地都有進一步緊密聯合與合作優勢互補的迫切需求。特別是國家制定了《粵港澳大灣區發展規劃綱要》，將粵港澳大灣區的發展作為中國經濟發展的新引擎，作為國家發展戰略來進一步推進粵港澳的合作發展，打造亞太地區最具活力的城市群，形成新的經濟增長點。

　　從國際上看，世界級城市群都有一個的共同特點，高聚集度，對內聯繫緊密，對外高度開放。美國紐約都會區、美國三藩市灣區和日本東京都市圈等大灣區合作都是成功的。例如美國三藩市灣區，由 103 座城市形成一個城市群，各城市間是平等的，依託各城市自身優勢，使整個灣區城市群成為科技經濟的創新中心。

　　粵港澳大灣區各中心城市經濟發展各有特色。香港是國際

金融中心和自由港，澳門是博彩旅遊度假勝地，東莞、佛山、惠州等地市是中國最早開放地區，從而形成了製造業發達地區，深圳是中國最早的經濟特區，因科技創新能力和教育發展能力強大而成為創新研發產業中心，廣州則是中國南方最大的傳統商業城市，現在正向國際化大都市發展。粵港澳大灣區的基礎設施建設發達，機場、碼頭、高鐵、動車、高速公路、加上剛剛通車的港珠澳大橋，交通暢通完備。此外，粵港澳大灣區因為中國改革開放 40 年成為中國最富庶的地區，國際化程度較高，與世界打交道的經驗比較豐富，強大的科研力量吸引全球科技公司、科研機構前來投資佈局。所以，粵港澳大灣區通過各種資源和生產要素的優化整合，將成為中國創新科技和創造財富的新增長點。

在粵港澳大灣區的經濟功能上，香港南豐集團 CEO 梁錦松認為，粵港澳大灣區綜合了紐約灣區、東京灣區、三藩市灣區的三個主要功能。紐約灣區主要功能是金融中心，與此相比，香港正是一個國際金融中心。東京灣區的主要功能體現在先進的製造業，在深圳、東莞，有全球最好的製造業平台。三藩市灣區的主要功能體現在矽谷的創新能力，與此相比，深圳具有強大的創新實力。

（五）粵港澳大灣區的特點和發展難點

2018 年 4 月，參加博鼇亞洲論壇的與會者提出「一二三四，即一個國家、兩種體制、三個關稅區、四個核心城市」是粵港澳大灣區最大的特點，同時也是最大的難點和痛點。

香港競爭力的
興衰與改造

1. 了解粵港澳大灣區的特點

粵港澳大灣區最主要的特點是：一區兩制三系四市。也就是說，在一個主權國家範圍裏興建的一個大灣區，實行資本主義和社會主義兩種制度，具有三個法律體系、關稅體系、財稅體系、貨幣發行體系和行政管理體系，區裏有廣州、深圳、香港、澳門四座特色各異的中心城市。

2. 粵港澳大灣區發展的難點

根據粵港澳大灣區「一區兩制三系四市」的特點，要快速高效的發展，必須實現經濟一體化，否則會造成經濟發展的難點，即發展的不平衡，或發展受到牽制。

經濟一體化（Economic Integration），指區域內兩個或兩個以上地區，在一個由政府授權組成的並具有超國家性的共同機構下，通過制定統一的對內對外經濟政策、財政與金融政策等，消除經濟貿易發展的障礙，實現區域內互利互惠、協調發展和資源優化配置，最終形成一個政治經濟高度協調統一的有機體的過程。[81]

然而，《粵港澳大灣區發展規劃綱要》裏沒有提出經濟一體化，只提出「推動珠三角九市城鄉一體化發展」，「提高城鄉基礎設施一體化水準」。該規劃制定者似乎發現香港澳門與內地九市實行經濟一體化的難度非常之大，在短期內難以解決的，特別是難以突破兩個《基本法》的限制。可是沒有經濟一體化，粵港

81　百度百科：全球經濟一體化，https://baike.baidu.com/item/。

澳大灣區發展規劃可能只是紙上談兵。這是一個悖論,更是一個難點。

3. 經濟一體化是粵港澳大灣區經濟發展的必要手段

區域經濟中的經濟一體化有幾種形式:

(1) **自由貿易區**。成員之間簽訂自由貿易協定,免徵關稅和取消其他貿易限制。

(2) **關稅同盟**。為了取消彼此之間的關稅或各種貿易壁壘,建立共同的對外關稅而締結的同盟。同盟內部商品自由流通和自由競爭。關稅同盟在一體化程度上比自由貿易區進了一步。

(3) **共同市場**。在關稅同盟基礎上實現生產要素的自由流動,在同盟內建立關稅、貿易和市場一體化。其最終目標是要實現完全的經濟聯盟。

(4) **經濟聯盟**。這是經濟一體化的最終發展目標和最高級的形式。它要求其成員在實現關稅、貿易和市場一體化的基礎上,建立一個國家級的管理機構,在國際經濟決策中採取同一立場,行使統一的貨幣制度和組建統一的銀行機構,進而在經濟、財政、貨幣、關稅、貿易和市場等方面實現全面的經濟一體化。[82]

發展粵港澳大灣區,將中國南方最富裕的珠江三角洲的十幾座城市,強化國家規劃指導,加強城市群的經濟主導,弱化各個城市的行政管治功能,通過經濟一體化的手段,通過產業關聯和區域關聯對區內外發生組織、協同、競合、示範、帶動作用,將

82　百度百科:區域經濟一體化,https://baike.baidu.com/item/。

香港競爭力的
興衰與改造

地理位置優勢轉換成地緣經濟優勢，產生宏觀經濟學上的乘數效應，一加一大於二。

4. 粵港澳大灣區發展的難點

鑒於粵港澳大灣區內各城市的特點，如果沒有經濟一體化，大灣區的發展將會遇到前所未有的困難。例如：

——在粵港澳大灣區裏，廣東省所屬的九個城市實行的是社會主義制度，香港和澳門兩個特別行政區實行的是資本主義制度。這意味着在大灣區裏，社會主義與資本主義從井水不犯河水，到井水混入河水。廣東省實行中國特色的社會主義經濟與港澳實行資本主義市場經濟在政治上、法律上是難以調和，即使混合經濟應運而生，可能也要看政治的眼色。公有制與私有制的價值觀、商業運作模式等難以涇渭分明，勢必犬牙交錯，公私難分。

——大灣區裏的粵港澳三地，有着各自專屬並與其他兩地不同的法律體系，即廣東省實行的是中國特色的社會主義法律體系，香港實行的是普通法或稱英美法的法律法系，澳門實行的是葡萄牙的大陸法的法律體系；粵、港、澳三地是不同的關稅區，實行不同的財稅體系以及人民幣與港幣、澳幣不能自由兌換和自由流通，這些都直接影響到大灣區內所有生產要素的自由流動，當然，也直接影響到大灣區內經濟一體化的發展進程。

——粵港澳大灣區裏有着廣州、深圳、香港、澳門四座歷史文化、經濟發展、社會變革等完全不同的核心城市，呈現多元的城市風格和文化，雖然廣東話是通行無阻流行最廣的方言。香港的國際金融中心、澳門的世界博彩中心、深圳的科技創新水準和

吸引國際一流人才的力度、廣州的傳統實體經濟和新興產業以及華南最大商業城市的改造和更新換代，都是其他城市難以效仿、複製或超越的。

這些困難之所以是前所未有的，因為目前世界上除了粵港澳大灣區外，紐約、三藩市、東京等其他大灣區的發展基本上不存在這些困難。解決和克服這些困難與粵港澳大灣區的特點形成悖論，即粵港澳大灣區的特點是造成這些困難的原因。同時，這些困難也不可能出現在將來可能進一步發展的長三角、渤海灣等大灣區，因為那裏沒有粵港澳大灣區的這些特點。

5. 從粵港澳大灣區的特點和發展難點中尋找香港競爭力改造的機會

如果換一個角度看，粵港澳大灣區的發展戰略，雖然是一個將會產生許多困難並要不斷解決困難的發展戰略，但不可否認這是一個非常大膽的有遠見的發展戰略。粵港澳大灣區發展戰略的策劃者和決策者，有智慧有膽量在一個國家的一塊地域內圈起一個大灣區作為進一步改革開放的大試驗場，把港澳的資本主義制度和廣東的中國特色社會主義制度結合在一起，讓三種法律體系、三種關稅體系、三種財稅體系、三種貨幣體系，甚至三種行政管理體系，在區裏各行其道，各顯神通，充份競爭，取長補短，制度創新，其目的是創造更多的機會，創造更多的社會財富，滿足人民群眾對美好生活的嚮往和追求。當然，「粵港澳大灣區建設領導小組」將成為一個在國家規劃指導下的有較強的領導能力、協調能力和執行能力並代表中央政府的決策機構，落實《粵

港澳大灣區發展規劃綱要》，解決和調解各種疑難雜症，推進大灣區的協調發展。

從香港競爭力改造的角度看，粵港澳大灣區發展戰略為香港經濟發展提供了一個更大的嶄新的平台，擴大了香港經濟發展的腹地和市場，找到了香港經濟發展的新增長點，使香港的競爭優勢有了用武之地。特別是香港金融中心的融資服務，香港健全法制下的仲裁、調解、審計、評估、會計、公證、檢驗、商標、專利等法律服務，香港數所大學較高的科技創新水準，香港發達的資訊諮詢產業，香港前衛的時尚設計，都能夠為粵港澳大灣區的發展提供巨大的挹注和幫助。

（六）粵港澳大灣區共同市場的帕累托最優

帕累托最優（Pareto Optimality）和帕累托改進（Pareto Improvement）是意大利經濟學家維弗雷多・帕累托（Vilfredo Pareto）提出的評價經濟體和政治政策的重要標準。

帕累托最優是公平與效率的「理想王國」。帕累托最優是指資源配置的一種理想狀態。假定固有的一群人和可分配的資源，從一種分配狀態改造或變更到另一種狀態時，在沒有使任何人處境變壞的前提下，使得至少一個人的處境變得更好。帕累托最優狀態就是不可能再有更多的帕累托改進的餘地，即帕累托改進是達到帕累托最優的路徑和方法。經濟學理論認為，如果市場是完備的和充份競爭的，市場交換的結果一定是帕雷托最優的。一種資源配置狀態如果尚未達到帕雷托最優，那麼它一定是不理想

的，因為還存在改進的餘地，可以在不損害任何人的前提下使某一些人的福利得到提高。

粵港澳大灣區「一區兩制三系四市」的特點在相當長的時間裏難以改變，使大灣區內難以形成充份競爭的完全自由的市場，使大灣區內難以實行經濟一體化的管理體制。在此客觀條件下，要實現帕累托最優和進行帕累托改進，難度是不言而喻的。

然而，事在人為，問題和解決問題的辦法同時產生。根據粵港澳大灣區的特點，不斷進行帕累托改進，逐漸克服粵港澳大灣區發展的難點，實現帕累托最優。例如，為了充份吸引優秀人才支持粵港澳大灣區建設，國家財政部稅務總局在 2019 年 3 月 14 日發佈《關於粵港澳大灣區個人所得稅優惠政策的通知》（財稅〔2019〕31 號），其中第 1 條規定「廣東省、深圳市按內地與香港個人所得稅稅負差額，對在大灣區工作的境外（含港澳台，下同）高端人才和緊缺人才給予補貼，該補貼免徵個人所得稅。」深圳市的做法是，高端科技人才個人所得稅 15%，差額由深圳市政府補齊，100 萬年薪應繳個稅 45 萬現在可以少繳 30 萬。[83] 這是用補貼的形式解決了引進優秀人才的經濟利益需求，改變了過去靠減免所得稅所帶來的負面影響。

如果粵港澳大灣區的城市間只是鬆散的城際之間、行業或企業之間的協作、合作，優勢互補，不涉及制度、體制、法律、稅務、關稅、貨幣、兌換等難以逾越的鴻溝，粵港澳大灣區的建成指日

---

83 深圳市副市長王立新在深圳技術峰會上的講話，《澎湃新聞》，2019 年 5 月 27 日。

香港競爭力的
興衰與改造

可待。

如果粵港澳大灣區的城市間是緊密型的合作，優勢互補，實現經濟一體化，涉及到制度、體制、法律、稅務等難以逾越的鴻溝，大灣區建設和充份發展將步履維艱，難以施展。例如澳門的博彩業進不了大灣區內其他城市；香港的國際金融中心地位不是一天建成的；深圳的創新競爭力在大灣區首屈一指，無出其右；廣州從華南傳統商業大城市進化到國際大都會，有口皆碑，難以取代；東莞、惠州等城市的先進製造業和供應鏈，是國際眾多著名品牌商品的生產地，如何在中美貿易戰的外部環境中繼續生存和發展。

當然，如果粵港澳大灣區實現了經濟一體化，生產要素得到了最合理的配置，各種資源得到了最佳利用，社會財富將極大的湧出，那麼，粵港澳大灣區將有可能創造世界經濟發展史上的奇蹟，香港競爭力改造也將登上了一個新的台階。毫無疑問，香港競爭力通過粵港澳大灣區的興建，將得到一次前所未有的淬煉和改造。

中國改革開放 40 年取得的成就舉世矚目，其中 GDP 年均增長 9.5%，從經濟瀕臨崩潰邊緣成長為世界第二大經濟體、製造業第一大國、貨物貿易第一大國、商品消費第二大國、外資流入第二大國，外匯儲備第一大國等。粵港澳大灣區裏的深圳、廣州、珠海、佛山、中山、東莞、江門、惠州和肇慶等城市引領中國改革開放和經濟社會發展的方向。40 年來，中國成功的關鍵是四個字：改革開放。如果用西方人能夠理解的語言則是四個字：市場

經濟。這就是以市場的價值觀進行解放思想，以市場的規則改革政府管理體制，以商品的供求關係開放市場，突破計劃經濟的藩籬，全力發展生產力，強國富民。

翻開世界經濟發展史可以發現，工業革命之所以在英國發生，是因為英國佔領了全世界最大的紡織品市場。美國取代英國成為世界第一強國，也是因為美國掌控了比英國更大的建築業、汽車工業、軍事工業、文化產業、金融服務業等國內市場和國際市場，並且有強大的教育、科技和軍事力量為支撐和後盾。中國要成為世界上真正的經濟強國，僅有國內市場是不夠的，還要成為世界市場上的佼佼者和領先者以及市場份額的較大佔領者，這就需要有更多的新技術、新材料、新產品、新商業模式的推出引領市場，這就需要不僅是國際規則的遵守者，還要成為世界規則的制定者，還需要湧現更多的創新領軍人物、新型管理人才和新一代決策領導者。

回顧世界歷史，傳統的佔領和擴大市場的方法是刀與劍、血與火的侵略戰爭和軍事打擊力量，就像英國以鴉片戰爭打開和佔領中國市場，現在這一方法已被淘汰。現代的佔領市場方法是國家的高新科技產業和文化教育產業以及綜合競爭優勢。目前粵港澳大灣區共同市場的建立和一帶一路沿線國家投資市場的開發不可小覷，這是中國佔領和開拓世界市場的戰略部署。

粵港澳大灣區共同市場的建立，就是要在「一區兩制三系四市」的特點下，將區內分散的井水不犯河水的各自為政的市場整合起來，實行市場經濟一體化，才能創造出更大的財富效應。例

如，香港的金融優勢進一步擴展到大灣區內；香港和深圳高校的
創新技術和發明，到大灣區其他城市進行大規模生產；大灣區內
更多的民眾到香港深度旅遊和到澳門休閒度假旅遊等。在大灣區
內，一小時生活圈的形成，共同市場的觀念逐漸加強，創造財富
的願景逐漸實現，特區與周邊城市的界限逐漸模糊。

可以用粵港澳大灣區共同市場的發展進度來鞭策、衡量和評
價大灣區總體發展的成敗。當然，粵港澳大灣區共同市場建立的
過程也是進行帕累托改進的過程，從而使共同市場裏所有生產要
素的配置達到帕累托最優。

總而言之，粵港澳大灣區的興起，是有利於香港地緣經濟改
造的發展戰略。粵港澳大灣區共同市場的成熟發展，是大灣區成
敗的關鍵，更是中國進一步改革開放的指標性看點。

五、政治體制改造：讓香港市民過上好日子

香港的政治體制改造，遠比觀念改造、民生改造、產業結構
改造和地緣經濟改造更困難。因為觀念改造可以靠媒體鼓動輿論
宣導與時俱進時尚引領形成共識，民生改造可以靠大量資金投入
苦民所需解民所困為民造福，產業結構改造可以靠戰略規劃反覆
論證精心實施再創輝煌，這些都是香港自身力所能及決策實施完
成的。地緣經濟改造涉及到由中央負責制定的粵港澳大灣區建設
的總體規劃，香港只要充份發揮自己的優勢，扮演好自己的角色。
然而，惟有政治體制改造是香港自身難以完成的，它涉及到國家
與香港的關係，即中央對香港的全面管治權與香港特別行政區的

高度自治權之間的博弈關係，涉及到《香港基本法》的法律條文的解釋，以及涉及到國際資本在港利益的維護等諸多方面。

香港現行的政治體制是從港英政府時代繼承過來的，回歸以後受到《香港基本法》中「一國兩制」的嚴格規範。香港回歸時，受「舞照跳、馬照跑」的承諾和渲染，香港市民深信易幟後一切照舊。回歸20多年後，香港經歷了風風雨雨，沒有安靜消停過一天，舞確實仍在跳，馬確實還在跑，但其他的一切都改變了，甚至有些已是面目全非。在有的人眼裏，看山已不是山，看水已不是水；在有的人眼裏，看山仍是山，看水還是水。這當然是每一個香港人的自由心證和主觀認知，甚至陷入公説公有理，婆説婆有理的見仁見智。

不妨來一個自問自答：如果你覺得對香港的現狀和未來預期，一切尚好，可以把握，即使有不盡如人意地方，也可以忍受，畢竟這是一個給你夢想奮力打拼過的城市，那就知足常樂或知不足已麻木的生活下去直到終老。如果你覺得對香港的現狀和未來的預期，使你失望，使你不快樂，不能忍受，但又不想移民他國，你應該思考，能否改變這一現狀？香港的政治體制改造應運而起。

安於現狀或要改變現狀，都符合人性。人性中有惰性、不安份性和容忍性。滿足產生於惰性，不滿足產生於不安份性，想改變又懼怕困難或不願意付出改變的代價則產生了容忍性。

三權分立互相制衡的立法、司法和行政，加上自由媒體的監督這個第四權，構成了香港政治體制的基本架構。回歸前，除了媒體以外的三權，基本掌控在殖民地宗主國委派來的香港總督的

香港競爭力的
興衰與改造

股掌之中。回歸20多年來，經歷無數次的政治紛爭、折騰和磨合，沒完沒了的選舉，頻繁的遊行抗爭，激烈的街頭衝撞，癱瘓的道路交通，無休無止的立法會拉布和脫序行為，至今歷歷在目。折騰累了，香港的政治體制就暫時穩定下來，或者從亢奮激昂狀態進入疲軟休整狀態。反對派正處於休養生息保存實力積蓄能量爭取再戰，建制派也在擴大戰果坐地分贓全面佈局以利再戰。

認真剖析香港立法、司法、行政和媒體這四權回歸後的狀況，如果不加以改造，可以預期香港將繼續沉淪。雖然在港英政府統治的156年中，香港曾經出現過燦爛輝煌的年代，香港的立法、司法、行政和媒體這四權對政治體制的順暢運作起到了重大支撐作用，然而在回歸後的20多年裏，這四權的互動和制衡不時出現磕磕絆絆，要麼相互獨立不足或獨立過界，要麼相互制衡過度或制衡不及。

（一）行政權改造

在香港的政治體制架構中，代表行政權的是香港特別行政區最高行政長官以及政府管治團隊。香港特首不是全民直接投票普選產生，而由400人至1,200人組成的選舉委員會選舉產生，然後由中央政府任命。從香港特首的選舉上可以看到，特首的權力表面上是來源於400人至1,200人的選舉委員會，但特首施政不需要向選舉委員會以及成員負責，因為特首上任，選舉委員會解散，下次選舉重新集結，特別是，選舉委員會成員不是由全體符合選舉資格的香港市民普選產生，缺少認受性，被稱之為「小圈

子選舉」，經此選舉委員會選舉產生的特首當然也缺少認受性。2015 年 6 月 18 日香港立法會以大比數否決了香港政府推出的普選行政長官的政改方案，使有條件的普選香港特首的選舉戛然中止，回到了上一次選舉即「小圈子選舉」的起點。

目前香港的行政長官，一不是直接或間接普選產生，二不是取得香港立法會多數席位的政黨領導人或代表，三不是中國國家主席直接委派的內地官員（類似於英女皇指派香港總督），而是經過許多複雜的幕後磋商和協調甚至交易的產物，只是香港各利益集團妥協的代表。因此，這樣產生的特首，只能是弱勢領導，聽命於中央，周旋於各利益集團之間。對於香港市民利益的爭取和維護，可謂是心有餘而力不足。

香港現行的行政主導制度是對原來香港總督制度的繼承和改造。對於香港政治體制架構中行政權的改造，應該重啟香港政府推出的 2017 年普選行政長官的政改方案。與其仍在 1,200 人的「小圈子」選舉裏打轉，不如進行有條件的普選，即「小圈子」的提名委員會提出二至三名特首候選人，經香港全體選民普選產生特首，由中央任命。好處是，增加了香港市民對特首的認受性。將「小圈子」選舉特首的事先絕對確定性改造成事後相對確定性。

（二）立法權改造

在香港的政治體制架構中，代表立法權的是香港立法會。它對香港特別行政區政府具有監察權。立法會目前議員總數 70 人，其中功能界別選舉的議員和地方選區選舉的議員各 35 人。2020

香港競爭力的
興衰與改造

年全部議員將由普選產生。

在回歸前，英國女皇委派的香港總督長期兼任香港立法機關的香港立法局主席，對所有法律草案、議案有最終否決權，實行行政主導，體現了一切權力歸英女皇。回歸後，香港特首的行政主導體現在行政長官和政府主要官員由中央政府任命，並向中央政府負責。特區政府官員列席立法會會議，但不向立法會負責。行政主導還體現在回歸後的立法會失去議員的創議權，即立法會議員不得提出涉及公共開支（減少政府收入或增加支出）、政治體制或政府運作的法案，除非得到行政長官書面同意，法案不能涉及政府政策。[84] 甚至訂立的法例也由政府主導，立法會只有向政府質詢及表決通過或者不通過政府法案的權力，但不能修改政府法案，造成「立法會有票無權、政府有權無票」的奇怪現象，香港民選的立法會議員至多只能扮演政府的監督者或所謂「反對派」的角色，甚至佔立法會議員總數將近三分之二左右的建制派議員只能充當香港政府的「御林軍」，確保政府提交議案的順利通過。民選的立法會議員不能掌握行政資源為選民服務，只能有限度的監督非完全民選的特首及其政府團隊行使行政資源為市民服務，造成政府效率低下，民怨民憤積重難返。

對於香港政治體制架構中立法權的改造，要改變建制派議員只能是政府法案在立法會通過的護衛隊和反對派議員是永遠的反對派的立法會生態，可以採用政黨政治的某些元素，例如，特首可

---

84 《香港基本法》第 74 條。

以是政黨領袖，特區政府施政團隊可以吸納施政理念相同的立法
會議員擔任行政會議成員和政治任命的政府部門首長，立法會議
員中，建制派和反對派議員除了可以否決政府提出的法案外，還
可以單獨或聯合提出涉及經濟、民生、社會、環保等方面的法案。

（三）司法權改造

在香港的政治體制架構中，代表司法權的是香港的各級法
院。回歸前後香港司法權最大的變化是，回歸前，香港司法的
終審權在英國樞密院司法委員會。回歸後，香港特別行政區的
終審權屬於香港特別行政區終審法院。[85] 然而，回歸後香港的司
法實踐十分不暢順，出現了五次的司法解釋，即全國人大常委會
先後五次對《香港基本法》作出解釋。其中，第一次和第三次由
香港特區行政長官提出，第四次是由終審法院根據《基本法》第
158 條第 3 款提出，而第二次和第五次則是由全國人大常委會主
動釋法。現在回過頭來看，每一次釋法都是對香港司法權的一次
改造。

第一次釋法。1999 年 1 月 29 日，香港終審法院就「吳嘉玲案」
進行宣判，指出「所有香港永久居民在中國內地所生子女，不論
有否單程證，不論婚生或非婚生，不論出生時父或母是否已經成
為香港居民，均擁有居港權」。1999 年 5 月 18 日行政長官會同
行政會議決定提請第一次人大釋法。1999 年 6 月 26 日，第九屆

---

85 《香港基本法》第 82 條。

香港競爭力的
興衰與改造

全國人大常委會第十次會議對《香港基本法》作出解釋，指出只有獲批准單程證的香港永久居民在內地所生子女才享有居港權，及出生時父母仍未成為香港居民的則沒有居港權，而使有權來香港的人數減至 27 萬。

第二次釋法。2004 年 4 月 6 日，第十屆全國人大常委第八次會議對《基本法》附件一和附件二作出解釋，其中涉及有關修改「行政長官及立法會產生辦法和法案議案表決程序」的規定。全國人大常委會決定，2007 年第三任行政長官選舉不實行普選，2008 年第四屆立法會選舉中功能團體和分區直選產生的議員各半的比例維持不變，立法會對法案議案的表決程序亦照舊，而在此前提下，行政長官和立法會的具體產生辦法可按照基本法有關規定作出符合循序漸進原則的適當修改。

第三次釋法。2005 年 4 月 6 日，署理行政長官曾蔭權請求國務院提請全國人大提出就《香港基本法》第 53 條有關新的行政長官的任期作出解釋。4 月 27 日，十屆全國人大常委會第十五次會議對釋法問題進行表決，全體委員一致通過補選的行政長官任期為前任餘下的任期。

第四次釋法。2011 年 6 月 8 日，終審法院以三比二的多數裁定，針對一案需要尋求人大常委釋法。判詞指希望人大解釋《香港基本法》第 13 條，有關中央人民政府負責香港特區外交事務的條文，包括中央人民政府是否有權決定國家豁免規則或者政策，以及這些規則或者政策，是否《香港基本法》第 19 條，屬於國防及外交等國家行為。2011 年 8 月 26 日，第十一屆全國人

大常委會第 22 次會議通過決議，因香港對外事務由中央人民政府負責，故此香港特區須跟從中央人民政府，對剛果民主共和國實施「絕對外交豁免權」。這是到目前為止，唯一一次由香港司法機構提出的人大釋法要求。

第五次釋法。2016 年 11 月 5 日，第十二屆全國人大常委會第 24 次會議審議了《全國人大常委會關於香港特別行政區基本法第 104 條的解釋》的草案，並於 11 月 7 日表決時以 155 票全票通過，指出香港特別行政區的公職人員必須依法真誠地作出擁護基本法和效忠中華人民共和國香港特別行政區的宣誓，並謹守誓言。

經過五次釋法，大陸法系與海洋法系、條文法與案例法、法律最終解釋權與司法終審權等在香港的司法實踐中進行了適應性磨合，香港司法權得到了進一步淬煉和改造。中國著名法學家王振民總結：「在香港回歸中國後，英國樞密院司法委員會對香港享有的司法終審權和法律的最終解釋權，根據《基本法》被一分為二：終審權被授予了香港特區終審法院，而憲制性法律的最終解釋權則保留給了全國人大常委會。」「應該承認，無論本地法院釋法或者人大釋法，都使得基本法變得更加有血有肉，豐富多彩，推動了以基本法為核心的特區新法律制度的發展，極大擴充、豐富了『一國兩制』的法律內涵，也推動了中國憲法和法律解釋制度的發展。」[86]

86　王振民：〈論回歸後香港法律解釋制度的變化〉，《政治與法律》，2007 年第 3 期。

香港競爭力的
興衰與改造

內地研究香港法律問題的學者田飛龍認為，回歸以來法院未有維護《基本法》中的國家法益，在人大釋法的指引下，才逐步發展出尊重及兼顧國家法益的裁判立場，但這種司法調整仍是緩慢且不穩定，舉例在「七警案」及黃之鋒終審改判案中，特區司法嚴重偏向「抗爭者權利」，罔顧《基本法》上的公共秩序與國家法益。

這些都表明，香港司法權的改造仍在進行中。

（四）第四權改造

第四權是指行政、立法、司法三權之外的第四種政治權力，泛指監察政府的新聞傳媒。由於媒體負有報道社會真相、揭露濫權和不公義的功能，並獨立於政府機關，故發揮着制衡政客官員及影響輿情的作用，漸漸形成社會上的第四種權力。雖然它不是政治體制架構的支撐，但它可以利用傳媒載體提供社會能見度，促進行政、立法和司法這三權的相互獨立和制衡。

傳播媒體或稱「傳媒」、「媒體」或「媒介」，是傳播資訊的載體，即資訊傳播過程中從傳播者到接受者之間攜帶和傳遞資訊的一切形式的物質工具；如電影、電視、廣播、印刷品（報紙、雜誌、書刊等）。自從電腦的普及化，網上媒體亦成為一種新形式的傳播媒體。隨着傳統的平面紙質和電視媒體由盛轉衰，網絡的手機和電腦自媒體逐漸成長壯大。

目前，香港媒體的困境是，香港「銅鑼灣書店」事件發生後媒體的自我審查加劇，媒體的公信力不斷下降。香港媒體正在異

化：媒體財團化，資本逐漸控制媒體。媒體商業化，帶動潮流、時尚和享樂，影響着消費及價值觀。媒體娛樂化，娛樂新聞與嚴肅新聞混淆。媒體色情與暴力化。媒體語言低俗化和負面報道化。

資本與威權的介入導致香港第四權公信力式微，減弱了對香港行政、立法和司法三權的監督，不是香港政治體制架構健康之福。香港第四權的改造寄希望於自媒體的壯大和發展，寄希望於現代網絡科技的日新月異，寄希望於公民社會的覺醒和振聾發聵吶喊。香港第四權改造，任重道遠。

六、教育改造：培養具有國際國內競爭力的人才

「十年樹木，百年樹人」，比喻人才培養之不易及需要長久之計。該成語源自《管子・權修篇》：「一年之計，莫如樹穀；十年之計，莫如樹木；終身之計，莫如樹人。一樹一獲者，穀也；一樹十獲者，木也；一樹百獲者，人也。」「百年樹人」，一方面表明培養人才所需要的時間很長；另一方面隱含着要用正確的形式、方法以及內容培養人才。

培養人才，必然涉及到教育。對教育的解釋有廣義與狹義之分。教育的廣義解釋是指影響人的身心發展的社會實踐活動。泛指一切傳播和學習人類文明成果，即各種知識、技能和社會生活經驗，以促進個體社會化和社會個性化的社會實踐活動，產生於人類社會初始階段。教育的狹義解釋是指專門組織的學校教育。在學校教育中，教師直接向學生教授一系列課程，包括閱讀、寫

作、數學、科學、歷史等。與之相對應，職業教育中只教授單一的職業技能。除此之外，人們還可以從其他管道獲得非正式的教育，如博物館、圖書館、網際網絡，以及生活中的經驗。其他一些新的教育方式也逐漸出現。受教育權已是一項基本人權。[87]

香港競爭力的興起和衰退與香港人力資源素質的下降密不可分；而教育，不論是廣義教育還是狹義教育，都是香港人力資源素質的直接鍛造者和提升者，都是「百年樹人」的最重要內容和手段。

香港競爭力出現衰退，必然要檢討到香港教育機制出現的問題。實行香港競爭力改造，勢必引發對香港教育機制的改造。而香港教育機制的改造，不可能一蹴而就，一切還得從教育的源頭和教育的基礎開始。

（一）從兩文三語到兩文兩語

1997 年回歸後，香港特別行政區政府實行的是「兩文三語」的語言政策，即中文、英文書寫，粵語、英語和普通話口語。第一語言是粵語、或族群母語，第二語言是英語和普通話。

1997 年 9 月，香港特區政府教育局關於中學教學語言指引中表示：「世界各地及本港的研究結果顯示，對大多數學生來說，以母語學習，成效最佳。」特區政府的政策是：「鼓勵中學採用母語教學」。[88]

87　維基百科：教育，https://zh.wikipedia.org/wiki/。
88　香港特區政府教育局：〈為甚麼要用母語教學？〉，https://www.edb.gov.hk/tc/edu-system/。

語言是溝通交流的工具，在商業社會掌握一種或多種語言明顯具有競爭優勢。香港自 1842 年以來成為國際上的自由港，轉口貿易是香港的生存之道和立港方略。英語是國際貿易的通用語言，也是世界上最多國家使用的語言。學習和掌握英語成為香港人安身立命以至發財致富的法寶和競爭優勢，香港人使用英語溝通的順暢程度，使香港成為國際上最重要的商業貿易城市和世界第三大金融中心。如果港人沒有熟練掌握英語——這不是港人的母語，香港不可能有昔日的輝煌。

　　進入 21 世紀以來，中國內地成長為世界第二大經濟體，成為世界上最大的市場和工廠。香港具有經濟地理位置的區位優勢，理所當然的成為進入中國內地這一淘金勝地的橋頭堡和出發地，香港人本應名正言順的成為最佳嚮導和仲介，賺到第一桶金和第 N 桶金。然而香港人力有不逮，蹩腳的普通話和不諳中華文化的弱點，難以勝任，難有競爭優勢，被新加坡人、台灣人或其他地方能操流利普通話和比較了解中華文化的世界各地的華人捷足先登，特別是當中國內地成為充滿機會的投資熱土的時候，特別是中國內地市場由買方市場轉變成賣方市場的時候。

　　殘酷的市場競爭現實表明：回歸前，良好的英語是香港人的國際競爭優勢，幫助香港成為亞洲「四小龍」；回歸後，蹩腳的普通話和用粵語教的中文沒有成為香港人進入內地市場的競爭優勢，沒有分享到中國內地改革開放的紅利。簡言之，香港人懂得用英語敲開國際市場的大門，卻不懂得用普通話敲開內地市場的大門。這不能不說是嚴重的失誤和遺憾。這裏只是用經濟利益和

市場損失來說明這一失誤和遺憾，不用前朝的統治技巧和政治陰謀來解釋這一失誤和遺憾。

粵語教中文和廣東話成為教學第一語言與香港回歸前後百多年的發展，在邏輯上的悖論是很明顯的：香港回歸前百餘年，膺服大英帝國的殖民統治意志，英語成為香港主流社會唯一的社交語言，成為香港對外交流最重要的溝通語言，並為香港在世界經濟和國際貿易中獲取了最大的利益；香港回歸後的 20 多年，香港特區政府無視自己身處世界最大市場的有利位置並且商機無限的事實，無視自己母國 14 億人口中 92% 的漢族人口的母語是普通話的現實，無視自己母國幾乎所有大中小學和幼稚園都是以普通話作為第一教學語言的現實，搞出了一個香港「第一語言是粵語、或族群母語，第二語言是英語和普通話」的兩文三語政策，並「鼓勵中學採用母語教學」，把普通話當成了「小三」。有些文化人還從唐詩宋詞元曲中找到幾個與粵語或廣東話相近的語音語調和韻腳，便證明起「第一語言是粵語」的歷史地位。

同意「母語是指一個人自幼習得的語言，通常是其思維與交流的自然工具」的聯合國教科文組織對母語的定義，也同意「對大多數學生來說，以母語學習，成效最佳」的香港特區政府教育局的觀點，但不同意「第一語言是粵語、或族群母語，第二語言是英語和普通話」，「鼓勵中學採用母語教學」即用廣東話教中文的香港特區政府的兩文三語政策。因為它完全忽視了學以致用的學習目的性，忽視了只有中英文和普通話英語俱佳的香港人才

擁有在國際上和中國內地的競爭優勢。

　　香港特區政府語言政策的嚴重失策在於，只是從教學效果的角度，沒有從香港在世界上的地位和回歸後融入內地發展的角度制定中小學的教學語言政策。回歸 20 多年後的經歷表明，香港語言政策的失誤造成的語言隔閡，嚴重妨礙了香港民眾與中國內地民眾的正常交流，不時出現內地遊客在香港與港人用英語交談的奇怪街景，這些都嚴重阻滯了香港競爭力的提升，嚴重削弱了香港人的國內競爭力。

　　長期以來，香港社會糾結於粵語是母語還是方言，因為如果是母語就能成為香港政府法定使用的「第一語言」，如果是方言則不登大雅之堂，只是民間廟堂之語。根本忘記了語言純粹是溝通交流的工具，學好英語是為了更好的與世界上 70 多億人溝通，學好普通話是為了更好的與 14 億中國人溝通，而學好粵語充其量是為了更好的與 750 萬香港人中母語是粵語的 400 萬左右的人溝通。孰輕孰重，一目了然。

　　香港人口中 94% 是華人。在香港華人中，祖籍廣東的超過 50%，約 400 萬人，是香港第一大族群；祖籍福建的約佔六分之一，約有 120 萬人，是香港第二大族群；香港客家人口約佔 13.5%，約有 95 萬人，為香港第三大族群；其餘的是江浙滬等地人口。如果按母語分佈來看，廣東人的母語並不都是廣州話，還有客家話、潮州話；福建人的母語也並非都是福建話(即閩南話)，還有閩北話、莆仙話，江浙滬等各地的母語也不一樣，差異很大。如果按照香港特區政府「第一語言是粵語、或族群母語」的語言

政策教學，除了粵語以外，很難找到福建話、上海話、客家話的教師，這逼迫所有母語不是粵語的中小學生，要先學習廣東話，才能聽懂以粵語作為教學語言的教師講的課，根本達不到「以母語學習，成效最佳」的目標。

在香港的中小學裏用普通話教學已不是甚麼前衛或實驗。香港幾乎所有的國際學校，學習中文和普通話早已取代粵語和廣東話，有的學校甚至不准在學校裏說廣東話，表明學習語言的環境的重要性。在北上廣深這些中國一線城市裏，除了上海和廣州的個別老街道老弄堂裏，早就是普通話不絕於耳，已經聽不到母語或方言了。深圳，這個從廣東省保安縣發展起來的香港後花園成為中國的特大城市，經濟發展全面超越廣州和香港，與它的廣納百川五湖四海緊密相連。在深圳，普通話早已是廣大市民的第一語言，成為首選的溝通交流工具，雖然許多市民的母語是廣州話、閩南話、湖南話、四川話等。

最後的結論是：普通話應成為香港中小學教學的第一語言。香港的語言政策應從「兩文三語」改造成為「兩文兩語」，即「中文和英文與普通話和英語」，母語和方言可保留為家庭和族群的溝通交流工具。或者，「兩文三語」的提法不變，內容修改為：將粵語教中文改為以普通話教中文，將普通話提升為「第一語言」。這是香港提升競爭力的基礎與根本。由於教學的自主性，香港的一些中小學如果堅持粵語和廣東話教學的傳統，不願意與時俱進，培養的學生肯定輸在起跑線上，那將成為以後聯合國非物質遺產的申遺項目。

293

新加坡的語言政策值得香港借鑒。2018年新加坡人口達564萬人，其中華族佔77%、馬來族佔14%、印度族佔7%。新加坡政府承認四種官方語言，即英語、馬來語、華語以及坦米爾語，其中馬來語被定為「國語」，全國通用語言為英語。新加坡實行雙語政策，學生不僅學習英語，也學習自己的種族語言，稱之為「母語」。在新加坡教育制度裏，英語是所有科目（除母語課外）的教學媒介語言。英語是新加坡的行政語言，還是國際商業的重要語言之一。漢語是最常使用的家庭用語，有51%的人口使用，華語是新加坡華人的指定母語。

據2010年統計，新加坡人中使用英語的有36.3%，使用華語即普通話的有29.8%，使用馬來語的11.9%，使用福建話的8.1%，使用廣東話的4.1%，使用坦米爾語的3.2%，使用潮州話的3.2%，其餘的使用其他語言。

新加坡語言政策有幾個特點：（1）以英語為教學、工作、商業交往等正式的通用語言。（2）英語、馬來語、華語以及坦米爾語均為官方語言。（3）馬來語被定為「國語」，可能源自新加坡從馬來西亞獨立出來的歷史背景。（4）佔總人口77%的華族的語言為華語，並以普通話為代表，而不是以福建話、廣東話、潮州話等為代表，充滿了高度智慧，因為普通話可以擺平和覆蓋所有大中華地區的地方族群的母語或方言，還可以為新加坡人進入中國內地市場創造了語言優勢，當然，「無心插柳柳成蔭」，還為新加坡人在中國一帶一路發展戰略的沿線國家創造了先機。

（二）從國民教育到公民教育

回歸前，港人接受的是殖民地教育。通過各種考試制度，培養出效忠於英國女皇的精英階層，也就是中產階級，其爭取自身利益和維護大英帝國利益高度一致和高度重合。回歸前的百多年歷史表明，殖民地教育在香港是成功的，造就出世界上最優秀的公務員隊伍，湧現出世界上最多的商業奇才和億萬富豪，培養出大量的動手能力極強的專業和技術人才，共同創造了香港經濟繁榮的奇蹟，成為「亞洲四小龍」，使香港在世界上具有較高的文明程度和現代化程度。

然而，在香港回歸中國 20 多年來，在反政府遊行中，在「佔領中環」運動中，在立法會議員選舉中，在議員當選宣誓中，一小部份港人揮舞着殖民地時期港英政府的旗幟，表達着香港獨立的訴求，否認自己中國人的身份，蔑視《香港基本法》，辱罵中華人民共和國國歌，……表達着對回歸後的不滿，訴説着對舊時光的眷念。在此情勢下，2010 年，特首曾蔭權在施政報告中明確提出設立獨立的「德育及國民教育科」，2012 年香港特區政府決定在中小學推行國民教育，設立德育及國民教育科，簡稱「國教科」。

推行國民教育的邏輯是：香港回歸中國，香港人就是中國人，中國人要愛國家。國家成立 60 多年來特別是改革開放 30 多年來取得了偉大成就。這些成就是在現行政治體制下由中國各級政府領導取得的。由於中共是長期執政黨，又得出不言而喻的結論：這些成就都是在中共一黨執政下取得的，並歸納為中國模式。因此，國民教育是愛國愛港教育，天經地義，佔據了道德高地。

愛國的內涵是愛國家、愛現行政治體制、愛中國模式的「三位一體」，缺一不可。

推進國民教育的路徑是了解中國的國情。然而，現有的官方認可的進行國民教育的國情資料，大都文過飾非，把中共建政和執政以來的反右、公私合營、公社化、三年饑荒、文革、清污、六四、全面腐敗、人治黨治等罪惡和錯誤，全部修改了、忽略了、掩蓋了。港人了解到的是不完整的甚至是扭曲的國情。香港有太多中國現代史不同階段的能夠口述歷史的證人。國民教育一開始就是在違背歷史事實和違反實事求是原則的基礎上進行的。

遺忘歷史、篡改歷史，就有可能重演歷史。我們經常如此義正詞嚴的批評日本人的歷史觀。雖然沒有證據表明港府推行國民教育的本意也是如此，但如果按以上邏輯和路徑去進行國民教育，是會產生這樣的後果的。

與其進行強制性的招人反感的國民教育，不如用香港人容易接受的公民教育取而代之。香港是法制社會，用公民教育取代國民教育，在教育理念上更符合香港法治社會的要求，更容易獲得市民的認同。

在香港中小學設立國教科引起香港社會的廣泛關注和質疑，引發多次的聯署、遊行、集會及絕食等活動，要求撤回。2012 年 10 月 8 日，特區政府宣佈擱置國民教育課程。

實際上，世界上非常多的國家及政府都在進行國民教育或者愛國教育，關鍵是用甚麼形式、有甚麼內容、使用甚麼教材、請甚麼樣的教師去教學。

香港教育的改造，要從國民教育改造成公民教育。公民教育的理念是以人為本，以民為大，即孟子的「民為貴，社稷次之，君為輕」，人民第一，國家第二，領袖第三。然而，國民教育宣揚的理念是「有國才有民」，「有國才有家」，儘管民和家都比國出現的歷史時間要早很多。這些在香港是難以被大多數人接受的。

公民教育的內容是明確公民的權力和義務。政府官員是公民通過民主制度選舉或公開招聘的「守夜人」、「公僕」。公民有權力像防賊一樣監督政府的運作。公民制定法律，是官員施政的行為準則。而國民教育的內容是宣揚國家至上，膜拜「中國模式」。

公民教育的目的是培養具有獨立人格的公民，認同自由、平等、民主、法治等普世價值，認同「每個人的自由全面發展」才有「一切人的自由發展」。而國民教育的目的只是培養效忠國家順從政府的國民。

公民教育是法治社會的產物，與法制教育不可分離。公民教育的內容必然涉及到公民的權利、義務、責任的三位一體，不可分割，忽視任何一項，都不能成為真正的公民。公民的自由要受到法制的制約，公民追求的民主要有時間空間國別歷史等的限制。公民提倡的平等是相對的，世界上沒有絕對的平等。「公民不服從」、「違法達義」、「法不責眾」等破壞的是法制和秩序，未必能實現理想的初衷。「惡法亦法」，要靠修法除惡而不是靠暴力摧之。中外法制發展的歷史表明：以摧毀法制建立起來的社

會公義，很難用法制來維護之。任何社會的公民，一旦破壞和摧毀了法制，公民就蛻變成了暴民，法治社會就變成了無政府主義社會。

當港人真正明確和履行自己的公民權力和義務時，才能夠激發出「國家興亡匹夫有責」的愛國主義情懷。當港人了解到從 1840 年鴉片戰爭、1911 年辛亥革命、1949 中華人民共和國成立和 1979 年中國改革開放以來在中國發生的全部真實的歷史，才能正確理解愛國愛港的共同認知和共同維護中國人的國家利益。這些，只有公民教育才能做到。也只有通過公民教育才能滿足香港提升競爭力的需求。

在香港的中小學中認真開展公民教育，不能存在公民對於法制認知的空白，這是法制社會的必然。否則有可能被無政府主義思潮入侵，產生違法亂紀的行為，還有可能被冠冕堂皇的社會運動理論蠱惑人心，導致反社會的言行。這一切都是削弱和破壞香港的競爭力。

（三）從殖民地文化教育到多元文化教育

從 1841 年開始到 1997 年結束，英國人在香港殖民統治了 156 年。在此期間，香港從一個小漁村建設成為一個國際大都市。與此同時，殖民地文化教育成為香港的主流文化教育，並派生出精英文化教育、法治文化教育、商業文化教育，以及在保留了部份中華文化教育的基礎上產生了多元文化教育。這些文化教育的融會貫通，構成了英國在香港殖民統治的軟實力，成為香港經濟

社會發展的核心競爭優勢。

當年中英兩國政府經過曲折的外交談判發表了《中英聯合聲明》，達成在 1997 年 7 月 1 日英國終結對香港的統治，中國恢復對香港行使主權，成立香港特別行政區，並按照《香港基本法》落實「一國兩制」、「高度自治」、「港人治港」、「五十年不變」等重要原則。為了香港平穩回歸，為了中國當時正在如火如荼的改革開放的順利進行，為了大英帝國保留一些過去的榮光和體面，中英雙方在香港回歸時配合的十分默契，易幟換主，交接順利；一切不變，僅改變一些帶有英國皇家色彩的例如警隊、郵局、馬會等機構的名稱，沒有進行許多殖民地獨立後的清算和去殖民地化運動。這一切源自當時中國的最高領導人鄧小平用「馬照跑、舞照跳」來表示對香港實行一國兩制、保持香港生活方式不變的承諾。

物換星移。香港回歸 22 年後，人們發現，香港人既走不進世界，也走不進中國內地。香港經濟的發展，搭不上中國經濟中實體經濟帶動發展的快車，也跟不上世界經濟中高新科技引領發展的步伐，競爭乏力，無大建樹，只能在不斷的衰退之中。香港原有的一些競爭優勢不見了，卻沒有產生新的競爭優勢，香港只是步履蹣跚或徘徊不前。人們突然發現，努力賺錢的一代香港人，到了這一代越來越熱衷於玩政治，為了一些政治訴求，十分強硬，甚至有些偏激和固執，沒有談判、圓融、妥協與交換。

許多有識之士在反思和檢討後發現，是香港教育出了問題，回歸後香港社會許多重大改變源自香港的教育發生了潛移默化的

改變。例如，香港中小學教育的課程設置、教材選編、教師聘用等出現差錯，特別是在中學取消了中國歷史作為必修科，並由未經評估審查的通識教育替代之；取消了國民教育而不能用公民教育替代之，卻被漏洞百出充滿偏見的通識教育見縫插針，填了空缺。再如，在大學教育管理上，出現本末倒置，紀律鬆懈，放任自流，任課教師的升遷榮辱由所教學生決定，甚至出現大學校長、教授們怕得罪某些激進學生而採取的迎合討好的古今中外奇觀。

清代思想家龔自珍在《定庵續集》裏說：「欲知大道，必先為史。」意思是：要了解世間道理，要先了解歷史，才能把握住社會發展的規律。龔自珍還寫道：「滅人之國，必先去其史；隳人之枋，敗人之綱紀，必先去其史；絕人之材，湮塞人之教，必先去其史；夷人之祖宗，必先去其史」。意思是，要滅亡一個國家，敗壞其倫理道德，使其沒有人才可用，讓其忘記祖先，必須或必要從除掉和篡改其歷史開始。

從龔自珍的精闢論述，聯想到香港回歸後的社會抗爭運動的主角越來越以大學中學的學生為主體，他們在追求和爭取更多的政治權利時，往往忽略了國家歷史上的傳統特點，忽視了香港的法律制度和法治精神。

從小在香港長大並在香港培正中學和香港中文大學完成中學和大學本科教育，曾獲數學界最高榮譽菲爾茲獎及沃爾夫數學獎的美籍華裔數學家丘成桐（Shing-tung Yau，1949 年 4 月 4 日－ ）認為，回歸後香港教育的失敗，教育政策制訂者難辭其咎。在中學取消中國歷史作為必修科，以及加入通識教育都是一個災難。

不教歷史，學生難以對國家有感情依託；通識教育令學生變得「通通唔識」，結果孕育出一代缺乏歷史感、文化觀，沒有理想、楷模的年輕人。[89]

對於有年輕人宣稱香港是一個民族，應該獨立，丘教授以「可悲」、「不幸」來形容，他惋惜時下年輕人連一些基本的事實亦無從掌握，公然用「支那」這種字眼，他們不知當年中國人所受到的侮辱和慘痛經歷，對這字眼毫無感覺，才會說出這種無聊話！丘教授認為任何一個國家的人民都需要有歷史文化作為支撐。他批評，部份香港年輕人緬懷港英年代，卻對港英、英國歷史很無知。[90]

香港的教育，特別是大學教育，對西方文化中的普世價值採取失之偏頗的教育導向。例如：講自由，忽略個人自由不能妨礙別人自由的底線。再如：追求民主，不知道凡事不可能都由多數決定，即不可能按多數決定選校長、院長，也不可能按照一人一票的多數決定選特首，因為《香港基本法》第 45 條明文規定，要根據「實際情況和循序漸進的原則」，選特首要「由一個有廣泛代表性的提名委員會按民主程序提名後普選產生」，除非修改這一法律條文。又如：法治是香港安身立命的護身法寶，但是為了達到自認的公平正義，就可以「公民不服從」為名，知法犯法，企圖以破壞法治得到一己私利，對香港造成難以估量的損失。

89　《大公報》2019 年 7 月 29 日，http://www.takungpao.com.hk/news。
90　〈教改大錯特錯　通識通通不識〉，《信報》財經新聞，2017 年 1 月 24 日，https://monthly.hkej.com/。

從道理上講，1997 年 7 月 1 日起，英國殖民地的香港回歸中國後，殖民地教育也應該壽終正寢，然而，經過回歸後 22 年證明：並非如此。十年樹木百年樹人，古訓真諦。哀哉痛哉，毀了一代人！

總之，香港的教育改造，必須以兩文兩語、公民教育和多元文化教育等為手段，圍繞培養具有國際和國內雙向競爭力的人才這一中心而展開。

小結

本章是全書的核心，闡述香港競爭力改造的重點。

1. 觀念改造

重新認識香港開埠以來以此安身立命曾經輝煌的資本主義制度。充份利用資本主義制度具有自我改造的特性，在資本主義制度還可以在香港實行不到 30 年的時間裏，一反頹勢，再造輝煌。觀念改造還涉及到對普世價值的再認識。觀念改造是一切改造之首。沒有觀念的轉變，其他轉變難以進行。

2. 民生改造

香港競爭力改造的根本目的是，實現全體香港市民的福祉——安居樂業。民生改造的重點是實現香港永久居民的「居者有其屋」，目前通過全力打拼「明日大嶼」的填海造地計劃，爭取早日落成。與此同時，不放鬆市區重建，農地新建等建屋計劃，咬定青山不放鬆，經過數任特首的接力努力，實現這一目標。

3. 產業結構改造

產業結構改造的目標，在香港大力發展現代服務經濟。在打

香港競爭力的
興衰與改造

造安居工程的同時，實現樂業大計，即通過大力發展創新科技服務，充份利用粵港澳大灣區的城市群平台，找到香港經濟發展新的增長點，重建輝煌。

4. 地緣經濟改造

粵港澳大灣區的興起，是香港競爭力在更大的空間裏得以發揮。

5. 政治體制改造

最根本的目的是讓香港市民過好日子。因此展開對阻礙這一目的而各行其事或不能適應的政治體制架構中的行政權、立法權、司法權以及第四權進行改造。

6. 教育改造

通過語言改造、公民理念改造和多元文化改造，培養具有國際競爭能力和國內競爭能力的人才。

香港競爭力改造的根本目的是增強香港的競爭優勢，使香港在世界經濟的激烈競爭中立於不敗之地，最終謀取增加香港全體市民的福祉。

結束語：無法結束的研究

　　通過對香港競爭力的研究和分析，了解到香港在世界競爭力排名中的位置，梳理和總結出香港競爭力的主要構成和成因，從而進行反思，找出香港競爭力減弱的深層次原因。

　　從外部環境看，世界經濟的不景氣，使香港這個自由經濟體同步疲軟。由於缺乏對新增需求的強大刺激，香港經濟難以振奮。香港的競爭力與周邊國家和地區相比，不進則退。特別是香港競爭力的下降與中國內地的不少地區和城市的競爭力快速增長相比，形成強烈反差。

　　從內部環境看，香港競爭力的發展受到非經濟因素的強烈制約和干擾，特別是香港選舉文化和地域文化的負面影響，例如政改紛爭、貧富矛盾等，嚴重制約了香港競爭力的維持和提升。經濟發展是衡量競爭力的最重要指標，然而，香港經濟至今沒有生成新的增長點，即新的發展動力；香港經濟發展的徘徊不前，限制了香港競爭力的提升空間。

　　香港建埠以來，特別是成為英國殖民地以來，在大部份時期裏（除了二戰期間被日軍佔領時期），香港的興衰與其祖國的興衰相悖。中國內地在軍閥混戰和國共內戰時期，香港是內地民眾的避難之地。上世紀 50 年代至中國內地改革開放之前，內地經

香港競爭力的
興衰與改造

歷了大大小小的政治運動，人民越來越窮，而香港受世界經濟的影響，經濟起飛，成為亞洲四小龍，人民逐漸富裕起來，香港成為內地居民嚮往的移民之地。

同時，香港也成為祖國和世界經濟、國際貿易、人員往來的唯一通道。上世紀80年代後，中國的改革開放，進入WTO（世界貿易組織），中國內地經濟快速成長，成為現在的世界第二大經濟體，香港的作用越來越小，香港轉口貿易、世界航運中心等競爭優勢逐漸式微。特別是香港回歸祖國20多年了，始終沒有找到新的發展模式和新的增長點，香港民眾甚至陷入政治迷失，至今尚未走出迷宮。

中國城市競爭力研究會發佈2017年「全球城市競爭力排行榜」。其中，在中國，上海持續排名第一，香港及深圳位列第二及第三名。香港GDP在中國GDP中的比重，從1993年的27%滑到1997年回歸時的15.6%，再落到2017年的2.9%，這是由於20多年來香港經濟增速緩慢，同時內地經濟高速增長，使香港與內地城市的經濟差距迅速縮小，同時由於回歸，香港對內地城市經濟的影響力也隨之下降，香港的國際地位受到來自內地城市的強力挑戰。

回歸20多年了，香港還有甚麼獨特優勢的質疑此起彼伏，不絕於耳。我們這些長期生活在香港的人和研究香港的學者經常如此捫心自問。香港回歸祖國了，原準備在台灣和平統一後實行的「一國兩制」，在香港和澳門先行先試，從目前看，在香港實行的結果似乎不盡如人意。原以為，香港在經濟發展和城市管理

上的一些競爭優勢或核心競爭力，例如香港的法制和法治，社會治理和公務員管理，廉政公署建立和防貪反腐，金融中心和服務貿易等，可以介紹給內地城市予以借鑒，然而，香港回歸後的困境，一醜遮百美，香港的借鑒作用式微，在慢慢淡忘。

正像香港在上世紀 50-70 年代中國被西方全面經濟封鎖時能夠充當唯一的經濟聯繫通道，正像朝鮮能夠長期成為中國國家領土安全的緩衝之地，那麼，香港也可以成為中國國家經濟安全的緩衝之地，國家金融安全的預留之地。這是因為，當中國和美國已成為世界上兩個最大的國家，居安思危，遠慮近憂，中美兩國有可能在貿易、關稅、投資，甚至在政治、經濟、軍事等發生大規模的衝突，特別是近年中美貿易大戰的開打。香港是美國等西方國家早就投資的戰略要地，在東西方戰略關係緊張之時，香港的特殊作用就顯得尤其重要。

這次對香港競爭力的深入研究和剖析，並得出一些粗淺的結論，在研究香港的歷史上似乎是首次。研究時間跨度從現在往前推約 40 年，跨越了回歸前後的港英政府和特區政府。研究似乎無法結束，因為每天都有新的情況發生和變化。然而，研究已經持續了十來年，必須暫停告一階段。再過二三十年後，如有機會重新檢視這一研究結果，但願不會慘不忍睹。

完稿於 2019 年春節期間
第一次修改於 2019 年 6 月
第二次修改於 2019 年 11 月

香港競爭力的
興衰與改造

後記一：在寫寫停停中想到的

這本書終於可以結尾了。拙作從 2015 年動筆，寫寫停停，不知不覺過了四年，現在可以收官了，成書大約 18 萬字左右。我在本書的寫寫停停中總是糾結着一些事情：

一、要寫成一本甚麼樣的書

在寫這本書的過程中，我總是被一個問題糾纏着：要將這本書寫成甚麼樣的書？是引經據典的學術專著，還是通俗易懂的評論文章？傳統的價值觀認為，學術專著是高大上之作，青史留名，雖然讀起來十分辛苦，要打起十二萬分精神，有的苦澀難懂，需咬文嚼字，有的似懂非懂，半懂不懂。可謂陽春白雪，和者甚寡，讀者很少。這是我十分抗拒的結果。我不想將這本書寫成這個樣子。當然，我可能也沒有這樣的本事。

功利主義或現實主義的價值觀認為，書是寫給人看的，讀者總是多多益善。畢竟這本書是論述香港競爭力的，希望引發更多的關心香港前途和研究香港經濟社會發展的人去思考、反思和頭腦風暴，起到拋磚引玉，舉一反三。不應寫成學術味太濃的學術專著，而應深入淺出，通俗易懂，可讀性大於學術性。這是我希望的結果。

二、書名是甚麼

在寫這本書的過程中，我還被另一個問題糾纏着：這本書的書名是甚麼？希望書名既能夠畫龍點睛的概覽全書，又可以標題醒目吸睛。

現在的書名是《香港競爭力的興衰與改造》，有兩層意思：一是從不同的角度來描述香港競爭力在過去 40 多年來從興盛到衰退的不爭事實，應該不會引起太大的爭議。二是提出香港競爭力改造的幾個方向，這就可能引發見仁見智的爭論。為甚麼使用「改造」一詞，而不是「改革」、「改良」、「改變」、「再造」、「再生」、「再建」、「重塑」等等？我的本意是，「改造」更符合我對香港競爭力未來的期待和願景。「改造」一詞在百度上的定義有四：（1）另制，重制。（2）另行選擇。（3）就原有的事物加以修改或變更，使適合需要。（4）指從根本上改變舊的、建立新的，使適應新的形勢和需要。我取其三，即「改造」是將原有的事物——香港競爭力——加以修改或變更，使適合新發展的需要。

為何不用「改革」一詞？百度上對「改革」的解釋是：指改變舊制度、舊事物。對舊有的生產關係、上層建築作局部或根本性的調整，改革是社會發展的強大動力。改革一般指各種包括政治、社會、文化、經濟、宗教組織作出的改良革新，相較於革命以極端的方式推翻原有政權以達成改變現狀的目的，改革是指在現有的政治體制之內實行變革。通常一個改革是否能成功會影

香港競爭力的
興衰與改造

響一個國家的命運，若成功可讓該國走向穩定局勢，若失敗可能遭致內亂或衝突。顯然，香港競爭力的「改革」不至於「影響一個國家的命運」，百度對「改革」內容的描述不適合於對香港競爭力的期待。特別是「改革」一詞近年趨向負面化、庸俗化，往往將一些事務性、技術性的改變和調整冠冕堂皇的戴上改革的帽子，來掩蓋和抗拒進行艱難的改革。

為何不用「改良」一詞？百度上對「改良」的解釋是：（1）去掉事物的某些缺點，使它更適合要求。（2）改正過錯，轉為良善。（3）改善。「改良」一詞用於香港競爭力，似乎力度不夠。況且，「改良」一詞歷來是有貶低之意，有應付之虞。

為何不用「再造」一詞？百度上對「再造」的解釋是：（1）再生，復活，重新給予生命。（2）重建，復興。將香港競爭力與「再造」的定義相掛鉤，明顯是不適合的。

無庸贅述，經過反覆推敲，還是因本書的研究定位在對香港競爭力的改造上，最後定下本書的書名為《香港競爭力的興衰與改造》。

三、動筆前的準備是否充份

在寫這本書之前，我在香港大學專業進修學院、清華大學深圳研究生院、香港文匯管理學院等高校和培訓機構開設「香港競爭力分析」一課，授課對象是研究生、本科生和內地一些省市中低級公務員及中小企業家。這些高校和機構之所以找我講授這門課，可能有這幾點原因：一是我的母語是普通話，與學習對象能

較好的溝通和互動，能夠滿足其學習要求。二是我改變了傳統的向初學或進修或考察者介紹香港的方法，以香港競爭力為主線，來分析香港百年來發展的脈絡，總結成功的經驗，尋找失敗的教訓，使學員可以此為鑒。三是我具有經濟學、管理學、教育學和法學的專業學位，知識面較寬，可以在理論上提高授課水準。四是我具有在內地的工作經歷和在香港的經商投資經驗，可以在實務上與學員進一步深入交流。

因此，在寫這本書的前五年，我開講「香港競爭力分析」，從講課提綱到 PPT 製作，從課件發放到每一次授課前講課內容的增減、修改，使這本書的輪廓逐漸形成，日益豐滿，這些都為拙作的寫作打下了物質基礎。

然而，直到這本書動筆前，仍感到心裏空落落的，沒有底氣；對於成書沒有把握，許多關鍵內容是一片空白，只能邊寫邊學，補缺補漏。

四、計劃趕不上變化

這本書的寫作中遇到的最大的問題是，計劃趕不上變化，形勢比人強。香港競爭力的變化，令人眼花繚亂，已經由強轉弱，陷入沉浮和徘徊，找不到前進的方向。看着中國內地城市的不斷崛起和超越香港，香港在中國經濟中的地位不斷下降。寫這本書的初衷原是要總結和推廣香港競爭力提升的經驗，寫着寫着，香港競爭力在不斷衰弱，成了要總結如何吸取香港競爭力衰退的教訓了。所以，停筆重新學習和思考，梳理頭緒，修改提綱，提筆

再戰。

這本書的主線圍繞香港競爭力的興起——衰退——改造的三個階段而展開，解剖香港這個「麻雀雖小五臟俱全」的相對獨立的經濟體。時間跨度近百年，着重在香港回歸前後 40 年；空間始終沒有離開世界地緣經濟的窠臼和歷經英國和中國兩個完全不同的主權國家的管治。

對香港競爭力解剖和研究的結論是，香港仍然是一個具有強大生命力的經濟體，其核心競爭優勢底蘊深厚，生機勃勃，只是近 20 多年有些懈怠和疲軟，缺乏生命的活力和爆發力……。香港需要一劑強心針或一記重擊，使其幡然醒悟，重新出發。

正當本書收官付梓之際，香港圍繞反對或支持修訂《逃犯條例》進行着一場大規模的曠日持久的街頭抗爭。不論結局如何，香港的競爭力特別是核心競爭力呈現出斷崖似的跌落，這是香港回歸後各種矛盾愈演愈烈的總爆發。這是香港競爭力發展的不幸，也是香港追求民主的代價。如何總結這一特殊階段的經驗教訓，將是下一本書的內容。

2020 年春節

後記二：難以忘懷的人生導師

在寫這本書期間，我失去了一位重要的令人欽佩的人生導師——吳敏生博士。

在清華大學，老師似乎有兩種：老師和親老師。只有任課教師、班主任、輔導員等才稱之為親老師，其他人都泛稱之老師，包括學校裏的領導和教職員。我在清華法學院進行二學位學習的時候，吳老師是教務長，我稱其為老師，雖名正言順，但他沒有教過我的課，故不以親老師與親學生相稱。

我與吳老師的私誼源自他在福州大學任校長期間，偶遇但一見如故，我常稱其為吳校長。我在與吳老師長達近 20 年的交往中，隔三岔五的聆聽其教誨，常受鼓勵，時被敲打，偶有挨罵，獲益良多；我與他之間，似乎超越了學生與老師的分際，成為亦師亦友，心有靈犀，惺惺相惜。十日不見，如隔三秋。由於吳老師的存在和與其長期交往互動，耳濡目染，使我的世界觀、價值觀、人生觀在潛移默化中有所修正並日趨成熟。

老師突然間駕鶴西去，可能嫌我們太鬧了，影響了他的研究而去到另一宇宙或維度空間，專心探討他退休後最感興趣的黑洞、暗物質、量子糾纏、平行宇宙等深奧的問題。我期待不久後可以收到他最新的研究成果和發現。我痛心疾首，他竟然不打一

聲招呼就瀟灑的拋下所有的人走了，實現了他常掛在口中的價值觀：生得好、老得慢、病得晚、走得快。可是這代價太大了，是以生命的長度來換取。吳老師的悄然離去，我真正體會到：男兒有淚不輕彈，只是未到傷心處。

自古以來，國人衡量老師大都以韓愈所言「師者，所以傳道授業解惑也」為標準。老師是傳授道理、教導學業、解答疑問的人。達到此標準者，我們稱之為老師。老師在國人心中的地位是崇高的，有「天地君親師」的排位。如果用韓愈的標準衡量吳敏生，他道高德重，達到了學為人師行為世範的境界。

人們常以「春蠶到死絲方盡，蠟炬成灰淚始乾」來形容教師用一生對學生培養教育盡心盡責的淒美場景，可是在吳老師身上，絲毫看不到「絲方盡」和「淚始乾」的影子，永遠是「談笑間，檣櫓灰飛煙滅」的豪情萬丈，永遠主導着話語權，闡述着人在宇宙中不滅的定律，描述人在能量、資訊和物質三種形態之間的轉換。

最佳的傳道者

吳老師是最佳的傳道者。古時指傳道為傳授聖賢之道，西方將傳道為傳教，宣揚宗教之義。如今國人對道的理解更加寬泛，《百度百科》的解釋是：運動行事；行為規範；道路、途徑、方法；言論、理論、思想；道理。對於道還可高度概括為宇宙和世界觀、自然規律與社會規則。

吳老師不是普羅米修斯，沒有盜取聖火，解救人類，但他

是一個虔誠的傳道者，比一般人更早向前一步，看見和發現前沿科技和未來知識的火光，比一般人更多往後看一眼，挖掘古人留下的智慧之光。吳老師常掛在口中的是「道生一，一生二，二生三，三生萬物」、「人法地，地法天，天法道，道法自然」。吳老師用對道的理解來對人、對事、對物，並貫穿在分析問題，解決困難上，傳導給他的同事、好友、學生、校友、弟子、鄉親以及遇見的所有人。

吳老師的出生成長環境以及學習工作經歷，有力的幫助他成為最佳的傳道者。吳老師於 1946 年 8 月 11 日出生在福建省平潭縣的一個小漁村，1965 年考入清華大學機械系，1970 年畢業留校工作，兩次赴德學習進修獲亞琛工業大學工學博士學位。吳老師是清華大學教授、博士生導師，上世紀 90 年代以來，先後擔任過清華大學教務長、清華大學深圳研究生院院長，福州大學校長等職，成為中國高等教育的管理者，他對道的認識和研究進一步深化，更加視傳道為義不容辭的責任。

吳老師能成為一個最佳的傳道者，歸功於他是一個優秀的愛讀書的學生，歸功於他是一個認真質疑的思考者。不論是在平潭一中的青蔥歲月，還是在清華園的學生年代，或是在繁忙的高校教學、科研和行政管理期間，更是在退休後成為社會賢達的賦閒時光，吳老師都在抓緊時間看書學習，涉獵廣泛，認真思考，提出問題，久而久之，他又成為一個思想者。每次相聚，他都有新觀點、新見解以及新的知識點。從霍金的《時間簡史》到老子的《道德經》，甚至金庸的武俠小説，都是吳老師愛不釋手研究不

輟的經典著作。通過不斷努力學習經典，舉一反三，增加新知識的儲備，為吳老師成為最佳傳道者提供了物質到精神的能量。

家國情懷是吳老師傳道的重要內容。言傳身教、潤物有聲是吳老師傳道的主要形式。他對祖國、對清華、對家鄉、對親朋好友所表現出來的深情大愛，溢於言表；對國家強大、社會安定、官員廉能、人民安康，有一種高度的責任感和使命感。家國情懷的理念深深植入吳敏生的靈魂中，表現在言行裏，不管在國內國外、逆境順境，矢志不渝。這是吳老師與其他傳道者的最大差異。

認真的授業者

吳老師是認真的授業者。他自從清華留校就是「雙肩挑」，一方面要完成輔導員、班主任、系領導、學校教務長、研究生院長、福大校長等所擔負的教育行政管理的職務責任，另一方面同時要完成普通教師、教授、博士生導師所擔當的教學、科研、實驗以及指導學生論文等職稱任務。吳老師曾在 1990 年、2002 年取得國家發明專利兩項。1998 年以來，先後獲得國家級教學優秀成果一等獎兩項，北京市教學優秀成果一等獎兩項，近年發表的學術類文章和教育類文章 80 多篇。

吳老師從教 40 多年，培養的本科畢業生、碩士博士畢業生無數，退休後仍然沒有走下講台，變化的是，聽眾的年齡往上和往下延伸，聽眾的成份已超越出學生擴大到社會各界人士，預約開講的機構、企業、學校絡繹不絕。他認真備課，經常與周邊友人討論他開講的內容，展現最新的研究成果或觀點，希望得到批

評與建議，把每次講座都作為向社會傳道授業解惑的好機會。

我曾經數次陪同吳老師開講。有一次是給福州大學法學院的師生講「良知和知識」，一個下午，一張 PPT，他引經據典，侃侃而談，教室裏座無虛席，鴉雀無聲，講者聽者，徜徉在依法治國的理想海洋之中。還有一次吳老師在深研院給恩施一所中學參加夏令營的高中生開講「藝術與科學教育」，我有幸助講「香港競爭力分析」。看着高中生們聚精會神如癡如醉的吸吮着知識，看着孩子們眼中閃爍着健康成長的期望，我體會到吳老師的用心良苦，盡心盡力，體會到授業者的職業責任與良知。

吳老師離世前兩天即 2019 年 9 月 5 日，本應到雲南給一所中學的中學生開講，因病不能成行。講座的題目是「學問與境界」，像以往一樣，他認真準備了 PPT，還與友人闡述了一些觀點。他的思路是從西南聯大為國培養精英人才講起，引用王國維《人間詞話》的經典論述，進入學習和探索的「三境界」，深入直覺、邏輯和感悟的理性分析，克服心智的缺失和迷失，提出立志成才，重在踐行的行為準則。我反覆翻看了這個 PPT 遺作，眼前不斷出現吳老師神采飛揚儒雅厚重生動真實的演講畫面。

有魅力的解惑者

吳老師是具有人格魅力的解惑者。狹義的解惑，只是針對傳道授業中的疑難問題，廣義的解惑，除了要有比疑惑者多十倍的智慧來答疑，還要有讓疑惑者信任和信服的人格魅力。吳老師就是這樣的人。

退休後，吳老師身兼清華大學福建校友會會長和福州大學校友總會會長，關愛的學生和校友，遠遠超過在教授崗位上親自輔導過的學生。清華與福大的學生和校友，時常向老師請教，談思想、談學習、談工作、談創業、談深造、談婚戀、談困惑，有信心倍增，有茅塞頓開，有輕鬆減壓，都獲益良多。還有很多應屆高中畢業生碰到填志願、選方向、報專業、辦出國等問題，找老師求教和參謀，大都能得到獨到的專業意見，成功率很高。因此，吳老師不僅是有人格魅力的解惑者，還是最棒的人生導師，他愛生如子，視同己出；教生如子，平等如友。

　　在與吳老師的友情中，使我難以忘記的是他對我倆亦師亦友關係的描述。他在為拙作《香港勝在有「權力制衡」》寫的序〈筆端點撥通靈台〉中曾有以下一段文字：

　　　　在學術探討方面，我倆的率直個性頗為相近。品茗話天下，煮酒論古今，有時難免幾分疏狂。偶遇爭執之處，究根窮理，互不相讓。可能因為我「霸道」多些，貢欽遂以「海盜精神加清華文化」概括我的個性。……我18歲考入清華，畢業後留校任教，一晃近50年。血脈中的海島養份和清華崇尚的「自強不息，厚德載物」等文化元素早已交融，自覺貢欽的戲稱倒也貼切。由此，我和貢欽之間鮮有「師生輩份」的俗套，倒多了幾分摯友情感。

每次重溫這些文字，吳老師的音容笑貌就栩栩如生的出現在眼前。

　　我在與吳老師相識相交相知中，無話不談，酣暢淋漓，結下忘年之交。老師聰慧機敏，學識淵博，笑談古今，融貫中西。老師對國事港事天下事，對科技發展和願景，對民生、教育、人才、藝術等諸多領域，都有振聾發聵的獨到見解。對學生所寫的文章，吳老師常有一針見血的批評；學生曾就一些社會焦點話題與其討論，獲益匪淺；吳老師不時對學生闡述其研究新問題的體會和觀點，總讓學生耳目一新、自愧不如；吳老師待人誠懇，心地善良，與人為善，助人成功，為人厚道，沒有敵人。

　　羅馬不是一天建成的，大師也不是一天養成的。吳老師一生傳道授業解惑，建樹良多。一日為師，終身為父。諄諄教誨，銘記在心。言傳身教，終生楷模。為師當如吳敏生。

　　我將這本新作獻給吳敏生老師，紀念他對我的人生教誨和與他在一起的快樂時光。

2019 年 10 月 26 日

香港競爭力的
興衰與改造

參考書

1. 《競爭戰略》：麥克爾‧波特著，華夏出版社，2005 年 10 月第一版。

2. 《競爭優勢》：麥克爾‧波特著，天下遠見出版社，1999 年 1 月第一版。

3. 《國家競爭優勢》：麥克爾‧波特著，華夏出版社，2002 年 1 月第一版。

4. 《世界是平的：一部 21 世紀簡史》：湯瑪斯‧弗里德曼著，湖南科學技術出版社，2006 年 9 月第一版。

5. 《世界又熱又平又擠》：湯瑪斯‧弗里德曼著，湖南科學技術出版社，2009 年 6 月第一版。

6. 《21 世紀資本論》：湯瑪斯‧皮凱蒂著，中信出版社，2014 年 9 月第一版。

7. 《美國陷阱》：弗里德里克‧皮耶羅齊，中信出版社，2019 年 4 月第一版。

8. 《通向奴役之路》弗里德里希‧海耶克著，商務印書館 2018 年 9 月第二版。

9. 《民主理論現狀》：伊恩‧夏比洛著，商周出版，2005 年 7 月第一版。

10. 《人類簡史：從動物到上帝》：尤瓦爾‧赫拉利著，中信出版社，2014 年 11 月第一版。

11. 《美國的邏輯：為甚麼美國的未來如此堪憂》：羅伯特‧賴克著，中信出版社，2011 年 4 月第一版。

12. 《赤裸裸的統計學》：查理斯‧惠倫著，中信出版社，2013 年 11 月第一版。

13. 《正義論》：約翰‧羅爾斯著，中國社會科學出版社，1988 年 3 月第一版。

14. 《國家的破產》：雅克‧阿塔利著，北京聯合出版公司，2011 年 6 月第一版。

15. 《香港末代總督彭定康》：強納森‧丁伯白著，時報出版，1997 年 12 月初版。

16. 《在沙發上的經濟學》：湯瑪斯‧賽德拉切克著，商周出版，2016 年 11 月初版。

17. 《道德情操論》：亞當·斯密著，中央編譯出版社，2011 年 1 月第一版。

18. 《自由社會之原則》：理查．愛普斯坦著，商周出版，2003 年 2 月初版。

19. 《民主與不信任》約翰·哈特·伊利著，商周出版，2005 年 5 月初版。

20. 《人，生而平等》馬克·塔斯納特著，商周出版，2002 年 7 月初版。

21. 《國家的品格》：藤原正彥著，大塊文化出版，2006 年 11 月初版。

22. 《經濟學：范式革命》：戴天宇著，清華大學出版社，2008 年 7 月第一版。

23. 《青紅皂白：從社會倫理到倫理社會》：楊國榮著，三聯書店（香港），
    2006 年 2 月第一版。

24. 《宗教與文化》：黃海德、張禹東主編，社會科學文獻出版社，2005 年 3
    月第一版。

25. 《中國人性格分析》：李梵編著，陝西師範大學出版社，2008 年 8 月第一版。

26. 《親歷：回歸與合併——張浚生訪談錄》：有智等著，浙江大學出版社，
    2011 年 5 月第一版。

27. 《中國城市及其文明的演變》：薛鳳旋著，三聯書店（香港），2009 年 4
    月第一次出版。

28. 《思想者十八題——海外訪談錄》：劉再復著，明報出版社，2007 年 6 月
    第一版。

29. 《觀念啟迪未來：從南山博士論壇看深圳經驗》：陳康候主編，科學出版社，
    2009 年 11 月第一版。

30. 《科幻——中國高新技術企業發展戰略評判》：郎咸平著，東方出版社，
    2006 年 1 月第一版。

31. 《石述思說中國》：石述思著，九州出版社，2013 年 1 月第一版。

32. 《香港特區的管治和失誤：布魯金斯智庫之道》：黃偉豪著，明報出版社，
    2003 年 11 月第一版。

香港競爭力的
興衰與改造

33. 《以法之名：後殖民香港法律文化研究》：冼偉文、朱耀偉合著，台灣學生書局，2000 年 12 月初版。

34. 《有人則成》：陳可焜著，香港新華彩印出版社，1999 年 7 月第一版。

35. 《風雨三十年——李鵬飛回憶錄》：李鵬飛著，TOM（Cup Magazine）Publishing Limited。

36. 《香港刑法要論》：趙秉志、楊正根、蕭中華合著，三聯書店（香港），1999 年 12 月第一版。

37. 《我不原諒中國教育》：鍾道然著，天地圖書，2013 年 7 月第一版。

38. 《香港政黨研究》：朱世海著，時事出版社，2011 年 8 月第一版。

39. 《李光耀：新加坡賴以生存的硬道理》：韓福光等著，Straits Times Press Pte Ltd，2011 年第一版。

40. 《博弈聖經》：曹國正著，新加坡希望出版社，2007 年第二版。

41. 《中國公共品市場與自願供給分析》：樊麗明著，上海人民出版社，2005 年 5 月第一版。

42. 《中國模式：贊成與反對》：丁學良著，牛津大學出版社，2011 年初版。

43. 《大數據》：塗子沛著，廣西師範大學出版社，2013 年 4 月第二版。

44. 《困局與突破——香港難點問題專題研究》：李曉惠著，天地圖書，2010 年 1 月初版。

45. 《港澳發展研究》：烏蘭察夫主編，社會科學文獻出版社，2017 年 10 月第一版。

46. 《全球生產方式演變下的深圳產業轉型》：王蒲生、楊君遊、李平合著，人民出版社，2010 年 12 月第一版。

47. 《創新驅動的知識產權政策》：何雋著，知識產權出版社，2018 年 3 月第一版。

48. 《偉大的中國工業革命》：文一著，開明書店，2018 年 10 月初版。

49. 《改革的邏輯》：周其仁著，中信出版社，2013 年 9 月第一版。

50. 《香港新思維——從亞洲都會到世界都會》：王春新著，商務印書館，2018 年 10 月第一版。

51. 《「一國兩制」與基本法：歷史、現實與未來》：王振民著，三聯書店（香港），2017 年 7 月第一版。

52. 《香港功能組別存廢之爭與普選之路》：李曉惠主編，新民主出版社，2017 年 2 月第一版。

53. 《香港經濟論叢》：陳可焜著，廈門大學出版社，2000 年 4 月第一版。

54. 《高盛帝國（前傳）》：瓊・佈雷頓・費舍爾著，2010 年 12 月第一版。

55. 《大珠江三角洲與中國的崛起》：Michael J. Enright 等著，三聯書店（香港），2005 年 6 月第一版。

56. 《論香港基本法》：蕭蔚雲著，北京大學出版社，2003 年 3 月第一版。

57. 《反思「中國模式」》：何迪、魯利玲編，社會科學文獻出版社，2012 年 1 月第一版。

58. 《走進衰亡——蘇聯勃列日涅夫時期研究》：陸南泉著，社會科學文獻出版社，2011 年 12 月第一版。

59. 《台灣民主轉型的經驗與啟示》：朱雲漢等著，社會科學文獻出版社，2012 年 1 月第一版。

60. 《當代中國的啟蒙與反啟蒙》：許紀霖著，社會科學文獻出版社，2011 年 10 月第一版。

61. 《啟蒙與中國社會轉型》：資中筠著，社會科學文獻出版社，2011 年 1 月第一版。

香港競爭力的
興衰與改造

致敬與鳴謝

感謝香港在「一國兩制」下享有的言論自由並體現在創作自由、評論自由和出版自由。這些自由，可以使拙作完成並出版。

感謝清華大學港澳研究中心支持和資助了本書的寫作和出版。

感謝清華大學王振民教授為本書寫的序言，畫龍點睛，蓬蓽生輝。

感謝香港天地圖書有限公司的慧眼識珠和陳幹持責任編輯、楊曉林美術編輯為本書所做的辛苦細緻的編輯出版工作。

感謝親朋好友的鼓勵、支持、催促和包容，使本書終於收官，得以問世。

www.cosmosbooks.com.hk

書　　名	香港競爭力的興衰與改造
著　　者	林貢欽
責任編輯	陳幹持
美術編輯	楊曉林
出　　版	天地圖書有限公司
	香港黃竹坑道46號
	新興工業大廈11樓（總寫字樓）
	電話：2528 3671　傳真：2865 2609
	香港灣仔莊士敦道30號地庫 / 1樓（門市部）
	電話：2865 0708　傳真：2861 1541
印　　刷	美雅印刷製本有限公司
	香港九龍官塘榮業街6號海濱工業大廈4字樓A室
	電話：2342 0109　傳真：2790 3614
發　　行	香港聯合書刊物流有限公司
	香港新界大埔汀麗路36號中華商務印刷大廈3字樓
	電話：2150 2100　傳真：2407 3062
出版日期	2020年7月 / 初版